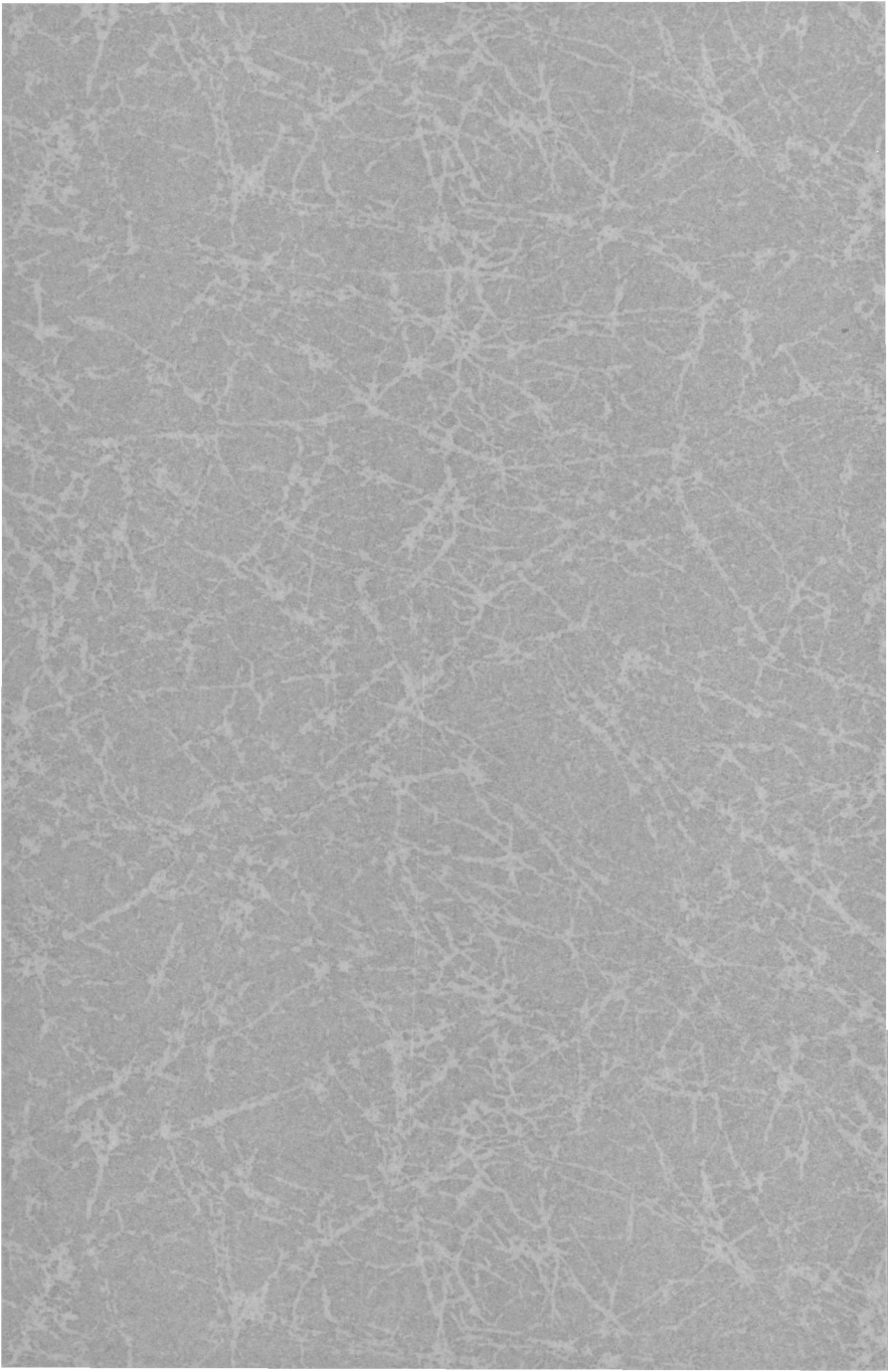

白水社

MEDICI MONEY

メディチ・マネー

ルネサンス芸術を生んだ金融ビジネス

ティム・パークス
北代美和子▼訳

メディチ・マネー

ルネサンス芸術を生んだ金融ビジネス

装丁　東幸央
カバー写真（コイン）　©Alinari Archives/CORBIS

メディチ・マネー　ルネサンス芸術を生んだ金融ビジネス　＊　目次

メディチ家系図

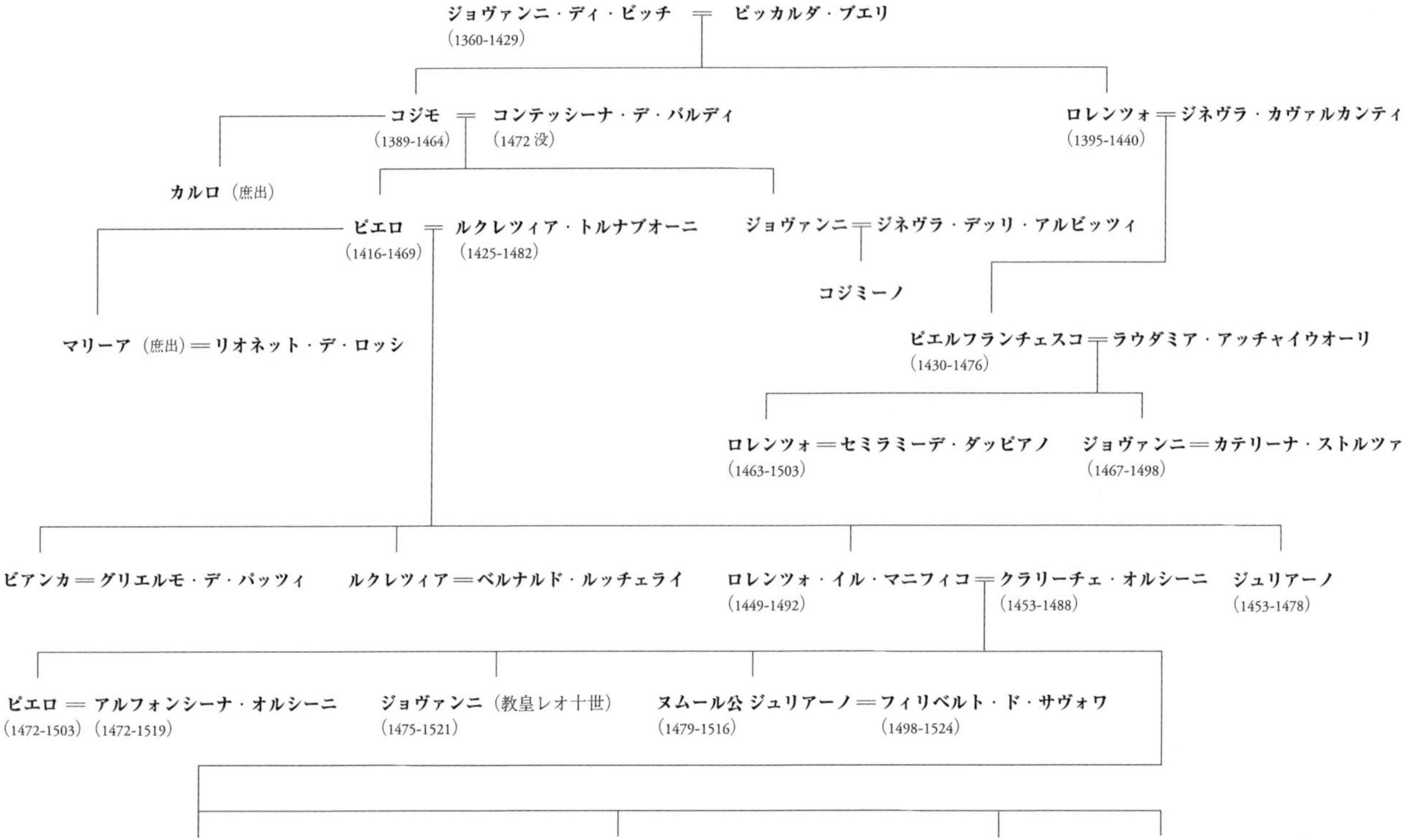
ジョヴァンニ・ディ・ビッチ ＝ ピッカルダ・ブエリ
(1360-1429)
コジモ ＝ コンテッシーナ・デ・バルディ
(1389-1464) (1472 没)
ロレンツォ＝ジネヴラ・カヴァルカンティ
(1395-1440)
カルロ (庶出)
ピエロ ＝ ルクレツィア・トルナブオーニ
(1416-1469) (1425-1482)
ジョヴァンニ＝ジネヴラ・デッリ・アルビッツィ
コジミーノ
マリーア (庶出)＝リオネット・デ・ロッシ
ピエルフランチェスコ＝ラウダミア・アッチャイウオーリ
(1430-1476)
ロレンツォ＝セミラミーデ・ダッピアノ
(1463-1503)
ジョヴァンニ＝カテリーナ・ストルツァ
(1467-1498)
ビアンカ＝グリエルモ・デ・パッツィ
ルクレツィア＝ベルナルド・ルッチェライ
ロレンツォ・イル・マニフィコ＝クラリーチェ・オルシーニ
(1449-1492) (1453-1488)
ジュリアーノ
(1453-1478)
ピエロ ＝ アルフォンシーナ・オルシーニ
(1472-1503) (1472-1519)
ジョヴァンニ (教皇レオ十世)
(1475-1521)
ヌムール公 ジュリアーノ＝フィリベルト・ド・サヴォワ
(1479-1516) (1498-1524)

年表

一三四八年　フィレンツェ人口の三分の一以上がペストによって失われる。
一三七八年　チョンピの乱（毛織物労働者の叛乱）。
一三八九年　コジモ・デ・メディチ誕生。
一三九七年　コジモの父、ジョヴァンニ・ディ・ビッチがフィレンツェにメディチ銀行創立。同時にローマに支店を設ける。
一四〇〇年　メディチ銀行ナポリ支店開設。
一四〇二年　メディチ銀行ヴェネツィア支店開設。
　　　　　　フィレンツェに、メディチ・ウール生地工場開設。
一四〇六年　フィレンツェはピサを征服。
一四〇八年　フィレンツェに、二軒目のメディチ・ウール生地工場開設。
一四一〇年　バルダッサッレ・コッサが教皇ヨハネス二三世に選出される。
一四一六年　ピエロ・デ・メディチ（通風病みの）誕生。
一四一九年　バルダッサッレ・コッサ死去。コジモ・デ・メディチがコッサの墓を発注。
一四二〇年　ジョヴァンニ・ディ・ビッチは銀行を息子コジモに託して引退。
一四二四年　ミラノ軍がザゴナーラでフィレンツェ軍を敗走させる。
一四二六年　メディチ銀行ジュネーヴ支店開設。のちにリヨンに移転。
一四二七年　直接税のひとつ、カタスト導入。
一四二九年　ジョヴァンニ・ディ・ビッチ死去。

ルッカをめぐってミラノと戦争。
一四三三年　メディチ銀行バーゼル支店開設。
フィレンツェにメディチ・シルク生地工場開設。
九月七日、コジモ・デ・メディチは逮捕、追放される。
一四三四年　九月二十九日、コジモはフィレンツェに呼びもどされる。
一四三五年　ジョヴァンニ・ベンチがメディチ・ホールディングの最高経営責任者に就任。
一四三六年　メディチ銀行アンコーナ支店開設。
フィレンツェ・ドゥオーモのドームが完成。
一四三六―四三年　コジモ・デ・メディチの資金提供と監督により、サン・マルコ修道院が修復される。
一四三七年　フィレンツェのキリスト教徒にすべての貸金業が禁止される。
一四三八年　フィレンツェで、ビザンティンとローマの教会指導者により、教会統一のための会議が開催される。
一四三九年　メディチ銀行ブリュージュ支店開設。
一四四〇年　コジモの弟ロレンツォ死去。
一四四二年　メディチ銀行ピサ支店開設。
一四四三年　メディチ銀行アンコーナ支店およびバーゼル支店閉鎖。
一四四六年　メディチ銀行アヴィニョン支店およびロンドン支店開設。
一四四九年　ロレンツォ・デ・メディチ（豪奢王）誕生。
一四五〇年　フランチェスコ・スフォルツァが、コジモ・デ・メディチの支援を得て、ミラノを征服。
一四五二年　メディチ銀行ミラノ支店開設。
一四五三年　コンスタンティノープル陥落。
一四五五年　メディチ・ホールディングの最高経営責任者ジョヴァンニ・ベンチが死去。ホールディングは解散。
一四五八年　政府の危機がパルラメントの召集を導き、メディチ家の権力が強化される。
一四六四年　コジモ死去。
一四六五年　ジョヴァンニ・トルナブオーニがメディチ銀行ローマ支店の経営責任者に就任。
トンマーゾ・ポルティナーリがメディチ銀行ブルージュ支店の経営責任者に就任。
メディチ・ウール生地工場閉鎖。
一四六六年　ピエロ・デ・メディチがパルラメントを召集、メディチ家の権力がふたたび強化される。息子のロレンツォは教皇パオロ二世と契約を交わし、銀行は明礬取引の独占権を得る。
一四六九年　ピエロ死去。息子ロレンツォは貴族出身のクラリーチェ・オルシーニと結婚。フランチェスコ・サッセッティがメディチ銀行ただひとりの最高経営責任者となる。
一四七一年　フィレンツェ軍がヴォルテッラを略奪。
一四七二年　ピエロ・デ・メディチ（愚昧な）誕生。
一四七六年　メディチ銀行の重要な顧客、ミラノ公ガレアッツォ・マリーア・スフォルツァが暗殺される。
一四七七年　メディチ銀行の重要な顧客、ブルゴーニュ公シャルル（勇猛公）戦没。
一四七八年　パッツィ家の陰謀。ロレンツォの弟ジュリアーノ・デ・メディチが暗殺される。ロレンツォは難を逃れる。暗殺失敗の結果、対ローマ・ナポリ戦争が起こる。
メディチ銀行ミラノ支店およびアヴィニョン支店閉鎖。
一四七九年　十二月、ロレンツォはフェッランテ王との和平交渉にあたるため、単身ナポリに赴く。
一四八〇年　トルコ軍がイタリア南東岸のオトラントを襲撃。一万人を奴隷として連れ去る。
メディチ銀行ブリュージュ支店およびロンドン支店、メディチ・シルク生地工場閉鎖。
一四八一年　メディチ銀行ヴェネツィア支店閉鎖。
一四八五年　銀行のリヨン支店経営責任者リオネット・デ・ロッシがフィレンツェに呼びもどされ、偽装倒産で逮捕される。
一四八九年　メディチ銀行ピサ支店閉鎖。
ロレンツォの次男ジョヴァンニ・ディ・ロレンツォ・デ・メディチ、のちの教皇レオ十世が十三歳で枢機卿となる。
一四九〇年　フランチェスコ・サッセッティ死去。
サヴォナローラがサン・マルコ修道院で、黙示録についての説教を開始。
一四九二年　ロレンツォ・デ・メディチ（豪奢王）死去。
一四九四年　フランス軍侵入。ピエロ・デ・メディチ（愚昧な）が逃亡。銀行は崩壊する。

第一章 「ウズーラ」によって

エズラ・パウンド〔一八八五―一九七二。アメリカの詩人。イタリアで長く暮らした〕は書いた。

ウズーラによって
ひとつひとつが滑らかに切り出され
ぴったりと合わさるような
よき石で設《しつ》らえた家を手にする人間はいない

イタリア語の「ウズーラ usura」という言葉で、パウンドは「金貸し」、つまり「利息をとって金を貸すこと」を意味している。現代英語の単語「usury ＝高利貸」のように「法外に利率の高い利息」だけではなく、「利息」ならどんなものでもすべて。パウンドは続ける。

ウズーラによって

自分の教会の壁に描かれた天国を手にする人間はいない……
ウズーラ、自然に反する罪によって
絵画は長く残るように、あるいはともに生きるために描かれるのではない
そうではなくて、売るために、それもすぐに売るために描かれる

一九二〇年代、パウンドは、国際的金融機関は大いなる悪の根源だと信じるようになった。いまでも多くの人が、パウンド同様にそう信じている。イタリア語の単語「ウズーラ」を使っているが、それはその歴史の始まりがイタリアにあったからだ。十三世紀から十四世紀にかけて、北はロンドン、東は遠くコンスタンティノープル、西はバルセロナ、南はナポリとキプロスにいたるまで、ヨーロッパ全域に信用貸付《クレジット》〔無担保、無保証の貸付〕の網《ウェブ》が張りめぐらされた。この邪悪なウズーラの網の中心にフィレンツェがあった。しかし、これと同じ時期、そしてとりわけそれに次ぐ世紀のあいだに、このトスカーナの都市はまた、世界がこれまで目にしたなかで最高の絵画と建築とを生み出しもした。石がこれほど滑らかに切り出されたことはなく、教会の壁にこれ以上美しい天国が描かれたこともなかった。とりわけメディチ家においては、この二つの現象――近代的銀行業と比類なき芸術――は密接に連関し、たがいに支えあってさえいた。パウンドは間違っていたようだ。「ウズーラ」によって、人類はたしかにルネサンスを手にしたのである。

本書は十五世紀のメディチ家――その銀行、政治、結婚、奴隷、愛人、生き延びた陰謀、建造した邸宅、保護した芸術家――をめぐる短い考察である。全体を通して試みたのは、メディチ家の物語が、われわれが体験しているような高度な文化とクレジット・カードとの関係についていかに多くを語る

か、国際金融とその宗教、政治への関わり合いに対してわれわれが絶えず抱いている疑惑についていかに多くを教えるかを示すことである。

話は複雑だ。五世代を見ていかねばならない。おもな名前と日付、全体の流れを、最初からしっかりと頭にたたきこんでおくことが重要だ。

銀行は一三九七年に設立され、一四九四年に倒産した。残念ながら、百周年記念パーティは開かれなかった。始めたのはジョヴァンニ・ディ・ビッチ・デ・メディチ。この名前は、「メディチ家のビッチ（アヴェラルドのあだ名。なぜビッチかは説明不可能）の息子、ジョヴァンニ」を意味する。設立直後に銀行を成長させ、独特のメディチ家スタイルを確立したのは一三六〇年生まれのジョヴァンニの功績だ。一四二九年に世を去るまで、どんどんと厚くなる会計簿のあいだから賢明にも頭をあげずにいた。死の床では子どもたちに、「公衆の目の届かないところにとどまっていなさい」と告げている。

コジモ・ディ・ジョヴァンニ・デ・メディチは最終的にこの命令に背いた。だからこそ、のちに敬意をこめてコジモ・パーテル・パトリアエ、「祖国の父コジモ」と呼ばれることになる。一三八九年生まれ、一四六四年死去という日付はコジモを、このあと見ていく裕福な男五人のなかでもっとも長命にしている。短期間の投獄と追放を乗り越え、メディチ銀行を最大に拡張し、その収益性を最高に高め、強い決意を固めて政界へと転身、フィレンツェ共和国を多かれ少なかれその意のままに動かす点にまで昇りつめた。哲学者や建築家、画家の友であり、芸術のパトロン、大規模な公共事業の寄進者だった。その死のとき、銀行はすでに下降線をたどっており、そこから回復することは一度もなかった。

ピエロ・ディ・コジモ・デ・メディチはピエロ・イル・ゴットーゾ、「通風病みのピエロ」として知られるようになる。メディチ家男子の多くが通風に苦しんだ。通風とは痛みが激しく、最終的には慢性となる遺伝性の関節炎である。ピエロがひとり選ばれてこの不幸なニックネームで呼ばれたのは、父親よりも短命で、そのほかのことで知られるほどには長く生きなかったからにすぎない。しかしながらピエロには、世襲があってはならないところに世襲の原則を確立したという功績がある。あるいはその点を非難されるべきか。相続権によってメディチ銀行の頂点に立つが、フィレンツェ国家のキーマン役をコジモから引き継ぐ憲法上の根拠はなかった。虚弱で、寝たきり、気むずかしかったにもかかわらず、敵対する共和主義者たちよりも決然としており、また実効をあげることができた。生まれたのは一四一六年、六四年から六九年までわずか五年間、舞台上ですべての指揮をとったあと、六九年、莫大な家族の財産をほとんど手つかずのまま、長男ロレンツォに引き渡した。

ロレンツォはイル・マニフィコ、「豪奢王」と呼ばれる。「公衆の目の届かないところにいる」どころの話ではない。背中を押されてスポットライトのなかに足を踏み出したのはちょうど二十歳のとき。自分の資産を金融と商業とは別の分野に投じ、家業の銀行がいまや回復不能の衰退へと滑り落ちるままにした。父親や祖父と同様に、ロレンツォは仕かけられた陰謀を生き延び、政治を操ることにかけては大きな才能を見せた。父親や祖父とは違い、貴族階級に憧れ、詩（優れた詩）を書き、独裁への望みをほとんど隠そうとはしなかった。一四九二年、四十三歳で通風のために恰幅のいい愛人のもとを訪れられなくなり、最後には、さまざまな疾患の前に膝を屈して世を去った。

五人の最後、ピエロ・ディ・ロレンツォはすぐに「愚昧なピエロ」と呼ばれるようになる。曾祖父の残した莫大な財貨もいまでは劇的に減少してしまったが、その富と同様に、父親が達成した芸術上の功績と貴族への野望を、資産としてピエロに譲渡するのは難しいことがわかった。一四七二年生まれのピエロにはただひとつ、フィレンツェ流サッカーの才能しかなく、その結果、家長としての二年間は、父親のより効率的な人心操作術の不幸なパロディだった。九四年、フランス軍の接近に際して、おそらくはその必要がなかったのに、フィレンツェを逃亡。家族の財産は差し押さえられ、銀行は倒産。ピエロは十年後、ナポリ北のガリリャーノ川を渡る途中で水死し、あらためてその無能を証明した。あるいはただ、運がなかっただけかもしれない。

以上で全体の流れは明らかになった。百年間。五世代。もっとも能力のある二人の管理者の手による――最初は経済的、次いで政治的――成功への目くるめく上昇。ベッドに寝たきりの気むずかしい中年男が主役を務めた短い移行期。急速に減少していった富に基づく二十五年間の政治的上昇。続いて、突然の、そして完全なる崩壊。これに加えて、性格は異なっていたにもかかわらず、この五人のメディチには、通風のほかにもいくつか共通の特徴があったことを指摘しておくべきだろう。五人全員が醜かった。イル・マニフィコは異形と言えるほど醜かった。そして五人ともが貪欲な収集家であった。聖遺物や儀式用の甲冑、写本、宝石、カメオ。収集癖は支配、秩序、所有への衝動と同様に、銀行業と芸術の両方の領域に通じる。

ルネサンスとして知られるようになる期間を考えるとき、われわれの頭に浮かぶのは、なによりもまず十五世紀と十六世紀初頭であり、そのころ創造されたブルネッレスキからミケランジェロにいたるまでの偉大な芸術と建築だ。メディチ家の存在を認識するのは、あくまでもルネサンス芸術と当時の芸術家との関係においてである。したがって、われわれはメディチ家の人びと、とくにコジモとロレンツォが近代初期の最盛期に生きたと考えがちだ。ダンテ、ジョット、ボッカッチョなど時代を先取りした例外をのぞいて、それ以前はすべて暗闇。これが通念だ。しかし、本書で話題にする男たち、とくにジョヴァンニ・ディ・ビッチとコジモは、ある意味で自分自身を、黄金時代の初めではなく、なにかのあとに生きる「遅れてきた者」と見なしていたにちがいない。

メディチ家が銀行家として登場したのは、ヨーロッパ金融に対する実質的独占をイタリア人にあたえた諸革新のあと――複式簿記発明のあと、為替手形、信用状、預金勘定出現のあと――だった。おそらくはメディチの親会社と子会社のあいだの関係をホールディング・カンパニー〔持株会社〕の初期の形態と考えれば話は別だが、メディチ家は銀行業の実務においてなにも発明しなかった。さらにメディチ家の全員が、自行よりもはるかに大きな諸銀行のあとにきたことを、たしかに認識していたはずである。十三世から十四世紀にかけて、バルディ銀行とペルッツィ銀行は、メディチ家が一度も肩を並べることができなかった額の資産を蓄積した。どちらの銀行とも、一三四〇年代にイングランド王エドワード三世が、巨額の負債を踏み倒したときに崩壊した。ジョヴァンニ・ディ・ビッチ・デ・メディチはバルディ家のさまざまな男たちをパートナーとし、何人かを雇い、息子コジモをバルディ家の娘と結婚させた。その頭に、過去の栄光の記憶と銀行業の富の危うさの感覚とが浮かぶことも多かったにちがいない。

次にメディチ家がフィレンツェの市民として登場したのは、フィレンツェ共和国を当時の形に作りあげたすべての大変動のあとだった。注意を北方に転換した神聖ローマ帝国が、急速に細分化しつつあったイタリアに対する支配権を失うのにともなって、封建法はゆっくりと崩壊し、終わりなき騒乱のただなかで、権力はすでに、農村に基盤をおく世襲領主から都市の富裕階級へと移転されていた。

フィレンツェは共和政体をもつ国家として形成され、ローマ教皇庁に対する戦争を戦った。対ローマ教皇庁戦争のとき、市政府は教会財産を差し押さえて売却したが、民衆の宗教的熱狂が最後には政治的なものに変化して、一三七八年の叛乱が起きた。これがいわゆる「チョンピの乱」であり、このとき市の貧しい「チョンピ」〔毛織物業でアルテ（組合）に属さない最下層の労働者〕は、一世紀前に商人が貴族を追い払ったように、商人階級を追い払おうとした。

　十六世紀の歴史家フランチェスコ・グイッチャルディーニはこの叛乱について、こう書いている。「政府に残った男たちはほとんどが平民で、貴族というよりは有象無象の輩《やから》であり、ジョルジョ・スカーリ氏とトンマーゾ・ストロッツィ氏を頭目に、民衆の支持を得て三年間統治し、その三年のあいだに多くの醜い所業を働いたが、なかでも酷《ひど》かったのは、ただ単に敵を始末するためだけに、かつてはフィレンツェでもっとも高名なる市民であったアルビッツィ家のフィリッポの息子ピエロの首を、実際にはなんの罪も犯していないのに切り落とし、またドナート・バルバドーリ氏その他多くの無辜《むこ》の民にも同様の仕打ちをしたときのことで、それはつねの例のとおり、これ以上黙っていられなくなった人びとが、ジョルジョ氏を見捨てて、その首をはねるまで続き、トンマーゾ氏は市から逃亡して一命はとりとめたものの、氏本人とその子孫は永久に帰国を禁じられ、またジョルジョ、トンマーゾ両氏を最初に支持したひとりであるアルベルティ家のベネデット氏は追放された」

　グイッチャルディーニはこのひとつの文で、二度の政権交代と多くの刑の執行を語っている。「コーメ・エ・ウザンツァ」――「つねの例のとおり」とグイッチャルディーニは言う。メディチ一家のなかでもっともよく知られ、叛乱直前、フィレンツェ政府の長を務めたサルヴェストロ・デ・メディチはチョンピ側についた。一家は政界に力を失った。もうひとつの選択肢が頭を切り落とされることだったとすれば、当時十八歳のジョヴァンニ・ディ・ビッチには、頭をあげずにいるだけのもっともな理由が見えていたはずだ。

しかし、おそらくなによりも重要なのは、メディチ銀行の登場が、ヨーロッパ人口の三分の一の命を奪い去った一三四八年の大ペスト禍のあとだったことだろう。一三三八年、フィレンツェ市の人口は九万五千を数えていた。一四二七年には四万人で、それでも当時のロンドンの人口にほぼ等しい。ボッカッチョは書いた。「人びとは毎日、数千人単位で病気になった。多くが街中でばったりと息絶えた……死骸の数があまりにも多かったので、埋葬のための聖別された土地が足りないほどだった」。ペストが終結したとき、市からは人間が追いだされ、大地は肩に食いこんでいた荷を軽くされたように見えたにちがいない。いずれにしても、十二世紀と十三世紀を特徴づけてきた商業と人口の急成長はいまや決定的に終わりを告げた。世界がもう一度、あれほど満たされ、繁栄することはあるのだろうか？　長い基礎固めと回復の期間が開始されたものの、状況が平常にもどりかけているかと思うとすぐにまた、疫病が襲うように見えることがしばしばだった。一三六三年、ジョヴァンニ・ディ・ビッチがまだよちよち歩きの子どもにすぎなかったころ、ペストはこの未来の銀行家の父親を奪い去った。一四〇〇年、ラーポ・マッツェイは書いた。「商店はほとんどその扉を開きません。判事たちは法廷を離れました。政府の席は空っぽです。路地に人影はありません」。人びとはまた死んでいった。

だが、裁判官や政治家にはできたことも、若い銀行員には許されない。一四二〇年、カンビオ・ダントーニオ・デ・メディチは新たな疫病の流行を逃れようと、フィレンツェ中心街の現金出納係の職場を離れたために、メディチ家の一員だったにもかかわらず解雇された。それ以前の一四〇二年、ジョヴァンニ・ディ・ビッチは、サン・ジョヴァンニ洗礼堂扉のブロンズパネルのデザインにあたる芸術家を選定する審査団に加わっていた。洗礼堂はいまだ完成されざるドゥオーモ〔大聖堂〕と向かいあって、市中央の広場のひとつに建つフィレンツェ市最古の教会である。ブロンズパネルは、市がこの終わりなきペスト禍を回避できるよう神に祈願するための奉献物として発注された。勝者となったロレンツォ・ギベルティによるデザインは、息子イサクを犠牲に捧げようとするアブラハムを描く。

つまり、メディチ家の銀行家たちは、注目すべき革新と大変動のあとの時代を生きた。ジョヴァンニ・ディ・ビッチが青年だったころの歳月について、グイッチャルディーニはこう語る。「人びとは疲れており、休息をよろこんだ」。しかしまた、メディチ家は「前」に登場したと考えることもできる。銀行崩壊後、十六世紀の混乱から振り返ってみると、歴史家たちの目には、メディチ家のコジモとロレンツォが、より自信をもった、ある意味では無邪気でさえあった時代に属しているように見えるだろう。「愚昧な」ピエロが逃亡したとたんに、イタリアはフランス人、次いでスペイン人に敗北を喫し、ドイツ人とスイス人は全力をつくして荒稼ぎをし、状況を複雑にした。十二もの軍隊が意のままに略奪をしながら、半島を移動していることも珍しくはなかった。このようにメディチ銀行は、ローマ略奪（一五二七年）、ナポリ（一五二七―二八年）とフィレンツェ（一五二九―三〇年）の攻囲戦の前、残虐で息を詰まらせる狷介固陋な反宗教改革の前、イタリアがその後三百年以上にわたって実質的な独立を失う前に登場した。したがって、本書で列記されるはずの多くの戦争、折々の拷問、殺人と腐敗、際限のない不正選挙と脱税にもかかわらず、それでもなお十五世紀のフィレンツェ、メディチ銀行の九十七年間を、中世世界から近代世界への混乱した移行期のなかの静かな幕間と考えてもよいだろう。それは高利貸と芸術とが花開くことのできた時代だった。

ペストは生命をあっという間に奪い去る。だがジョヴァンニ・ディ・ビッチの父親アヴェラルド、またの名をビッチ・デ・メディチは遺言を残していた。妻の持参金八〇〇フィオリーニ（金貨）は妻に返される。五人の息子の名前を挙げる前に、アヴェラルドが高利貸の罪を犯したと考えられる相手への賠償金として五〇リーレ・ディ・ピッチョリ（銀貨）が別にされた。これは標準的な文言だった。パドヴァの悪名高き高利貸、レジナルド・デッリ・スクロヴェーニはこれより六十年ほど前に、はるかに多額の賠償をおこない、息子アッリーゴは父の罪を贖って家名を浄めるために、パドヴァのアレーナ礼拝堂〔別名スクロヴェーニ礼拝堂〕のフレスコ画をジョットに発注した。フレスコ画の一枚は、地獄で焼かれる罪人を描く。高利貸と芸術との関係はすでにもう、パウンドがわれわれに信じさせようとしたよりもずっと曖昧だ。

　たしかに、死の床に近づいたとき、富者の心のなかで、高利貸はただの罪ではなく、罪のなかの罪となったように見える。非嫡出子たち、北アフリカやスラブ諸国からきた子どもの奴隷相手に楽しんだセックス、強欲、大食、放縦な生活が、この人びとを不安にさせた度合いは段違いに小さかった。あるいはただ、教会法にしたがえば、高利貸は他の罪とは異なって、罪を犯して獲得したものを完全に返還することによってのみ贖えたからにすぎないのかもしれない。金を遣ってしまっていたら、これは難しい。高利貸の罪は、それに手を染めるための元手になる富を一度も所有したことのない人びとの心のなかにも、不気味な影を落としていた。ボッカッチョ作『デカメロン』巻頭の物語で、高利貸兄弟が恐れるのは、瀕死の客人――悔い改めようとしない大罪人――が埋葬を拒否されるかもしれず、自分たち自身も高利貸という職業のせいで地元民から町を追い出されるか、リンチされて殺されさえするかもしれないことだ。リンチされた場合は、兄弟もまた埋葬されないまま放置されるだろう。一一七九年のラテラノ公会議は、高利貸がキリスト教徒として埋葬されるのを拒絶し、一二七四年、リヨンにおける公会議はこの規則を確認した。「これらの者たちの遺骸は、犬や牛とともに溝に埋められるべきである」とフィリッポ・デッリ・アガッツァリ修道士は書いた。一四七八年、ピアチェンツァで、高利貸が教会の敷地内に埋葬されたあとに滝のような雨が降ったとき、町民は遺骸を掘り起こし、それを掲げて通りを練り歩き、絞首刑のまねごとをしたあと、ポー川に沈めた。

なぜだろう？　現在ではほんのわずかでも罪悪、あるいは犯罪とはみなされていない取引がこれほど極悪非道の所業と考えられたのはなぜか？　この時代、他の取引——たとえば奴隷貿易——はまったく罪とは考えられていなかったのだから、なおさら疑問に思える。理由は単純に、福音書記者の聖ルカが「何も当てにしないで貸しなさい」〔ルカによる福音書第六章35〕と書いたからなのか？　歴史書はこの問題の上をさっと通り過ぎるか、あるいは貧民から法外な利率で巻きあげた極めつきの高利貸たちのことを強調する。だが、これでは説明にならない。コジモ・デ・メディチが、すべての罪を浄める教皇勅書と引き換えに、サン・マルコ修道院の修復費用を支払ったのは、貧乏人に高利をかけたからでないのはたしかだ。コジモは、王侯か教皇である場合をのぞいて、信用状態がしっかりしていない相手との取引など夢にも思わなかっただろう。

　したがって、発端——つまり一三九七年秋に、ジョヴァンニ・ディ・ビッチが二名の共同経営者とともに、自分の銀行をフィレンツェの業務規制団体「アルテ・ディ・カンビオ」すなわち両替商組合〔銀行組合〕に登録したとき——にとりかかる前に、とくに金銭に関してこの男が生きていたまったく異なる精神世界、そしてなによりもまず、日常の銀行実務と道徳律のあいだにある根本的な矛盾について理解しておかねばならない。

アルテ・ディ・カンビオ。あるフィレンツェ商人の共同経営者は言った。「アルテ・ディ・カンビオに加入したのは恐ろしい間違いです。だれもあなたのことを二度と正直な商人とは考えないでしょう」。貨幣発明以前すでに、「交換《カンビオ》」という概念、望みのものは他者の降伏と引き換えに必ず入手できるという考えには、つねにどこか気に触るところがあった。王アガメムノンは捕らえた娘をその父親である強力な祭司クリュセスに返すとき、自らの快楽や威信を失うことがないように、英雄アキレウスから別の女をとりあげる。アキレウスは陣屋で拗《す》ね、女の見返りとしていかなる形の支払いも拒否して、名言を吐く。「太った羊と雄牛は盗める。釜と金のたてがみの馬は買える。だが、人の命は歯の垣を一度越えてしまうと、置き換えることも、盗むことも、買うこともできない」〔ホロメス『イリアス』第九歌〕

それには限度がある、とアキレウスは言う。あまりにも神聖であるがゆえに、「アルテ・ディ・カンビオ」つまり「交換の技法《アルテ》」の対象にはなりえないなにかがあるはずだ。しかしアキレウスの二千年後になってもなお、一人の娘、あるいは天国に行く前に煉獄で過ごすべき贖罪の時間の短縮、あるいは傭兵軍、あるいは司教区、あるいは聖遺物の購入、さらには町とその全住民を買うことさえ、ごく当たり前におこなわれていた。ある教皇が死の床についていたとき、この教皇は秘蹟を受けられないと言われた。なぜならば「神の名によって、秘蹟を売り払ってしまったから！」

『イリアス』の幕を切って落とす理不尽な交換をとりしきるのは王アガメムノンであり、来るべき諸世紀に硬貨の上に必ず現れるのは王の頭部である。神に任命された王は、交換の実践、つまり自分が支配する臣下たちのあいだの経済的関係を裁可し、治める。もちろん、アガメムノンの時代にくらべれば、その過程はずっとスピードアップされていた。貨幣《マネー》のおかげで、ひとりの人間に売り、売却で得た富を貯蓄し、そのあと別の人間から買えるからだ。こちらがちょうど欲するものを所有し、こちらがちょうど所有するものを欲しているという個人などめったにいないが、そんな相手を探し求める必要はない。それにもかかわらず、貨幣がそれ自体に商品としての価値がある貴金属で作られているかぎり、基本はなにも変わらない。天国を追われたときに神から告げられたとおり、人は額に汗をして生産しなければならない〔創世記第三章19。「お前は額に汗を流してパンを得る」〕。自分の商品を、一定の重さの金や銀、あるいは銅と交換で売り、そのあとその金や銀、銅、あるいはその一部を、他人が額に汗して生産したものを買うために使用する。たしかに、ある倒錯した比較がされるようになる。いまや、ひとりの娼婦の単位原価をひと瓶のワイン、あるいは手稿の写本、あるいは死者のための祈りの単位原価と比較できる。しかし、多かれ少なかれ、すべては相変わらず秩序に従っており、だれもが自分のいるべき場所にいる。

高利貸はものごとを変質させる。利率によって、金《マネー》はもはや、たまたま交換の手段として選ばれたただの安定した金属商品ではなくなる。金は未来へと投げ出され、時間とともに増殖する。しかも高利貸の側にはなんの労役も必要ない。すべてがより流動的になる。ひとりの男は金を借り、織機を買い、生産したウール生地を高値で売り、自分の身分を変えられる。別のひとりは金を借り、最初の男のウール生地を買い、海外に運んで、なおいっそう高い値で売ることができる。男は社会の階段を昇っていく。あるいは、運がなかったり、愚かだったりすれば、破産する。そのあいだに、高利貸、銀行家はますます富んでいく。他人は、銀行家がいかに金持ちかを知ることさえできない。なぜならば金は動かして隠せるし、金融取引による利益はあとを追うのが難しいからだ。銀行家の所有する羊や牛の数を数えても、所有地の広さを測っても意味はない。だれが銀行家に十分の一税を払わせるのだ？

だれが銀行家に税金を払わせるのだ？　人生がこれほどおもしろく、そして利益を追うものとなったとき、自らの魂にもいくらかの注意を払うよう、だれが銀行家を説得するのか？　ものごとは手に負えなくなっていく。

「コントロ・ナトゥーラ！」――「自然に反する」と教会は弾劾した。高利貸は自然に反し、神はペストによってそれを罰する、とフェルトレのベルナルディーノ説教師は警告する。フィレンツェの商人たちはペストからわが身を守るため、高価なブロンズの扉に金を支払ったが、扉の上にはこれまでなされたなかで、いや少なくとも提案されたなかで、もっとも奇妙な交換のひとつ――アブラハムによる息子イサクの犠牲〔創世記第二二章1―19〕――が描かれていた。ギベルティの扉はあまりにも美しかったので、「天国の門にふさわしい」とミケランジェロは言った。そしてミケランジェロは同性愛者だった。

「コントロ・ナトゥーラ」と教会は弾劾する。ダンテの地獄では、男色者と高利貸は同じ場所、第七の圏谷の第三円で罰を受けている。燃える灰の粉が、焼けつく砂の不自然な風景に永遠に降りしきる。男色者は、不自然な動作を永久に続けながら存在せざるをえない（「生きる」などとはとても言えない）。高利貸たちは、勘定をつけていたときのように、不自然にじっとすわらされている。かつて硬貨を数えたり、墓の彼方では通用力のない為替を書いたりするときに動かしたように、手だけがせわしなく不自然に動く。その顔は醜く損なわれ、帳簿づけで傷めた目から悲嘆が流れ出す。ジョットのフレスコ画は助けにならず、レジナルド・デッリ・スクロヴェーニはそこ、地獄にいる。「口をゆがめると、べろりと／まるで牛が鼻を舐《ねぶ》るように舌なめずりをした」。コントロ・ナトゥーラ！

ほかにこの地獄の第三円に住むのは瀆神者だ。自らの創造者を呪うのは自然に反する。男色、高利貸、神の冒瀆、この三つの罪のどれひとつとして、今日、罪と考えられているものはない。現代では、ひとりの男が午後、顧客と抵当の交渉をし、夜、男性の愛人とセックスをして、朝、目覚まし時計の音にびくっと飛び起き、「全能のキリストよ！〔こんちくしょう〕」と口を滑らせても、この男をきちんとした人間だと考えるのになんの支障もない。つまり、西洋では、という意味だが。某イスラム教国では、この三つの行為はいずれも罰せられるべき罪だ。なぜならば、コーランは、サルマン・ラシュディがマホメットの名を愚弄するのを許さないのと、あるいは二人の男性が合意の上でセックスをするのを許さないのと同様に、利息をとって金を貸すのも許さないだろうから。神学者たちはアリストテレスを引用して、高利貸は金に「交尾」させると言う。それは自然に反する。

以上の説明でもまだ理解しがたいと思われる読者には、立派なお仲間がいる。ダンテの『神曲』で、語り手の巡礼詩人は、急いで地獄を過ぎようとしているとき、導き手のウェルギリウスに頼む。「では少し元へ戻りますが（……）もう一つ疑問を解いてください、先程あなたは高利貸は神の愛にそむくといわれました」。詩人にはよくわからない。ウェルギリウスはトマス・アクィナスを要約しながら説明する。「およそ自然はみな神の知恵と神の技法とに由ってその進むべき道を選んでいる」。そして「人間の技法《わざ》は、およそ可能な限り、自然の法に従っている、ちょうど弟子が先生に従うのと同じことだ。だから人間の技法《わざ》は神にたいしてはいわば孫に当たる」。ひとことで言えば、神は、人間の自然の本性を完全にするために労働を創造した。高利貸は、労働を拒否することによって自然を否定し、神が人間のために選んだ道を否定し、神の孫を侮辱する〔以上、『神曲』からの引用は平川祐弘訳『神曲』（河出書房新社）による〕。

となれば、重要なことだが、道徳率は、仲間の人間――貧者はここでは触れられない――が幸福か否かに基づくのではなく、形而上学に基づくと信じる精神を思い描かねばならない。利息をとって貸すことは不自然であるがゆえに、つねに罪であると信じることと、利息をとるのはなんら異常な行為ではないが、第三世界の国ぐにに対してあまりの高利で貸しつけ、結果としてその国ぐにを貧困に追いやるときは不正だとする現代的な概念とを隔てる距離は、十四世紀の人間とわれわれ自身とのあいだの距離を測るひとつの方法かもしれない。しかしながら、たとえそうでも、そしてアクィナスとダンテの誠実さは認めても、教会が高利貸に対して抱いた驚くほど荒々しい敵意を考えれば、司祭たちと教皇とがこの問題に関して、緊急かつ世俗的な関心と利益をもってはいなかったと信じるのは難しい。結局のところ、中世の用語で、人の「技法」とは、人の身分——粉屋、騎士、肉屋、農民——を意味し、それは生まれによって大きく定められていた。自分の身分を否定するのは、社会の固定された秩序を否定して、世界を混乱に陥れることであり、教会はその社会に対し、道徳的にも金銭的にも大いに肩入れをしていたのである。

混乱。エネア・シルヴィオ・ピッコロミーニ、のちのピウス二世は書いた。「変化を愛する我らがイタリアでは、しっかりと立つものはひとつとしてなく、古代の王朝はひとつとして存在せず、召使いが簡単に王になれる」。一三六〇年にジョヴァンニ・ディ・ビッチが生まれたころ、半島は混沌の縁にあり、しかもその状態はかなり長いあいだ続いていた。基本的には、イタリア中部および北部の二十ないしそれ以上の極小国家は、南の教皇領、北の神聖ローマ帝国という対立する二極によって、絶えずふつふつと醸成される革命と下克上のなかにおかれ続けた。果てしなく分裂を繰り返すこの二極のそれぞれが、ローマ帝国の正当な後継者を主張したが、どちらもその主張を他に押しつけられずにいた。諸都市は独立を宣言した。ひと山あてようともくろむ傭兵たちが小さな諸王国を切り取ってわがものとしたあと、正当性を授ける羊皮紙の切れ端——「リーミニ、あるいはクレモナ、あるいはボローニャの正当な大君主として、余は汝にその地を支配する権利を認める」——を買うために、教皇か皇帝のもとへ、あるいは教皇と皇帝両方のもとへと赴いた。これはもちろん、一定の金《かね》、あるいは税の分け前と引き換えにあたえられた。だれも恐れかしこまりはしない。とりわけ次にやってくる傭兵は。

農村では、貴族が有する封建領主権は、頂点に立つ究極の封建君主としての神聖ローマ帝国皇帝による承認に依存していた。したがって貴族は皇帝を支持した（ギベッリーニ党）。都市では、貴族の手から自由になろうとする中産階級が教皇側に立つ傾向があった（グエルフィ党）。ある領地をだれが掌握しているのか、あるいはだれが合法的に税を徴収しているのかはしばしば明確ではなかった。派閥がいくつも存在した。都市では、より力のある家族《ファミリア》が自宅に防護用の塔を建造して、おたがいから身を守った〔当時の「家族＝ファミリア」は直系の血族ばかりでなく、遠い親戚、ときに姻族、共同経営者や召使も含んだ〕。一二〇〇年、フィレンツェにはこのような建造物が約百ほどあり、その多くが高さ一五〇フィートを超えていた。現在のフィレンツェでさえ、百の塔が乱立するのに充分な広さはないように見える。人びとは武装した宿営地のあいだの狭い道を縫うように通っていった。さまざまな地点でアルノ河を渡ることは、ひとつの家族の領土から別のひとつの領土へと移ることを意味した。武器があふれていた。殺人率は身の毛がよだつほど高かった。そのあいだに、混乱のただなかで、そして承認された権威の不在のなかで、二つの要因——個々人のカリスマ性と金《マネー》——が強い力をもって前面に躍り出てきた。偉大な歴史家ヤーコプ・ブルクハルトは書いている。「西欧の合法的な君侯の家々に役立っていたような、畏敬という資本は、ここではその影も見られない。あるのはたかだか首都の人びとの一種の人気であり、イタリアの君侯たちを真に助けて存続させるのは、つねに才能と冷静な計算である」〔柴田治三郎訳『イタリア・ルネサンスの文化』（上）二一—二二頁（中公文庫）〕。

だが、現金がなければ、才能と計算になんの意味がある？　社会の伝統的構造が崩壊したとき、高利貸、銀行家はより危険であり、より強力となる。いまや金の前進を妨害するものはなにもない。フィレンツェのフィオリーノ金貨以上に堅実で、頼りになるものはなにもない。古いヒエラルキーを無視して、フィオリーノ金貨の上には、いかなる君主の頭も刻印されておらず、ただ片側に「フロレンティア」の名、反対側に市の紋章である百合の花が刻まれているだけだ。金貨の上に王がいないのだから、銀行家は多かれ少なかれ自らキングメーカーにならざるをえない。銀行家はいずれかの側に資金を提供する。あるいは、いずれかの側から資金を強奪される。銀行家は国庫収入のシステムを掌握する。あるいは商売ができないほど税金をかけられる。言うまでもなく、当時の文学は「底辺から大きな繁栄へとのしあがった、生まれの卑しい平民」への攻撃に満ちる。連中以上に冷淡で、よこしまで、高慢な人間がいるだろうか？　皮肉屋のコジモ・デ・メディチは言った。「長さ二反の赤い布があれば、名士がひとり作れる」

ここに十四世紀前半に書かれた短い詩がある。

金《かね》は男を目立たせる
金は男を物知りに見せる
金はすべての罪を隠す
金は男が買うもの、買ったものを見せびらかす
金は男に楽しむための女をあたえる

金は男の魂を天国にとどめておく
金は名もなき男を貴族にする
金は男の敵を地面に引きずり落とす
金なしでは、男はじっと動かないように見える
金は世界と運命の車輪をまわしているのだから
そしてもしあなたが望むなら、金はあなたを天国へと送る
わたしは金を貯めこむ男は賢いと思う
なぜならばどんな美徳よりも
金は憂鬱を防ぐはずだから

そう、この詩はスキャンダル、顰蹙《ひんしゅく》ものだ。だが、スキャンダルを見つけた人間は、だれにもまして興奮するものだ。詩人がぞっとしながらも、夢中になっているのが感じとれる。金によって、人は自分の社会的地位を変えられる。女を手に入れ、そのうえ天国にもいける。このようなめちゃくちゃな妄言は非難されるべきだ。だが、実際には、人はそれによって繁栄する。これは西欧における多くの精神活動の背後にある矛盾だ。人は金を愛し、金にできるだろう、金で買えるだろうと想像するものを愛する。そして同時に、アキレウスと同じほどに古い恐怖に取り憑かれている。たしかに、売り買いを超えた価値、交換の技法《アルテ・ディ・カンビオ》を超えたなにかがあるにちがいない。ああ、だが、お願いだ、そのなにかが、金はすべて悪だ、わたしから子どもを奪ったペストは、わたしの金融取引に対する神の罰だと告げるものでなければいいのだが。

この緊張した心理の背後には、ひとつの宗教が抱える答えのない問題が横たわっている。その宗教は、間近に迫ったキリスト再臨を待つあいだ、キリスト教徒を世俗世界から呼び出して清貧の生活を送らせること――「貧しい人びとは幸である。神の国はあなたがたのものである」〔ルカによる福音書第六章20〕――から始まった。だが、そのあと、再臨が決して訪れなかったとき、それは少々混乱しながらも、既存の支配階級と富裕者の宗教、世俗世界のなかに完全に浸かり、また世俗世界に属する人びとの宗教となった。これが導く先には偽善以外のなにがある？　あるいは芸術以外の？

「金持ちが神の国に入るよりも、らくだが針の穴を通る方がまだ易しい」〔マタイによる福音書第一九章24〕。それはだれもが知っている。だがそれでも、王侯や枢機卿以上の金持ちはいるだろうか？　ピサにあるトライーニの《最後の審判》が描くのは、醜い悪魔が地獄に落ちたおびただしい亡者たちを荷車で運んでいく横で、よい服装をした商人が狼狽して身を引く姿である。この男たちは天国にいくことを望んだ。だが、人文学者レオン・バッティスタ・アルベルティが説明したように、貧者にとって「名誉と名声を獲得するのがやさしかったこと」は一度もないという理由からだけにしても、商売はやめたくなかった。これが十四世紀から十五世紀にかけての銀行家の分裂した意識、心に不安をもたらすことの少ない非金銭的価値の文明の育成を――哲学、美学、そして愛において――長い歳月にわたり奨励した矛盾だった。

男たちのことはその課税時の資産評価から知ることができる。男性は収入と所有物の目録を作成する義務があった。女性にはこの面倒は免除されたので、持参金の額だけが残っている。ジョヴァンニ・ディ・ビッチは、成功したただの平民ではなかった。メディチ家は、シニョリーア〔市政府・政権〕を形成する九名の市民を記録した羊皮紙のなかに、名士と言うに充分なほどたびたび登場する。だが、ジョヴァンニは裕福ではなかった。ジョヴァンニとその四人の兄弟は、母親が死亡時に残した八〇〇フィオリーニを分け合わねばならなかった。課税時の資産評価からジョヴァンニに課せられたのは、わずか一二フィオリーニだった。だが、遠縁のひとりは、大枚二二〇フィオリーニを支払わされた。この親戚、ヴィエリ・ディ・カンビオ・デ・メディチは銀行を経営していた。どんなに遠い親戚であっても、人を雇うときにはやはり親戚《ファミリア》の者を雇おうとする。ジョヴァンニも兄のフランチェスコもヴィエリに採用された。一三八五年、結婚で一五〇〇フィオリーニの持参金を得たとき、ジョヴァンニは、南に移って、ヴィエリの銀行のローマ支店に投資をし、共同出資者——実際には、経営責任を担うパートナー——になることができた。ジョヴァンニの妻について、持参金のほかにわかっているのは、名前がピッカルダ・ブエリだったこと、夫とのあいだにコジモとロレンツォという二人の息子をもうけたことだ。だが、夫とともにローマで暮らしてはいなかった。

ローマは政治的にも経済的にもひとつの変則だった。グリーンランドの人びとは鯨のひげをブリュージュで売り、代金をローマに送らせた。ポーランドの人びとは毛皮をブリュージュに発送して、売却し、代金をローマに送らせた。いやむしろ、ローマ教皇庁、教皇に送らせたと言うべきだろう。教会はキリスト教世界全体に貢税を要求した。他の国家が税を、自国民から、しかもしばしば大変な苦労をして集めたのに対し、ローマはヨーロッパのいたるところから金を引き寄せた。枢機卿、司教、あるいは大修道院長は、聖職禄を得るとき、初年度の収入と同額をローマに支払わねばならなかった。そうしなければ、実入りのいい役職には就けない。スカンディナヴィアから、アイスランドから、極貧のスコットランドから、金が到着した。支払遅延は破門によって罰せられかねない。払わなければ地獄ゆきというわけだ。教皇の使者は特別な祝典を予告しながら、フランドル地方ガントの人びとに、一定の期間ミサに出席し、対異教徒戦争のためにたっぷりと献金すれば、完全なる免罪があたえられるだろうと告げた。天国に直行、煉獄はなしですむ。人びとはしぶしぶ支払いをする。支払わない人などいるだろうか？ 使者はブリュージュで、金を、貨幣の一枚一枚を、イタリア人銀行家といっしょに数える。いつも必ずイタリア人銀行家だ。イタリア人共同体のあるところには、銀行が存在する可能性がある。イタリア人共同体がないところに銀行は存在しない。いずれにせよ、金はローマに送られる。

人は「金が送られる」と言う。だが、実際には、国外で金を受けとったのと同じ銀行の支店、あるいは契約関係にあるコルレス銀行〔コルレス契約（外国への送金、為替取引に際し、現地に支店がない場合、業務代行について結ぶ契約）を結んだ相手方の銀行〕によって、金はローマの教皇庁に手形で支払われる。実際に、現金をもって馬の背で、あるいは徒歩で、ヨーロッパを旅するのは危険だった。「洪水の川に注意せよ」とある使者に警告が発せられる。「武装して、集団で行動せよ」。だから、ローマへ旅する巡礼、あるいは司祭、あるいは聖歌隊指揮者はまず、ロンドン、ブリュージュ、ケルン、アヴィニョンにあるもっとも近い銀行にいき、信用状を買い、ローマに旅をし、到着したところで、信用状を現金化する。ただしコンスタンティノープルは除く。ライン川以東に銀行はない。為替レートで多少損をし、銀行の手数料を少額支払うが、盗難に遭うことはない。つまり教会は銀行業務の多くを弾劾していたにもかかわらず、ほかのいかなる組織よりも、国際銀行の成長を必要とし、促進したのである。それは教会が最大の国際的な経済統一体だからだ。教皇にとって、自分のために税を集め、自分の壮大な諸計画を可能にする人びとを地獄には送りにくいだろう。

また、教会は、ほかのいかなる組織よりも、ヨーロッパをめぐるキャッシュフローの平衡をとるのを困難にした。ローマの諸銀行がよそで集めた教会貢税を払い戻し続けるためには現金が必要だ。イタリアと北欧のあいだにはすでに貿易不均衡があった。ロンドンとフランドルは、かなりの量の絹やスパイス、明礬《みょうばん》を、イタリアから、そしてイタリアを通して買いつけていたが、見返りとして提供できるのは、イングランドの未加工の羊毛、壁かけ、オランダの亜麻布ぐらいしかなかった。こういった品をいかに大量に送ろうとも、北欧側が買いたいものの価値に等しくなることはないように思われる。つまり、すでにイタリアには、送り出す以上の金が、貨幣として運びこまれていた。ローマの変則は、この状況をさらに悪化させた。教皇の宮廷は巨額の現金を吸いこんで、一銭も送り返さない。ローマに到着した金は、主として贅沢品——重厚なブロケード、シルク、芸術品、銀製品——に費やされ、こういった品々は北欧からくるのではなかった。

銀行家は商人でもあり、可能なかぎり、この問題を三角形の移動で回避しようとした。フィレンツェは未加工の羊毛をインドランドのコッツウォルズから買い入れる。フィレンツェ系銀行のロンドン支店は牧羊農家に、教皇の貢税として受けとった金で支払うことができる。フィレンツェは羊毛をきれいにし、織り、完成した布を売却するためにローマに送り、ローマでは同じフィレンツェ系銀行のローマ支店が、ロンドン支店に代わって以前に支払った現金の一部を回収できる。同じような三角形が、ヴェネツィアとバルセロナを介しても存在した。だが、問題は複雑であり、ときには金貨あるいは銀貨を、おそらくは羊毛の梱に隠して、直接ローマに送らなければならない。ドイツ人は、銀鉱で採掘したインゴットを武装した護衛をつけて送った。これはかなり面倒だ。幸いにも、いわゆる秘密口座というものもあった。

ローマにいて、遠縁ヴィエリの銀行で働いた十二年のあいだに、ジョヴァンニ・ディ・ビッチは、大規模な銀行の設立に必要なすべてを学んだにちがいない。銀行にとって、主要な商業中心地に支店をもつことがいかに大事か、そして資本を働かせ続けておくために、さまざまな国を横断して金融取引と商取引をどう混ぜ合わせるかを学んだ。だが、なによりもまず、法の精神とその適用とのあいだの差がいかに重要かを学んだだろう。たとえば、教会が銀行に貸付を求めるとき、銀行はその見返りに利息を要求はできない。なぜならば高利貸は罪だからだ。だから、銀行は商事会社としての役割を果たすときに、教会に売却する商品の価格を、銀行としておこなった貸付の利息にふさわしいと思われる利率の額まであげる。同様に、司教や枢機卿、あるいは教皇その人が銀行に金を預け、借主というよりは投資家の役を演じたいと望む場合には、投資の見返りにぜひなにかを得ようとするだろう。だが、それを利息と呼んではいけない。これが、このあと見る秘密〔自由裁量〕口座である。

　司祭のなかには、罪を告発し、不正だと金切り声をあげ、永遠の罰を受けるのは間違いないと言う者たちがいた。そして教会法を研究し、そのなかに抜け穴を発見する者たちがいた。どんな永遠の敵同士のあいだにもあるように、この二グループ、原理主義者と折衷主義者のあいだには、暗黙の共謀関係がありそうだ。おたがいがあって初めて、原理主義者は原理主義者として、折衷主義者は折衷主義者として存在しうる。いずれにせよ、どちらの側も、言葉――ある取引がどう表現されるか――に、多くの圧力をかけた。秘密口座は秘密と自由を意味していた。預金者の名前は秘密にされ、したがってどのような取決めがされたかは目につかない。預金者が預けた金に対する見返りは銀行家の自由裁量に任され、したがって贈物であって、たとえ普通は年利八～一二パーセント近くで計算するよう期待されてはいても、契約で決められた利息ではない。贈物を義務とする契約は高利貸になるので銀行は契約を結ばないし、めったにあることではないが、銀行が損失を出した場合には贈物はしないだろう。だから一部の神学者は、この取決めは高利貸ではないと決定した。確実な利益はないからだ。一方で、フィレンツェのアントニーノ大司教（のちに聖人となる）を代表として、預金は利益を期待しておこなわれる――贈物の交渉があるのは確実だ――から、これは「心のなかの高利貸」であると考える者もいた。意図は利益を得ることにあり、契約がなくてもなんの違いもない。それは地獄いきの大罪だ。

　秘密厳守にもかかわらず、秘密口座をもっていた有名人は多数知られている。そのひとりはヘンリー四世の異母兄弟でウィンチェスターの大司教ヘンリー・ボーフォートだ。大司教の魂は危機に瀕していたのか？　教皇マルティヌス五世の親しい友人、ヘルマン・ドゥエルク枢機卿は、秘密口座に四〇〇〇ローマ・フィオリーニをもち、コジモ・デ・メディチから毎年の贈物を受けとりながら、「福音書的な貧困の精神」のなかで生きたと言われている。おそらく枢機卿はほんとうに質素な生活を送ったのだろう。もしかしたら貧者に気前よくあたえたのかもしれない。

　ときどき、軽々しく約束された「贈物」がすぐには期待できそうもないとき、争いがおこった。フィレンツェ政府はもちろん高利貸を忌避したが、預金の見返りとしての贈物を「ほめるべき」とし、贈物の約束は守られねばならないと裁定した。歴史家レイモンド・ド・ルーヴァーは書いている。「契約書はわかりにくく曖昧な言葉で書かれ、そのために金のかかる訴訟に豊かな土壌を提供した」。このように、大罪に対する不安は提供された金融サービスの実際の性格だけでなく、言葉に対する銀行業界の姿勢にも影響をあたえた。取引はつねに記録されねばならない。だが、その真の性格はしばしば偽装された。重要なのは、あからさまに非があってはならないということであり、それを銀行家は評価した。言うまでもなく、銀行が贈物を生み出せないとき、顧客の聖職者は現金をほかから手に入れた。
だが――高利貸しの問題とはまた別に――銀行は倒産するかもしれず、また実際にしばしば倒産した。ローマにいる枢機卿が、なぜ自分の金を銀行に預けたのか？　なぜそれを、罪を問われない不動産に投資しないのか？　不動産は都市や近郊の田園地帯で、急速に価値をあげていた。あるいはまた宝石に？　悲しいかな、教会の資産を民間に移転することは不法であり、枢機卿の給与も教会資産に含まれた。新教皇は、前任教皇の在任中に金持ちになった聖職者の不動産を差し押さえる権利をもっていた。土地は目に見え、不安定だ。教皇権は、二人、あるいは三人もの教皇が並立していた期間を勘定に入れなくても、十五世紀のあいだに十一回、所有者を替えた。「持っている物を売り払い（……）わたしに従いなさい」〔ルカによる福音書第一八章22〕とキリストは言った。だが、裕福な聖職者は所有する富を自分の家族、兄弟や甥、あるいは私生児に残したがった。新たな預金手段の可能性があたえられれば、金には密かに預金でき、問題が起きた場合は国外の都市で引き出せるという利点があった。

　つまり、高利貸の結果、ひとりの人間があるべき身分から別の身分に移動するのに加えて、なにかひじょうに不自然なことが起こる。ひとりの人間の資産はもはや地元の共同体に結びつけられていない。教皇マルティネス五世の家族がローマで銀行に払い込んだ実際の貨幣は、同じ場所ですぐに、信用状、あるいは外国で徴集された貢税と交換で払い出されるかもしれない。そのあいだに、これらの信用状を販売したり、貢税を徴収したりしたイタリア人銀行家は、アヴィニョン、ケルン、あるいはブリュージュで、金をバルセロナから発送されるアーモンドやトルコからの明礬の積荷に投資し、そのあとその商品をロンドンに売却できる。新しい国王や公爵とは違って、新教皇は前任者とは異なる家族の出身、しかも異なる都市の出身者である可能性が高く、独自の計画と側近とを連れてくる。教会の富は新教皇を恐れて循環する。

ジョヴァンニ・ディ・ビッチは、この循環、金《マネー》が形而上学《メタフィジックス》と出会うときに起こるように見える特殊な乱流を利用したにちがいない。一三九三年、年上の親戚、ヴィエリ・デ・メディチが引退、ジョヴァンニは銀行のローマ支店を買い取った。だが、四年後、決定的一歩を歩み出し、自分の銀行を創設したとき、なぜフィレンツェにもどったのだろう? ローマで生み出される利益に肩を並べ始めることは決してなかったにもかかわらず、フィレンツェが銀行の司令部となったのはなぜか?

枢機卿とその秘密口座の贈物と同じように、答えは家族に関係する。十四世紀初頭、あるジェノヴァの匿名作家は問いかけている。ひとりの男が「自分の子どもたちのために、権力、財産、土地と物資を手に入れようとして」あらゆることをなし、「それによって自分自身を永遠の罰へと運命づける」のはなぜか? これは興味をそそる問いだ。ちょうど、『神曲』のなかで、ダンテの亡者たちの多くが、地獄における自らの永遠の苦しみよりも、フィレンツェにおける家名の名誉のほうを気にかけているように見えるのが興味深いのとよく似ている。レオン・バッティスタ・アルベルティは、一四三〇年代に書かれた『家族論』のなかでこの疑問に答えた。家族とは社会単位のなかで際だった単位であるがゆえに、自分の家族を利する、あるいはその名誉を高めるのに役立つ態度や投資は受容される。なぜならば、それは人生を決定する目的だからだ、とアルベルティは言う。

ひとことで言えば——もっともアルベルティはこんな言い方は決してしないだろうが——もし蓄財が中毒になったとしても、家族を口実にすれば、蓄財はひとつの目的のための手段と考えられる。家族はひとつの価値、生きるための理由——単なる蓄積よりも気高く、天国の歓びよりも身近にある理由——を提供する。金で表される富がいまや場所から自由になったとしても、家族は場所から自由に

ブロンツィーノによるジョヴァンニ・ディ・ビッチの肖像。銀行の創始者ジョヴァンニは、政治と金融を混同する危険をすでに認識していたかのように、子どもたちに「公衆の目の届かないところにとどまっていなさい」と警告した。

なれない。メディチ家はフィレンツェに深く根をおろしていた。不動産と古くからの同盟や縁組みのネットワークがあった。ジョヴァンニがローマにいったとき、妻と子どもたちをフィレンツェに残していったのは、自分も帰るつもりだったからだ。フィレンツェ帰国によって、ひとつのネットワークの出先機関にいることをやめ、自分自身をそのネットワークの中心にしっかりと据えることになる。もう一度フィレンツェ市民としての政治的権利を行使し、社会の完全かつ恐れられる一員となる。それはローマでは決しておこりえない。「公衆の目の届かないところにとどまっていなさい」という命令は、必ずしも「自らに政治権力を拒否するな」を意味はしない。事実、人はまさに権力を蓄積するために、公衆の目の触れないところにとどまっているのかもしれない。それに加えて、ローマ人とは違って、トスカーナ人は国際銀行の経営に長い伝統があった。国際的な銀行こそがローマから金を稼ぎとる鍵だった。

第二章　交換の技法《アルテ・デイ・カンビオ》

「銀行bank」イタリア語でバンコbanco（のちにバンカbanca）は、「ベンチ」「机」あるいは「板」を意味する。その上で書き、勘定をするもの、取引する二人の人間のあいだを分けるもの。必要な家具はそれだけだ。ある人びとにとって、「銀行」はただひとつのターヴォラ「机」にすぎず、メディチさんのところはポルタ・ロッサ通りに「机」をもってますよ、と言ったものだ。机の上を通ってやりとりされるものもあれば、その下を通るものもあった。

銀行家はよく共同で商売をしたので、「机」を同じ地区——現在のメルカート・ヌオーヴォ〔新市場〕周辺オルサンミケーレ——に設置した。その数、約七十。ヴェッキオ橋といまだ未完成のドゥオーモのちょうどまんなか、日陰になったポルティコの下、あるいはパラッツォ「邸宅」の厚い大扉のうしろで、金融業者は赤の長いガウンに身を包み、硬貨の袋をわきにおいて、立ったり、腰かけたりしていた。

緑のクロスをかけた机の上には大きな公式の元帳がおいてあった。両替商組合《アルテ・デイ・カンビオ》の規定で、すべての取引は書き留めねばならない。銀行家の指はインクで汚れていた。帳簿の第一頁には、「神と利益の名において！」あるいは「聖三位一体と天国のすべての聖人と天使の名において」。あらゆる面に目が配られていた。

文書による小切手は存在していたが、規範ではなかった。あまりにも危険が大きい。すべての取引は顧客本人によって口頭で注文され、顧客の面前で、几帳面な縦列にローマ数字で注意深く書きこまれた。そのほうが書き換えにくかったからだ。金が時間と空間を移動するようになるとすぐに、それは大量の書類を生み出すようになった。金は流動的で変わりやすく、抽象的なものとなった。それを書きつけておけ！

商人は鵞ペンが記載項目をぎしぎしと書きつけるのを辛抱強く見守る。識字率は上昇中。数字や日付に集中する男たちの沈黙に、街角でがたがたいう荷車の音、籠に入った鶏のこっこっという鳴き声、ときには触れ役の叫び声がはいりこむ。フィレンツェの商業地区はにぎやかな場所だ。二百ヤードほど先のメルカート・ヴェッキオ〔旧市場〕では、シルクの梱や穀物の樽が所有者を替えていく。パン屋が共同かまどからパンをかき出す。

書き終えられた記載事項は声に出して読みあげられる。帳簿を廃棄したり、書き換えたりした組合員はすべて、反論の機会をあたえられることなく組合から追放される。教会法については自由に討議できる。だが、両替商組合の規則はだめだ。銀行家が業務の継承者なく死亡した場合、組合が元帳を鍵が三重にかかる長持に保管した。したがって会計簿を調べる前に、それぞれ自分の鍵をもった三人の役員全員がそろわなければならない。神秘主義と同様に、金は儀式によって繁栄する。

すべての銀行が同じグループに属していたのではない。戸口のアーチから赤い布を垂らしているのは質屋。返済がなかった場合に転売できる品物を担保にとり、明示された利率で少額の貸付をおこなう。担保になったのは、たとえば刺繡をした布で飾った木靴一足。あるいは聖書の場面を描いた嫁入り道具の長持。あるいは婦人服の取り外し可能なブロケードの袖。このような品物は求めるに値した。ここは使い捨ての社会ではなかった。

キリスト教徒だろうとユダヤ教徒だろうと、質屋は利益をまったく隠そうとはしないから、「あからさまな高利貸」であり、両替商組合に所属することも、取引のための免許を取得することもできなかった。だが、罰金は科せられた。あるいは質屋個人というよりも、質屋業界全体に罰金が科せられた。市政府は質屋業を「嫌悪すべき罪」とみなし、フィレンツェの質屋はひとつの団体として、年に二〇〇〇フィオリーニの罰金を科せられた。これを支払えば、それ以上の税や罰は免れる。神学者たちはこのような取決めが、結局は免許をあたえるのと同じか否かを論議できる。ここでもまた、言葉は明晰さを提供するのではなく、むしろ矛盾を永続させるために使われた。高利貸は禁じられているのか、いないのか？　あからさまな高利貸は、あからさまでない種類の高利貸よりも実際に正直なのか？　娼婦と同様に、質屋は非難されながらも必要不可欠であり、営業を続けた。フィレンツェでキリスト教徒に質屋業が完全に禁止されたのは、ようやく一四三七年以降である。この措置は矛盾を排除し――教会がやってはいけないと言うのならば、ほんとうにやってはいけない――貧困層の恨みをユダヤ教徒に集中させた。

質屋と異なり、バンカ・ア・ミヌート banca a minuto は両替商組合の組合員で、定期的に登録をした。小規模で厳密な地方銀行であり、次の三つの機能をもっていた。第一は、分割払いに同意して、宝石を販売すること。第二に、用途限定の預金口座を開設して、年利九～一〇パーセント相当の「贈物」を渡すこと。さらに、銀貨のピッチョロ〔複数はピッチョリ〕と金貨のフィオリーノ〔複数はフィオリーニ〕を両替すること。ピッチョロとフィオリーノの両替とはどういうことか？　バンカ・グロッサ banca grossa――国際銀行、マーチャント・バンク〔投資銀行。貿易手形引受と証券発行を主要業務とする〕、メディチのような種類の銀行――と取り組む前に、ここで通貨について、それも一種類ではなく複数の通貨について理解しておかねばならない。

通常は、いかなる通貨についても、その目的は富の一単位を提供することにあると考えられているはずだ。その単位を掛けるか割るかすれば、ある一定の地域内で売りに出されているものならなんでも買える。量をさまざまに変えれば、ほとんどすべてのものの等価になしうることは、金の不思議であり、同時に危険でもある。したがって、合計すると銀貨にできる銅貨、合計すると金貨にできる銀貨、現代では、一ドル札、五ドル札、十ドル札、二十ドル札、百ドル札などの紙幣がある。

十五世紀のフィレンツェでは、話は違っていた。銀貨、ピッチョロは合計してもフィオリーノ金貨にはできなかった。二つは別々の通貨だった。その論理は、二種の貨幣が実際に貴金属で造られていたことにある――事実、貨幣の価値は、それぞれの金属の実在価値に依存していた――リンゴとオレンジの関係と同様に、両者の関係は固定できなかった。ピッチョロは、銀と金《きん》を交換するときの現行料率に従い、銀行によってのみ、フィオリーノに両替できた。

これは理論上の話だ。現実には、人を階級から解放する潜在力をもつ要素――憎むべき成りあがり者が富を蓄積し、その農民出の家族が、まるでわたしの家族と同様に貴族であるかのように振舞うことを許す要素――のなかに、根本的な分割が確立されていた。ピッチョロは貧者の通貨、労働者の給料、パンひと切れの価格だった。贅沢品、卸売り、国際貿易、こちらはフィオリーノ金貨の独占的王国だ。これは法律で定められていた。数年前までは富者と権力者がドルを使用し、大衆はズロチ、あるいはルーブルを使用していた共産圏の状況と似ていなくもない。ピッチョロで取引する人間にとって、成功までの道のりは遠かった。

銀行家の緑色の机の上をいったりきたりすることで、人は少額の手数料を支払えば、ひとつの世界から別の世界、銀から金、つましき生活から豊かさへと移動できた。言うまでもないが、貧者の金はしだいに価値が下がる傾向にあった。一二五二年、フィオリーノ金貨が初めて鋳造されたとき、フィオリーノ一枚はピッチョロで一リラ、つまりピッチョロ銀貨二十枚で買えた。一五〇〇年頃には、ピッチョロで七リーレ〔「リーレ」は「リラ」の複数〕、すなわち百四十枚が必要だった。理由のひとつは、アルテ・ディ・カリマーラ（商人組合）に属する商人、アルテ・ディ・ポル・サン・マリーア（織物製造業組合）に属するシルク生地の製造業者が、フィオリーノ金貨で稼ぎながら、給料はピッチョロで支払ったからである。利益が減じたとき、商人たちは、貨幣鋳造所にピッチョロの銀含有量を下げるよう促した。貨幣鋳造所を掌握するのは政府であり、政府は主としてこれら強力な組合の人間で構成されていた。こうすれば、疑いを知らぬ貧者にピッチョロで同額の給料を払うのに、少ないフィオリーノ金貨しか必要でなくなる。アントニーノ大司教はこのやり方を非難した。大司教は絶えず貧者の運命を改善しようと働きかけ、それによって大いに愛されていた。自ら出かけていって、瀕死のペスト患者の手にパンを渡すことさえあった。だが、教皇に対する負債が支払われなかったときとは違って、通貨をごまかしても、だれも破門はされなかった。公衆の面前で鞭打たれもしなかったし、あるシルク生地の女工が織っていた布地の一部を盗んだときのように、晒し台にかけられもしなかった。

つまり、別々の通貨は、あらゆる社会的混乱にもかかわらず、同じ有益な階級差が維持されることを保証した。一四五七年の納税記録で、フィレンツェ人の八二パーセントは一フィオリーノ以下の税を支払い、三〇パーセントは貧困のためにまったく支払っていない。この貨幣上のアパルトヘイトはしかしながら、いくつかの深刻な会計上の問題を犠牲にして成立していた。ジョヴァンニ・ディ・ビッチの銀行はフィオリーノ金貨のみで取引し、借方と貸方を向かい合う頁に記載するヴェネツィア式複式簿記を使用できた。しかし、メディチ家がウール生地工場を開設したときは、より原始的な方法を採用しなければならなかった。会社の取引の一方がフィオリーノで、もう一方がピッチョロのとき、買入と所得、給与のあいだの正確な関係をだれが出せるだろう？　いずれにせよ、商売がうまくいかず、金貨も銀貨もはいる予定のないとき、労働者はウール生地での支払いに同意しなければならなかった。労働者はこの支払方法を嫌ったし、帳簿はなおいっそう混乱した。もっとも、質屋は布地を自分に好都合なレートで現金化する慣習があったので、質屋の利益にはなった。金が潜在的にいかに悪しきものであろうとも、心理はたしかに、移転可能な価値単位の明晰さと利便性とを切望する。

フィオリーノの価値はどのくらいだったのか？　少女の奴隷ひとり、あるいはラバ一頭は五〇フィオリーニで買えた。ひとりの女中の一年分の賃金を支払うためのピッチョロ銀貨の購入には、フィオリーノ金貨十枚が必要だった。フィオリーノ金貨が三十五枚あれば、庭つきの小さな町屋一軒、あるいはポルタ・ロッサ通りとアルテ・デッラ・ラーナ通り角のメディチ銀行店舗一年分の賃貸料を支払えた。フィオリーノ金貨二十枚で、建設に一〇〇〇フィオリーニかかった邸宅の中庭にフレスコ画を描かせることができたし、銀行の見習い少年を一年間雇用できた。一方、ワインひと樽はたった一リラ・デ・ピッチョリで運びこまれ、占星術師に一回占ってもらうのはその半分だった。「ワインの取引はするな」とコジモは支店の幹部たちに言った。「その価値はない」。だが、占星術師には定期的に相談をしている。金《マネー》と魔術《マジック》は手に手を携えていく。葱一本は一ピッチョロ、片腕の長さの安物の生地は九ピッチョリ、一方同じ長さの豪華な白いダマスク織りには二・五フィオリーニかかる。両替率によって変化するが、二十五倍前後の差がある。一般的に、贅沢品は高価で――金持ちはフィオリーノ金貨を必要とした――一方、基本的な食糧は安価だった。したがって、給与がきちんと支払われると仮定すれば、労働者はピッチョロだけでどうやらしのぎ通せた。だが、市に数多くいたウール工やシルク工は出来高払いであり、需要は安定していなかった。不況時には、金持ちの食卓で奴隷をしているほうがよい暮らしができた。

それでもやはり、低賃金と別々の通貨にもかかわらず、眉を顰《ひそ》めさせる蓄財のスキャンダルは続いた。なぜならば金はじっとしていなかったし、貧者が自分の運命に満足していることもめったになかったからだ。だから、もし少額の現金をうまく貯えたとしても、それを見せびらかして他人を動揺させることを禁じる法律があった。平民階級には、二コース以上の食事は禁じられた。一回の食事に一定数以上の客は招けなかった。騎士か貴婦人、あるいは、おそらくは行政長官や医者でなければ、衣類に一色以上は使えない。子どもに上等の布地はだめ。麻の白靴下に柔らかい革の裏をつけてはいけない。毛皮の襟もだめ。手首と肘のあいだをのぞいて、女性の服にボタンを使ってはいけないし、女中の服にはまったく許されない。実際のところ、女中にはスカーフと木靴が許されただけで、おしゃれな頭飾りもハイヒールもだめだった。

このように平民には、浪費をして貧困に陥らないよう予防策が講じられていた。たしかに思慮深い措置だ。このような法律は自然の秩序を自然のままに保つ。もし使用が許されないのなら、金が問題を起こすことはない。法律の裏にある着想には、わずかに女嫌いのところがあったのか？　若い娘は、規則を破って胸に銀ボタンを縫いつけるとき、裸にされて街を引きまわされ、樺の枝で打たれるかもしれないと考えて、ある種の身震いを感じたにちがいない。

結局は、商売に悪影響をあたえたので（フィレンツェは贅沢な衣料品の製造に特化した都市だった）、いわゆる奢侈禁止令の施行は散発的だったが、すべての人に身分を過剰に意識させ続けた。隣人をスパイするのは胸が躍る。法の文言の裏をかくために、流行は絶えず変化した。どれかの布地が禁止されると、新しい布地が考え出された。金融の分野と同様に、弾圧は、明白な言葉遣いを犠牲にして、創造に大きな刺激をあたえることが証明された。仕立屋は言う。シニョーラ、この袖はサマイト〔金糸などを混ぜた豪華な絹織物〕のように見えます。でも、専門的に言えば別のものなのです。フランスで考え出されました。法律では触れられていません。ボタンが並んでいるように見えます。でも、ほら、ご覧の通り、ボタンホールはない。ですから、厳密に言えば、これは鋲なんです。

立法者たちは、このゲームで一歩を先んじるために、必死に仕事をした。「真珠についての細則」とある新法は告げる。「ボタンについての細則」。「鎖着用についての細則」。しかし、新しい商業証券〔手形など〕をじっくりと考察する神学者と同様に、任務には終わりがなかった。政府のある役人はやけになって問いかける。「わが都市の婦人たちのみっともない獣性に、どうしたら轡《くつわ》をつけることができるでしょう？」風紀係の警官が任命され、「夜の巡査」と呼ばれて、通りを歩きまわり、婦人の服装を取り締まった。「あら、襟はラッティッツォ〔乳離れしていない幼獣〕ですわ。白貂《しろてん》じゃございません！」「ラッティッツォとは、いったいなんだね？」「ただの獣《けもの》です」。そのあいだ、ジョヴァンニ・ディ・ビッチと二人の息子たちは地味な外套を羽織り、自分たちの富をどういう形で表に出すかという問題にはまだ取り組んでいなかった。いまのところ、妬みは水をやらずにいるのが最善の雑草のようなものだ。コジモお気に入りの格言のひとつである。

フィオリーノは大規模な取引に値し、少額硬貨に両替はできなかった（両替できれば、貧者もフィオリーノを使用し始めたかもしれない）。そのために銀行家たちは、卸価格と秘密口座の贈物とが、フィオリーノの分数で計算できるように、会計用の通貨を作り出す必要があると考えた。そこでリラ・ア・フィオリーノが急速に使われ出す。これは一フィオリーノの二九分の二〇（そう、20/29）で、一リラ・ア・フィオリーノは二〇ソルディ・ア・フィオリーノに分割でき、一ソルド・ア・フィオリーノは一二デナーリ・ア・フィオリーノに分割できた。したがってフィオリーノ金貨一枚は三四八デナーリ、あるいは二九ソルディに値するが、もちろん、ソルド〔複数はソルディ〕とかデナーロ〔複数はデナーリ〕とかいう硬貨は存在しなかった。金と想像力は手に手を携えていくと言うしかない。計算を助けるために、銀行家各人は計算機（算盤）を備えていた。おそらく驚くには値しないだろうが、複式簿記の規則を熟知していたにもかかわらず、銀行家たちは帳簿の帳尻をつねに合わせられたわけではない。メディチ銀行支店経営者のひとりは、どこで間違えたかを見つけられず、本部に書き送っている。「未来においては、神さまがわたくしどもをより大きな間違いから守ってくださいますように」

　精霊以外のすべてが目に見える世界のなかで、手ほどきを受けていない者には、この種の想像上の通貨が恐ろしく神秘的に見えたにちがいない。テクノロジーはいまだに生活のなかの平凡なものごとを、視野から取り去ってはいなかった。小便は透んだ水に流れこんだあと、きらきら光る陶器の下に吸いこまれてはいかなかった。大便はおまるのなかで湯気を立てていた。もしフィオリーノの種類の人間であれば、ピッチョロの種類の人間に金を払って、おまるを目の前から運び去らせ、中身をどこか別の場所、たぶん裏通りとかに開けさせることができた。ペスト患者は糊のきいたシーツにくるまれて死んだのではないし、その末期の苦しみは鎮痛剤で軽減もされなかった。どこかでお香が焚かれたのは、不快なにおいがその下に潜んでいたからだ。死すべき運命はいつも身近にあった。人びとは若くして死んでいった。

だが、よいにおいもまた存在していた。肉や野菜、ウールやシルクはきらきら光るフィルムでぴったり包まれてはいなかった。窓は油をひいた木綿でふさがれて、光はあまり射しこまなかったから、織物工たちは織機を戸口にもっていった。靴直しや馬具屋は往来で仕事をした。ゴラ運河のほとりで男たちが羊毛を洗い、それをすぐにだれかが背負っていく。農村から鯉をバケツで運んできた漁師が、街角で客のひげを剃る床屋の前を通る。薬剤師が咳止め用のナツメグを碾《ひ》く。痔には玉葱が効く。すべてがそこにある。すべての務めは明らかだ。自然の秩序がある。人びとは、神が命じたように、額に汗してなんとかしのぎ通していく。農村の封建領主さえ、軍隊を維持し、それを貸し出し、自分の土地を治める。これは理解できる。司祭でさえ、肉体がついに溶け、最後のひと息が吐かれるとき、魂が天国にいくのを助ける。教会の必要性をだれが否定するだろう？　だが、存在しない貨幣で計算しているあの銀行家たちは、いったいなにをしているのか？

一三九七年のフィレンツェに話をもどすと、ジョヴァンニ・ディ・ビッチは五五〇〇フィオリーニを自分の新銀行に出資した。八年前に妻がもってきた持参金一五〇〇フィオリーニをすでに少なくとも倍に増やしていた。他の共同経営者は、これまでもローマでジョヴァンニと仕事をしてきた有名なバルディ家のベネデット・ディ・リッパッチョ一二〇〇フィオリーニを出資し、もうひとりはジェンティーレ・ディ・バルダッサッレ・ボーニで、二五〇〇フィオリーニを加え、全体の資本金を一万フィオリーニとした。出だしは不調だった。ジェンティーレ・ボーニは数か月後に手を引き、資本金を引きあげた。それは間違いだった。元の共同経営者たちが豊かになっていったのに対し、ジェンティーレは生涯を債務者監獄で終えた。ジョヴァンニは自分の投資額を六〇〇〇フィオリーニまであげ、全体の資本金を八〇〇〇とした。家賃と給料、そして不良債権のための貸倒引当金を別にして、会社は最初の十八か月間を、一二〇〇フィオリーニ、年にちょうど一〇パーセントという慎ましい利益で切り抜けた。

その後、一四二〇年にジョヴァンニが引退するまでの二十三年間、銀行は全体として合計一五万二八二〇フィオリーニ（一年平均六六四四フィオリーニ）の利益をあげた。ジョヴァンニはその四分の三をとった。一四二〇年から次の再編がおこなわれた三五年まで、共同経営者は、コジモ・デ・メディチと弟のロレンツォ、ベネデット・デ・バルディの兄弟イラリオーネで、利益は一八万六三八二フィオリーニだった（年平均一万一六四八フィオリーニ）。メディチ家が三分の二をとった。銀行の最盛期にあたる一四三五年から五〇年まで、利益は二九万〇七九一フィオリーニだった（年平均一万九三八六フィオリーニ）。共同経営者は新しく変わり、メディチ家が七〇パーセントをとった。立派な邸宅の建設費はわずか一〇〇〇フィオリーニであり、民衆の大部分は税金に一フィオリーノ以下しか払わないほど貧しかったことを、しっかりと覚えていてほしい。

利息をとって金を貸すことは禁じられていた。では利益はどのようにして実現されたのか？　当時の大銀行のすべてと同様に、メディチ家は銀行家であると同時に商人でもあり、裕福な顧客のために海外で商品――タピスリー、壁かけ、板絵、シャンデリア、写本、銀器、宝石、奴隷――を購入した。投機をし、明礬（織物業に使用）や羊毛、スパイス、アーモンド、シルクなどの船荷を買って、それを南ヨーロッパから北ヨーロッパへ、あるいは反対に北から南へと動かし、より高い値段で売却した。

そこにはリスクが含まれていた。買主は品物を見るまで一フィオリーノだって支払おうとはしない。需要と価格は、市場になにが不足しているかをかぎつける商人の数によって、不安になるほど大きく上下した。フィレンツェのガレー船がピサの港から地中海を越え、ジブラルタル海峡を通過して大西洋に出たあと、ポルトガル、スペイン、フランスの沿岸を北上し、進路を東にとってブリュージュに、そして最終的には英仏海峡を渡ってロンドンにいくまでの航海にかかる数か月のあいだに、さまざまなことが起こりえた。もしかしたら、到着したときには客はいないかもしれない。船、とくに新型の、帆だけで進むいわゆるだるま船は沈むかもしれない。膨らんだ帆は一か八かの運任せのイメージとなった。幸運の女神は目隠しをされてマストに立っていた。ひとことで言えば、船荷には保険をかけなければならない。銀行団が形成されて、偶発的な損失の保険を引き受けた。船積み書類には願かけの言葉が書かれた。「神と幸運がわれらの助けとなりますように」

商人たちは、投資を幅広い種類の商品と顧客とに広げることによって、リスクに対処した。どの銀行も倉庫をもっていた。メディチのフィレンツェ倉庫一四二七年の在庫リストには、生糸や羊毛、麻と並んで、「ウン・コルノ・ディ・リオコルノ」――イッカクあるいはユニコーンの角――もはいっている。一四八九年には、キリンがブルボン公爵夫人のもとに運ばれる途中で死んだ。このような企業家精神に富む男たちに、だれが利益を拒むだろう？　しかしながら会計簿からは、貿易が銀行の利益に慎ましい割合しか占めていなかったことがわかる。メディチ家は貿易だけによって信じられないほどの大金持ちになったのではない。いったいどうやったのか？

為替《カンビオ》取引の技法《アルテ》によって、である。

フィレンツェやローマで、あるいは一四〇〇年以降ならナポリかもしれないし、一四〇二年以降ならヴェネツィアでもよいが、緑のクロスをかけた銀行の机をひとりの男が訪れる。男は金が欲しい。おそらくは商人である可能性がひじょうに高く、いずれにしても信用のおける人物だ。そうでなければ、銀行は取引に応じないだろう。男は、そう、たとえば一〇〇〇フィオリーニを必要としている。利息を要求できないのだから、銀行にはこの男にそれを渡すいわれはない。男は友人でもないし、親類でもない。男は為替取引を提案する。男はフィオリーノ金貨を受けとり、それをロンドンにおいてポンド・スターリングで返済する。ここにはなんの不都合もない。現金出納係は支店の経営者におうかがいを立てる。契約の条項によっては、経営者は本部に手紙を書かねばならない。だが、最終的には、金は金庫から運ばれてくる。それと交換に、商人——あるいは行政長官かもしれない——は銀行に対し一枚のカンビアーレ、つまり為替手形を振り出す。

我らが主の御年壱千四百壱拾七年六月壱拾五日、フィレンツェにおいて
壱千フィオリーニ

つねの例のとおり、壱フィオリーニに対し四拾ペンスにて壱千フィオリーニを、ジョヴァンニ・デ・メディチおよび共同経営者の指定する者にロンドンにおいて支払われたし。貴殿にキリストのご加護を。

男は署名する。だが重要なのは署名ではない。手形上の筆跡すべてだ。ロンドンで現金を支払う者はだれであろうと、この筆跡の見本をもっており、それを為替手形と注意深く比較する。一般的に、メディチ銀行の全支店、そしてメディチのコルレス先として活動している者はすべて、支払いを命じ

る権限をもつ幹部行員すべての筆跡見本をもっている。

銀行の客は、いつ、そしてどのようにして返済するのか？　「どのようにして」は簡単だ。ロンドンにいる客の代理人が、銀行のコルレス先に支払う。スターリング銀貨で。あるいはむしろ銀行のロンドンのコルレス先が客の代理人の事務所、おそらくは銀行、つまりイタリア人、最初の貸付銀行の知り合いのところに、適切な日に支払請求にいく。

適切な日とはいつか？　そう、フィレンツェからロンドンまではどのくらいかかるだろう？　糸一本の長さはどのくらいだ？　それはどういう方法で旅をするかによる。陸をいくか、ガレー船か、急いでいくか、のんびりいくか。英仏海峡は荒れているかもしれない。ビスケー湾は言うまでもない。幸いにも、両替商組合は、ある金融中心地から別の中心地への全行程に要する最長期間を規定していた。フィレンツェからブリュージュは六十日。フィレンツェからヴェネツィアは十日。フィレンツェからアヴィニョンは三十日。フィレンツェからバルセロナは六十日。ロンドンまでは九十日、あるいは三か月だった。為替が「つねの例のとおり」と言うとき意味するのはこのことだった。それはフィオリーノ金貨による支払いとスターリング銀貨による返済のあいだの時間のことを、ごく目立たない形で言っていた。もし客がフィオリーノ金貨を六月十五日に手にしたとすれば、「つねの例」では九月十三日にはポンドが銀行のものになっていなければならない。もし銀行が望めば、もっと早い期日で合意もできる。だが、遅らせることはできない。なぜならばその場合、全体が為替取引ではなく、むしろ貸付に見え始めるからだ。

当初、ロンドンにはメディチ銀行の支店はなかった。だが、契約関係にあるコルレス先があった。銀行が海外で提携したのは、多くの場合、故郷では隣人、もしかしたら競争相手かもしれなかった。

海外でのほうが連帯感は生まれやすい。為替手形の写しが作成され、原本はロンドンのトット・マキャヴェッリ＆ウベルティーノ・デ・バルディ＆Ｃｏに送られる。マキャヴェッリやバルディなどの名前はつねに身近なものだった。銀行は独自の通信手段をもっていた。その日がくる。少額の手数料と引き換えに、銀行のコルレス先は事務員をひとり、客の代理人のところに送り、この代理人がやはり少額の手数料と引き換えに、ポンドとペニーを支払う。為替取引がおこなわれた。だれも抗議はできない。

だが、銀行の収益はどこにある？　関係者全員の表向きの立場は次の通りだ。銀行は、ポンドをフィオリーノにもどすときに、もともと貸した一〇〇〇フィオリーニ以上の価値になるだろうという期待をもって、変動する為替レートに投機する。だが、この場合、銀行が取引に同意するのをつねにためらうのは、子どもでもわかる。フィオリーノが上昇する時期があり、そうなるとポンドで返済されるときは、減額になるのは確実だから、だれも客に金を渡そうとはしないだろう。「プロ・エ・ダンノ・ディ・カンビオ」と、メディチ銀行の会計簿には記載されている。「為替からの利益と損失」。ロンドン、ブリュージュ、ヴェネツィアの為替取引について残る記録六十七件のうち、銀行の損失となったのはわずか一件であり、残りの六十六件は七・七パーセントから二八・八パーセントの範囲で銀行の利益となっている。どういうわけで？

為替レートは有給の手形ブローカーが日曜祭日をのぞく毎日、屋外で商人や銀行家と会合をもって決定した。ロンドンでは雨模様のロンバード街で。ヴェネツィアなら風そよぐリアルト橋で。だれかが所有する建物内で会うことはない。なぜならばそれはその人物の支配権を認めることになるからだ。マーケットの傾向が検討される。どの通貨の硬貨がわずかの削りとりの対象となっているかが認識されている〔西洋の金貨は鋳造ではなく、ハンマーで叩いて作られたので、大きさと重量が一定ではなかった。したがって、小さい金貨に合わせて削りとってしまうことが可能だった〕。両替商組合の組合員が硬貨を削りとっているのを見つかれば、だれだろうと例外なく即刻追放を免れえない！　削りとられた硬貨を流通させた者も同じ目に遭う。フィオリーノ金貨は製造後、そのまま革袋に封印される。いわゆるフィオリーノ・ディ・スッジェッロ「封印されたフィオリーノ」である。これは削りとりの可能性を排除する。だが、袋を開けて、硬貨を入れ替えるか削りとるかしたあと、ふたたび封印する人間がいるのは衆知の事実だ。フィオリーノ金貨は監視下にある。それはジュネーヴのマルク金貨は言うまでもなく、ヴェネツィア・ドゥカート、ローマ・フィオリーノに対しても、価値を下げつつある。ブローカーら専門家は、どの貨幣鋳造所が金の含有量を減らしているか、あるいは増やしているか、どの通貨が銀を基盤にし、どれが金を基盤にしているかを知っていた。ミラノの帝国銀貨はただ続落するのみ。専門家たちはどの政府がマーケットに介入しようとしているか、投機家たちがどちらの方向に動きつつあるかを知っていた。毎日、集まっては、できるかぎり誠実にレートを決定した。それでは、なぜ、フィオリーノはロンドンよりもフィレンツェでつねに四ペンス程度高かったのか？

　注意して読んでほしい。先程の例で、銀行の客はフィレンツェで一〇〇〇フィオリーニを手にした。フィレンツェでは、一フィオリーノは四〇イングランド・ペンスの価値があるとされている。為替手形はそのレートで書かれた。客は三か月後に支払うようロンドンの代理人に指示する。代理人は指示のとおりにする。銀行のコルレス先は四万ペンス（つまり一六六ポンド一シリング六ペンス）を集金する。銀行は、そのあと、コルレス先にロンドンで、同額の貸付を希望する現地の客を見つけるよう指示し、そしてコルレス先がそんな客を見つけたと仮定しよう。その客は、それをフィオリーノで、もちろん三か月後、ロンドンからフィレンツェに（公式に！）いくのにかかる時間のあと、返済することを申し出る――おそらくは商人で、イタリアに到着するころにはコッツウォルズで払ったよりもはるかに高値で売却できると見こんで、羊毛を購入するのかもしれない。

こうして新たな為替手形がもう一枚書かれる。しかし、一時的な変動とは関係なく、ロンドンでは為替レートが異なる。ポンドの価値が高い。フィオリーノ金貨一枚を購入するのに三六ペンスしかかからない。そこで為替はこのレートで振り出される。すなわち一六六ポンド一シリング六ペンス（四万ペンス）を、一フィオリーノ＝三六ペンスのレートで、フィオリーノで「つねの例のとおり」支払う。そして三か月後、すべてが計画通りにいけば、銀行は四〇〇〇〇÷三六＝一一一一フィオリーニを集金する。六か月間で、最初の貸付銀行は一一パーセントの利益を上げる。すなわち年利にすれば二二パーセントである。

メディチ銀行はこの種の取引を何百件となくおこなった。基本的には、ひとつの単位として使われた通貨が、発行国ではつねにわずかのパーセンテージで高かったというところがみそだ。フィレンツェと北ヨーロッパにかぎって言えば、銀行家の利益を決定する二つの為替レートの差は、フィレンツェのガレー船がピサからブリュージュへの長い航海を開始する直前の初春に最大となる傾向があった。この時期が、貿易の資金を融資するための信用貸付に対する需要が最高となるからだ。そのあと、夏場には需要は細る。このシステムの理解を助けるために、商人や銀行家向けにマニュアルが書かれた。だれが利息の利率など必要とするだろうか？

だが、これは高利貸なのか、そうではないのか？　神学者たちはとくと思案した。銀行家は神学者におうかがいを立てた。だれも地獄にはいきたくない。それは利率のついた貸付なのか、それとも為替取引なのか？　思い出してほしい。もし通貨レートが取引の期間中に激変すれば、通貨レートに国ごとで制度上の差が設けられていても、銀行家は損失を免れないし、あるいは少なくともごくわずかの利益しか出せない。反対に、借主、つまり手形の振り出し人は、レートが自分に対してなおいっそう不利に動けば――たとえば、ガレー船がポルトガル沿岸を苦労して北上しているあいだに、ポンドが目のまわるほど上昇したら――貸付に対してひじょうに高い額を支払うことになる。神学者たちは、地理的な距離が維持されるかぎり、通貨の交換が実際におこなわれるかぎり、リスクの要素があるかぎり、これは高利貸ではないと決定した。

だが、神の博士たちは自分の信用度を維持するために、いわゆるカンビオ・セッコ「空手形」のことは、大声をあげて邪悪であると叫んだ。この種の取引では、外国通貨――たとえばスターリング――による為替手形の返済期限がきても客は返済をせず、現行の通貨レートを調べたあと、返済金額とまったく同じ額の手形をもう一枚振り出す。上述した合法的な為替取引の一人目と二人目の客、つまりフィオリーノを借りる男とポンドを借りる男が、実際は同一人物ということだ。そのあと、この二枚目の手形は、最初の手形が発行された場所――たとえばフィレンツェ――で、要求された期間のあと、新しい為替レートにしたがってフィオリーノで返済されねばならない。このやり方だと、貸付期間は二倍になり、一方、関係者は実際には外国通貨をまったく使用せずにすむ。もっともレートに対する投機の要素、つまりリスクは相変わらず存在する。というのも為替手形は、問題の日のロンドンにおける為替レートを守って振り出されるからだ。というわけで、完全に筋道を立てて言えば、これが通常の為替手形とは違うと言う理由はなにもない。それでもやはり、空手形は神学者から厳しく断罪された。なぜならば、いまや、客がほんとうに望んでいるものは貸付であり、為替取引ではないことが明らかになったからだ。動機は重要だ。一四二九年、フィレンツェ政府はこの慣行を禁止した。それは明らかに高利貸の隠れ蓑にすぎなかった。「適法の為替で取引する」というのが、メディチ銀行の表向きの意図だ。だが、銀行は頻繁に「空手形」で取引をした。一四三五年、コジモがフィレンツェの政界で支配的地位に就いたとき、このような為替取引を禁じる法律はすみやかに廃止された。

これが当時のゲームの状況だった。高利貸は唾棄すべきだ。だが、人びとは貸付を必要としており、銀行家たちは貸付をするにあたって見返りを必要としていた。異なる為替レートを使った複雑なシステムは、ひとつの金融の中心地から別の中心地まで旅するのに時間がかかることによって初めて可能なのであり、それは貿易を動かし続けながら、多くの人を自らの永遠の魂の行き先について絶えず不安な状態においておく曖昧な領域を提供した。これは罪だと確信して、このやり方全体を完全に避けた商人もいた。それほど慎重ではない経営者は教会の決定をよろこんだ。なぜならばそれは潔癖すぎる連中を脅えさせて追い払い、競争を減じたからだ。具体的な結果としては、長期貸付が難しくなった。為替手形はつねに、ヨーロッパの主な中心地のひとつに到着するのに公式に必要とされる時間を期限として、支払われねばならないからだ。資本の投資には悪影響をあたえた。銀行は製造業よりもむしろ商業に錨をおろすようになり、国際的にならざるをえなかった。そうでなければ、地域に留まっていた可能性は充分にある。貸付は必要以上に金のかかるものになり、きわめて投機的になった。「為替は渡り鳥のようなもの」とある銀行のマニュアルは警告する。「できるときにつかまえろ。もどってはこないから!」なによりもまず、人びとが自分がしていると言っていることと、ほんとうにしていると知っていること、そしてしてはいけないと考えられていると知っていることのあいだに、絶えざる緊張があった。一方、どんなことに関するものでも銀行間の書面には、必ずその日の通貨レートについてのアッヴィーゾ「警告」、あるいは「通告」が書かれていた。もうすでに情報が不可欠だった。スターレ・スリ・アッヴィージ「警戒せよ」が為替手形の取引を意味するようになった。警戒せよ！わたしは利益をあげているのか、損失を出しているのか、わたしは天国にいくのか、地獄にいくのか？ここにマネーゲームの特別な刺激がある。

ジョヴァンニ・ディ・ビッチがつねに警戒を怠らずにいたことは、教会と密接な関係をもつという決断のなかにも見てとれる。教会こそは、霊的にも政治的にも、そして通貨の上からも、資本の究極の源だった。ローマ滞在中に、ジョヴァンニは外向的なナポリ出身の司祭、バルダッサッレ・コッサと出会っていた。この男が一四〇二年に枢機卿の帽子を購入したさい、資金を提供したのはジョヴァンニ・ディ・ビッチだったのか？ 明らかになってはいない。いずれにせよ、コッサはその多数にのぼる手紙のなかで、銀行家を「わたしのもっとも大切な友」と呼ぶようになる。

一四一〇年、コッサは教皇に選出され、ヨハネス二三世となる（だが、もちろん第二バチカン公会議のあのヨハネス二三世ではない――これについては後述する）。ローマでは、ジョヴァンニ・ディ・ビッチの共同経営者ベネデット・デ・バルディの兄弟で、当時はメディチ銀行ローマ支店の経営にあたっていたイラリオーネ・ディ・リッパッチョが、ただちに教皇官房の財務管理者に就任した。つまり、いまやローマのメディチ銀行が教皇の現金を保管し、その莫大な収入を集金し、その莫大な支出を支払う。銀行は教皇に対ナポリ戦争の金を貸し、教皇が戦争に敗れたときには、賠償金支払いのために、さらに多額の金を貸した。銀行は必要不可欠であり――そして親切でもあった！――あちこちの司教区にだれを任命すべきか教皇の耳元にささやき始め、被任命者が地位に就いたときには、支払うべき代償《フィー》を集金した。言うまでもないが、銀行家たちが推薦したのは、即座に支払える立場にいる候補者だけだった。ジョヴァンニ・ディ・ビッチの生涯、そしてコジモの生涯の大半を通じて、メディチ銀行の利益の五〇パーセント以上はローマからもたらされた。

この神聖なる収入を(曖昧な為替手形に)投資するために、すでに銀行は主要な商業中心地であるナポリとヴェネツィアの二か所に新しい支店を開いていた。支店と支店、そして支店とフィレンツェ本部との関係が成否の鍵を握る。メディチに先行したバルディ銀行とペルッツィ銀行は、一方では外国君主の不良債権のために、だがもう一方では、各国における事業が法律上独立していなかったために崩壊した。銀行全体が、支店それぞれの負債に責任を負った。もし金に歯止めなく流れることが許されるならば、突然の動きは船を転覆させるだろう。さらに悪いことに、このような規模の大きい国際事業に資金を提供するため、とくにペルッツィは、単一の一枚岩的な組織のなかに多数の共同経営者を呼びこみ、その結果、最終的には全体のコントロールを失った。金がどこかの支店から激しく流出し始め、船が傾いたとき、さまざまな共同経営者たちは争いを始めた。安全な避難所へと舵をとるのは難しかった。

ジョヴァンニ・ディ・ビッチはこういった困難点を単純な構造矯正で解決し、そうすることによって、メディチ家の非凡な才能となるもの、すなわち組織構造——最初は金融上の、のちには社会的、政治的にも——の内部において、人を巧みに操作する能力を一気に明るみに出した。各支店は別々の独立した会社となる。支店の経営責任者〔支配人〕が一〇〜四〇パーセントを出資、残りはメディチ銀行がもつ。メディチ家個人ではなく、他の支店と同じ身分をもつフィレンツェ支店でもなく、フィレンツェの別個の事務所におかれた別個のホールディング・カンパニー〔親会社〕だ。このやり方で、メディチ自身が一部、あるいは全体のコントロールを失うことなく、出資する共同経営者を多数——各支店に一名か二名、そして親会社にはより重要な人物を一名か二名—呼びこめる。

支店の経営責任者は、経費を受け取り、さらに自分自身の出資分が保証するように見えるよりも、はるかに大きな割合の利益を得る。これは経営者にやる気をあたえるためだ。その見返りに、経営者は契約によって、支店のおかれた都市で生活し、親会社が強制する規則を守らなければならない。枢機卿には三〇〇フィオリーニ以上、宮廷人には二〇〇フィオリーニ以上は貸すな。どんな商人でもローマの商人には信用貸付をするな。あてにはならない。封建領主にも、たとえ領主がこちらに安全を保証するとしても、貸してはいけない（領主たちは自分が法律であり、自分の思うとおりにする）。ドイツ人には絶対に、絶対に貸してはいけない。なぜならば、もしものごとが悪くなったら、いや、ものごとは必ず悪くなるが、そんなとき、ドイツの裁判所はこちらの主張を尊重しない。

現金出納係、書記、メッセンジャー・ボーイ、幹部行員と、各支店には四から八名が働いていた。全員が同じ建物内で働き、食事をし、眠り、同じ一人か二人の召使い、奴隷、そして馬を共有した。フィレンツェの親会社がすべての採用と解雇、そして給与に責任をもった。そうでなければ、離れた都市で、支店の経営者とそのスタッフのあいだに、どんな共謀関係が生まれるか、わかったものではない。公式の元帳に加えて、「裏帳簿」があり、そのなかに経営者は、匿名を希望する顧客の秘密口座などを書き留めた。それと給与。だれも他人の給与を知ってはならない。支店経営者個人が人心を掌握し、本部に対して地方が陰謀を企てるようなチャンスをあたえてはならない。裏帳簿は耐久性を高めるために、紙ではなく羊皮紙で作られ、しばしば経営者の寝室に鍵をかけて厳重に保管され、年に一度、検討のためにフィレンツェに運ばれた。なによりもまず、各支店は他の支店との取引を、他の会社と取引するのと同じようにおこなった。各支店は全体の一部だが、同時に競争相手でもあった。

各支店が自分自身の演目を、だが監督のもとで演じていた。メディチ家は、こうしてのちに政治の分野で応用することになるテクニックを学んだ。分割し、合理的に気前よくあたえ、そして支配する。

しかし、編成した構造がいかに洗練されていても、重要なのはつねに人員の選択であることがすぐに明らかになった。金を稼ぐためには、抜け目がなくて、しかも正直、そして健康な男が必要だ。カステッラーノ・ディ・トンマーゾ・フレスコバルディは一四〇〇年、ナポリの事業展開のために雇われたとたんに、病気になり死亡した。よい経営管理もペストが相手ではなすすべがない。かつては貴族だったトルナクゥインチ家のネーリ・ディ・チプリアーノは一四〇二年に、ヴェネツィア支店の初代経営者になり、すぐに金をドイツ人に貸して契約を破った。なんとポーランド人にも貸したのだ！ネーリには回収ができなかった。表と裏両方の帳簿をごまかし、一年目の利益を粉飾し、追加の資本を得るために八パーセントで借金をしたが、それを失い続けた。メディチ家は、各地の支店に監査人を定期的に送ってはいなかったので、一万四〇〇〇フィオリーニ近くに達した多額の損失が発見されるまでに三年がかかった。マネーゲームはそれほど刺激的だ。なぜならばその流動性が、利益も損失も同じように大きく、そして同じように短時間で作り出すからだ。中世の運命の輪は回転速度をあげた。なにもかもがてこで動かされ、激しさを増した。ヴェネツィア裁判所で刑を宣告されたトルナクィンチは所有物を放棄し、クラークフに逃亡、そこでメディチのキャッシュの一部を回収したが、メディチ家に返却はしなかった。十八年後、トルナクィンチがポーランドで困窮していると聞いて、ジョヴァンニ・ディ・ビッチは、一年以上生活するのに充分な額の三六フィオリーニを送ってやった。結局のところ、われわれはジョヴァンニについてごくわずかのことしか知らない。だが、こんなにひどい振舞いをした使用人に慈善心を見せることのできた人物には好感を抱かずにはいられない。

正しい経営者を選ぶのと同様に、正しい教皇も手に入れねばならない。ジョヴァンニ・ディ・ビッチがヨハネス二三世の銀行家になったとき、実際には三人の教皇が――ヨハネスはローマに、ベネディクトゥスはアヴィニョンに、グレゴリウスはナポリに――いて、たがいのあいだで、流血さえ起こる激しい闘争を展開していた。『デカメロン』第一日第二話で、ボッカッチョは、教会の乱れた生活態度、その腐敗と終わりなき血なまぐさい争いこそが、キリスト教信仰の回復力を示していると示唆する〔教皇庁の堕落にもかかわらず、キリスト教信仰が広まっているのを見たユダヤ人が、それこそがキリスト教の力だと考えて改宗する〕。それでもなお、人びとは信じ続けたのだ。とは言うものの、三人の教皇は行政に深刻な頭痛の種を提供した。だれが聖職者を任命するのか？　だれに十分の一税を払えばいいのか？　だれが懺悔を聴き、赦免をしてくれるのか？　教会分裂にうんざりして、神聖ローマ帝国皇帝は問題を解決するために、一四一四年、競争者全員をコンスタンスの公会議に招いた。さまざまな敵を逃れてフィレンツェに避難していたヨハネス二三世は、メディチ銀行ローマ支店をともなって出発した。ローマ支店はつねに教皇と、その随行員たちとともに旅をした――この点については、このあと、いちいち指摘はしない。結局のところ、銀行の目的にとって、ローマとは教皇庁、教皇の宮廷を意味した。イタリア人はいまでも嘆く。これまでローマには、教会の官僚主義、あるいは世俗の官僚主義以外、なにもなかったではないか？

教皇のいくところどこでも、食費と宿泊費は上昇したので、一部の人間にとって教皇は愛すべきものとなり、残りの人びとは半ば飢えることになった。三人の教皇と、キリスト教世界のいたるところからやってきて、大金をあちこちに動かす枢機卿たちを相手に、イタリア系銀行はコンスタンスでひともうけをした。いまや二十五歳になったコジモは、イラリオーネの遠縁、コンテッシーナ・デ・バルディと結婚し、いくらか経験を積むため、そして役に立つ人間と知り合うためにイラリオーネと合流した。残念ながら、メディチ家が推した教皇は敗者という結果になった。バルダッサッレ＝ヨハネスは、まわりくどい駆引きをいくらかおこなったあと、自分の思い通りにはなっていないのを感じとり、会議を放棄しようとした時点で逮捕され、異端、近親相姦、略奪、聖職売買、男色、暴政、殺人、二百人以上の女性を相手にした姦淫の罪で告発された。おそらく、銀行業においてと同様に、道徳においても、天秤ばかりは極端から極端へと振れたのだろう。人は世界の霊的な指導者か、最悪の極悪人かのどちらかだ。人は天国で歌っているか、完全に地獄に落ちているかのどちらかだ。いずれにしても、犯罪者バルダッサッレは教皇ではなくなった。そして事実、教会に関するかぎり、教皇だったことは一度もない。そのために「ヨハネス二三世」という称号は、五世紀ののちになっても、バルダッサッレほど曖昧ではない候補者の手にはいりえたのである〔ヨハネス二三世。在位一九五八―六三。第二バチカン公会議の開催で知られる〕。そのあいだに、メディチ銀行ローマ支店は二つに分かれ、半分はいまやとらわれの身となったバルダッサッレ＝ヨハネスのもとにとどまり、残りの半分は、他の二人の教皇詐称者が賢明にも試合を放棄したおかげで、新教皇となったマルティヌス五世と手を結んだ。

ヨハネス二三世の栄枯盛衰の物語――四年間の虜囚、メディチ家の驚くべき忠誠心、洗礼者ヨハネの聖なる指のメディチ家への遺贈、ヨハネス釈放のためのメディチ家による三五〇〇フィオリーニの支払い、珍しい宝石コレクションのメディチ家への譲渡、友人ヨハネスの釈放後、マルティヌス五世に対するメディチ家の仲裁が奏功し（豪華に宝石を飾った司教冠ひとつを教皇庁に返却したあと）、娼婦と異端の件とは忘れ去られて、トゥスクルム（フラスカーティ）の司教に任命されたこと

――このすべては一冊の本を埋めるに充分な物語となるだろう。だが、多くの場合、ものごとをほんとうに変えるのは、目に見えるメロドラマでもないし、金と神聖な品々とのあきれるようなやりとりでもなく、ひじょうに異なったなにか、表面的には罪のないように見えるものなのだ。ヨハネス二三世の物語のなかで――メディチ家、メディチ銀行、フィレンツェにとって、そしてこれから見るとおり、われわれにとってもおそらくは――もっとも重要なのはバルダッサッレ＝ヨハネスの葬儀である。一四一九年、保釈金と交換で釈放された六か月後、元教皇はコジモ・デ・メディチの館で、どう頑張っても支払いをそう長くは引きのばせない最後の借金を、しぶしぶと支払った。

いましばらくのあいだ、『デカメロン』の第一話に話をもどそう。悪名高き嘘つきで、詐欺師、姦淫者、殺人者、男色者（このリストはどこかで見たような気がしてくる）、職業は公証人のチャッペッレット氏は、借金の取り立てのために外国に派遣される。チャッペッレットは現地に住むイタリア人兄弟の家に宿泊する。イタリア人で国際的職業に従事していると言えば高利貸だが、このイタリア人兄弟も伝統に忠実に高利貸を営む。公証人は瀕死の重病になる。イタリア人兄弟は脅える。もし客人が告解しなければ、埋葬を拒否されるだろう。もし告解すれば、自分たちが経営する会社の醜聞が明るみに出て、高利貸のせいで地元の人びとが探している口実を提供し、自分たちはリンチされるかもしれない。だが、チャッペッレット氏には解決策があった。告解はする。しかし、一度教会のなかで唾を吐き、幼いころ母親を呪ったこと以上の重罪は思い出せないと主張する。いや、利息をとって金を貸したことは一度もない。いや、だれかと性関係をもったことはない。童貞を守ってきた。司祭はこの男は聖人だと思いこみ、男を土地の修道院に埋葬させる。その墓は熱狂的な大衆の信心の対象となる。墓に祈りを捧げる者たちは、奇蹟的な結果を得ると断言する。

この物語が喜劇的なのは、深層に横たわる神学と形而上学が二者択一以外を許さないからだ。現世は来世のための試練である。死とは精算の時であり、それ以降は地獄か天国かだ（煉獄は多かれ少なかれ、後者が拡張した別館のようなものだから）。つまり最後の告解で嘘をつくのは正気の沙汰ではない。それは世界をひっくり返す。地上の問題については、チャッペッレット氏はみごとな解決方法を見つけた。だが、そうするのに自らの魂を犠牲にしたのだから、目がまったく見えていなかった。チャッペッレット氏は焼かれるだろう。人間の狡猾さはあまりにも魅力的、あまりにも滑稽だ。だが世界を善か悪かに二分し、そのあいだに空間を見ない視点のなかに、狡猾のための場所はない。

したがって、複雑な金融活動を記述するとなると、最後には曖昧な言葉にたどりついてしまうのは、まさにこの明快な二者択一性と、それに対する人びとの完全なる確信（無神論は想像できない）のためということになる。なぜならば、すべては、「罪」あるいは「罪ではない」のどちらかと宣言されねばならないからだ。「わたしに味方しない者はわたしに敵対し〔わたしと一緒に集めない者は散らしている。マタイによる福音書第一二章30〕」とキリストは言った。フィレンツェ最古の、そして市のまさに中心にある教会、サン・ジョヴァンニ洗礼堂では、《最後の審判》がドーム型の天井を、天国にいる祝福された者たちと地獄に落とされた者たちとに分けている。ほかにはなにもない。硬直した、静的なビザンティン様式のモザイクの固い小石は、いかなる混同も、あるいは逸脱さえも許さない。イメージはそのメッセージだ。色彩、線の美しさ、そして身振りは、なおいっそう明快にするだけだ。わたしに味方するか、わたしに敵対するか。おまえの運命。銀行家にはなにができたか？

ジョヴァンニ・ディ・ビッチの幼少期についてはなにもわかっていない。おそらくは、他の中産階級の若者と同様に、十代でどこかの組合に登録し、青年時代にはおじの銀行で働いたと思われる。だが、自分の息子たちのためにはより洗練された教育を選び、まず修道院付属学校、その後はある旧家出身の人文学者ロベルト・デ・ロッシの監督のもとで勉強させた。デ・ロッシは若きコジモと弟のロレンツォに、初期の人文学者としてはより有名なポッジョ・ブラッチョリーニ、レオナルド・ブルーニ、ニッコロ・ニッコリ、アンブロージョ・トラヴェルサーリらを紹介した。この男たちが青年銀行家にキリスト以前の古典世界への情熱、そしてなによりもまず手稿を見つけ、集め、そして読みさえすることに対する情熱を吹きこんだ。古典世界は手稿を通して知られる。コンスタンスの公会議に随行するために、学者たちとの定期的な討論会を欠席しているあいだ、コジモはヨハネスの教皇宮廷に秘書として同行していたポッジョ・ブラッチョリーニとのつきあいを楽しんだ。ブラッチョリーニは仕事の合間に時間を見つけては、クリュニーやザンクト・ガレンの修道院を訪れ、キケロやクインティリアヌス〔一世紀のローマの修辞学者〕の忘れ去られていた写本を発見した。これらの手稿については多くを語れるだろう。だが、本質的なこと、本質的でありながらめったに口にされないこと、初期の人文主義の背後に横たわる発想については、一世代を遡り、ボッカッチョの概説書『名婦列伝』の序文を読めばいい。「わたしはキリスト教徒の婦人は除外することに決めた」とボッカッチョは言い訳するように始める。もちろんキリスト教徒婦人たちは「真実の、そして絶えることのない光のなかでまばゆく輝いている」。しかし「その処女性、純潔、聖性、そして肉欲の克服における鉄壁の決意」はすでに、「聖書の知識に秀でた敬虔な男たちによって」広く讃えられてきた。だからわたしは別のところに、キリスト教以前の世界に目を向けます、とボッカッチョは言う。

キリスト教の教義は正しく認識され、崇められている。だからわれわれは別なところ――ローマの女たち、ギリシアの文学、宗教とはなんの関係もない人間の性質と価値――に没頭できる。相変わらずキリスト教世界にとどまりながら、キリスト教形而上学の緊急かつ不快な緊張——天国か地獄か——のなかで理解する必要のないスペースを開拓すること。これが、なにか特別な内容以上に人文主義の意味だった。教条主義は放棄される。だが信仰は違う。ボッカッチョはこの序文の数年前、師のペトラルカに訊ねた。ひとりのキリスト教徒が、これほどの時間を世俗の文学に費やしてほんとうに大丈夫なのでしょうか？　ペトラルカはボッカッチョを安心させる。文学がためになり、若者を教育して共同体に奉仕させ、魂を美と真実とに向かわせているかぎりは大丈夫だ。美と真実という道徳的価値を、だが教会の教えとは独立していてもてる世俗のスペースという考え方、これは大躍進である。空手形で取引しながら「正直」であることを目指す銀行家が、このような考え方を熱望しないはずはない。教会法を厳格に固守すること以外の価値を認める文化に貢献しないはずはない。それは今日、われわれが生きているスペースだ。その多くが、十五世紀のフィレンツェで初めて囲いこまれたのである。

著作物というメディアにおいて、この領土を創造するのは充分簡単に見えたにちがいない。人はローマと後期ギリシアの文学を再発見し、新たな写本を作り、それについて論じ、著述をした。だが視覚芸術は、本来、ほとんど完全に礼拝のためのものだった。視覚芸術のなかに自由に肘を動かせるだけの余地を、世俗はどうやって見つけていけばいいのだろう。ゆっくりと、こっそりと、というのがその答えだ。メディチ家は果たすべき役割を演じた。

バルダッサッレ＝ヨハネス二三世の遺言執行人に任命された著名人四人のうち、ひとりはバルダッサッレの御用銀行家ジョヴァンニ・ディ・ビッチだった。元教皇はフィレンツェのどまんなか、もっとも古く、もっとも神聖な信仰の場所、サン・ジョヴァンニ洗礼堂に埋葬されることを望んだ。そこにはほかにわずかに三人の司教だけが、それもきわめてシンプルで、装飾を徹底的に廃した石棺のなかに埋葬されているにすぎない。洗礼堂壁面の装飾は厳格な黒と白の大理石の縞模様。天井に描かれている天国にいく者と地獄に落ちる者の最終的な振り分け作業から、注意を逸らせるものがあってはならない。

コジモはこの大胆な試みを引き受け、若い建築家で彫刻家のミケロッツォと多芸の天才ドナテッロを組ませた。教会内の装飾に責任を負っていたアルテ・ディ・カリマーラは疑いを表明した。アルテは警告した。派手な飾りはなしだ。墓はフロアに突きだしてはいけない。二人の芸術家は作品を、壁に密着してすでに存在する二本の柱のあいだにおいた。それは突きだしてはいない。だが、規則の抜け穴を通り、教会の壁面に二十四フィートの高さまで壮麗に立ちあがっている。三人の女性の立像——信仰、希望、慈愛——を描いた三枚の大理石のレリーフの上に石棺が安置され、その側面では二人の裸の天使が巻物を広げる。石棺の上には、大理石に彫りこまれてマットレスと枕ののった狭い寝台がある。そして寝台には、輝くブロンズで鋳造されたバルダッサッレ゠ヨハネスが、完全に人間的な姿をとり、見たところ眠っているように、美しく知的な顔を会衆のほうに向けて横たわっている。寝姿の上に、この記念碑をさらに上方に引き伸ばして、このうえもなく優雅な天蓋がふたたび石に刻みこまれ、そのカーテンはたったいま開かれたように見える。天蓋の頂点で、ひとつの輪が全体の構造を、教会の壁がちょうど終わる点に固定する。石棺の側面で天使たちが掲げる巻物には、IOHANNES XXIII QUONDAM PAPA「かつての教皇ヨハネス二三世」とある。

この記念碑は突きだしているだろうか？　奥行きについては、指示を守っている。だが、ブロンズは、朝のミサが挙げられているあいだ、早朝の光のなかで、まぶしいほどに輝いていた。寝姿はあまりにも人間的であり、人格者であることはあまりにも明白であり、天国にも地獄にもいないことは、はっきりしすぎるほどはっきりしているから、思わず気を逸らされてしまう。なによりもまず「かつての教皇」という碑文は、ビザンティン様式のモザイクの永遠に静止した空気のなかに、分裂と曖昧とをもちこむ。この男は教皇だったのか、教皇ではなかったのか？　暴かれた真実のドグマに対して、人間の歴史の複雑性以上に有害なものはない。マルティヌス五世はこの記念碑を憎悪した。バルダサッレが教皇だったことはない、と強調した。ヨハネス二三世の称号は相変わらず入手可能である。人びとはささやいた。この男はメディチ家の友だった。メディチが墓の費用を出した。このすべてがいかに心を奪うことだったか！　まるで、あれやこれやの美徳の硬直した象徴的表現を見出すだろうと期待していた中世の教会の壁龕《へきがん》のなかに、簡単に裁いたり、分類したりはできない本物の人間が現れたようなものだ。その効果は、ダンテ『地獄編』で、亡者のひとりがなにか特定の罪の単なる象徴であることをやめ、複雑な物語をもつ男や女、われわれが興味をもち、共感を覚えるだれかとなる瞬間と似ていないこともない。

メディチ家の銀行家は、バルダッサッレ・コッサの墓を依頼したとき、自分がなにを手に入れようとしているのか知っていたのだろうか？　それはわからない。だが、コジモの意図がどこにあるにせよ——家族の友人の名誉を讃えるため、教会を飾るため、メディチ・マネーの力をにおわせるため——コジモは、学ぶべきものがあるとき、それに気づくことのできる男だった。これまでは時間が存在しなかった教会の静止のなかで、なにかが変移した。このとき以降、ドナテッロはコジモお気に入りの彫刻家となり、ミケロッツォはコジモお気に入りの建築家となった。

サン・ジョヴァンニ洗礼堂内の教皇（あるいは対立教皇）ヨハネス 23 世の墓碑。コジモ・デ・メディチによりドナテッロとミケロッツォに発注された。堂内のビザンティン的厳格さを損なってはいけないと警告され、建築家たちは墓碑を前面に突き出すのではなく、上方に向けて、だが贅をつくして建造した。彫りこまれた言葉 IOHANNES XXIII QUONDAM PAPA（かつての教皇ヨハネス 23 世）は、フィレンツェの参拝者たちの頭にとまどいの種を提供した。

第三章　権力獲得

コジモ、三十一歳。時は一四二〇年、父親は六十歳になり、銀行から引退した。次世代の最初のひとり、ピエロ・ディ・コジモ「コジモの息子ピエロ」は四歳。次男ジョヴァンニが間もなく生まれようとしていた。妻であり母であるコンテッシーナ・デ・バルディは陽気で、丸まると太り、実際的。教育がなく、コジモの書斎にはいることは許されない。仕事で離れているとき、コジモはめったに手紙を書かなかった。結婚はまとめられたもの、そういうことだ。妻はバルディ家、夫はメディチ家。どちらにも文句はない。充分に満足だ。

銀行を継いだコジモは三年間、ローマにいった。ローマではマルティヌス五世お気に入りの銀行家たちがちょうど破産したところで、メディチ家がふたたび教皇の仕事を引き受けていた。ひと安心だ。コジモとはどんな男か？　礼儀正しく、虚飾がない。馬よりもラバを好む。挑戦されると、反応は簡潔でぶっきらぼうだった。「コジモ、わかるようにはっきりと言ってくれ」「その前にまず、わたしの言葉を学べ」とコジモは答えた。「コジモ、今度の外交任務で、わたしはどう振舞えばいいのか？」「領主のように装い、できるかぎり口をきくな」。それは多くを明かさずして、自分を賢く見せられるスタイルだった。ひとりの男を信用するのは、その男の奴隷となることだ。

コジモは、宗教、世俗を問わず、書物を集めるのが好きだった。『修道院の慣習』と題された一冊を読みながら、忍耐と慎重を強調する一節と、肉の誘惑への対処法が書かれた一節に下線を引いている。キケロの『雄弁術について』には、こちらが多数意見に与《くみ》するように見えるとき、聴衆を味方にできる場合が多いと書きこんだ。興味深い考察だ。馬上槍試合や広場でやるようなスポーツには興味を示さなかった。だが、ある宗教信心会の会員だった。週に一度、集まり、神への讃美を歌い、贖罪のための苦行として、たがいに鞭打ち合い、守護聖人を讃えて街頭での行列を計画する。コジモは、三人の名もなき聖人の遺物を収めるために、派手なレリーフのついた箱をギベルティに注文した。占星術と魔術に魅了されたが、銀行業を愛していた。「たとえ金が魔法の杖を振ることによってできるとしても、わたしは相変わらず銀行家だろう」と言っている。なぜか？　銀行業には人心の操作、危険、権力が含まれる。それは成功する魔術だ。

コジモは限りなく野心的な男だ。かつて、メディチ家は何人にも劣らなかった。コジモは限りなく用心深い男でもある。メディチ家は政界に力を失った。一四二一年、父親のジョヴァンニ・ディ・ビッチはフィレンツェ政府の長、ゴンファロニエーレ・デッラ・ジュスティーツィア（正義の旗手）に選ばれた。この栄誉（任期二か月間の役職）がメディチ家の一員の手にもたらされたのは、一三七八年にサルヴェストロがチョンピの乱に味方して以来、初めてだった。一家はふたたび上昇気流に乗った。市で三番目の金持ちだ。どんな可能性があるか、だれが知る？　だが、コジモはまた自分の死すべき運命をつねに意識してもいた。双子だったが、いっしょに生まれたダミアーノは出産時に死亡した。そして死は永遠の裁きを意味する。人は、たとえ全世界を手に入れても、自分の魂を失ったら、なんの得があろうか〔マルコによる福音書第八章36〕？　美しい人間の姿を表したみごとな彫刻がどんなにたくさん作られようとも、この究極の真理を避けることはできない。コジモの運命は、相反する願望——権力と魂の安息、この世の富と天国——のあいだの進路を舵をとって進むことだった。忍耐強く。慎重に。大多数の意見のうしろに野心を隠して。「センペル（つねに）」が、象徴としてのダイヤモンド——貴重であり、きわめて大きな耐性をもつもの——とともに、最終的に自分のために見つけたモットーだった。歴史書には、この男にも一度は若い時期があったと感じさせることはなにも書かれていない。おそらく、ローマで過ごしたあの三年間をのぞいては。

汝は賭けごとをしてはならぬ。これはメディチの使用人が、どこか遠くの支店に赴任するときに、契約する掟のひとつである。何年もあと、アントニーノ大司教が聖職者の賭けごとをやめさせるための運動支援をコジモに頼んだとき、銀行家は答えた。「おそらくはまず最初に、いかさまサイコロの使用をやめさせるべきでしょう」。これは宗教の時代だった。だが、その時代は違反と恋に落ちていた。そこに矛盾はない。メディチの雇用契約第七条には「汝は家のなかに女をおいてはならぬ」と書かれている。もちろん妻はフィレンツェにとどまる。そして任地の女と関係をもつことは醜聞を意味する。

永遠の都ローマで、コジモはティヴォリに居を構えた。ずんぐりむっくりのコンテッシーナの家事能力を奪われて、コジモは銀行のヴェネツィア支店で働く代理人に、奴隷をひとり見つけてくれるように頼む。奴隷の保有は、ペストが労働人口を激減させた一三〇〇年代後半以降、許可されてきた。疫病は、男も女も老いも若きももちろん同様に打ち倒したが、労働力不足解消に——スラブ諸国、ギリシア、北アフリカから——連れてこられた奴隷はほとんどが若い女だった。代理人は告げた。コジモの奴隷は「健康な処女、病気を免れており、年齢は二十一歳ぐらい」。なかなかの売り込み文句だ。

自ら、聖処女マリアへの信仰を公言するコジモは、奴隷娘を、素行が曖昧なほうのマリアにちなんで、マッダレーナ〔マリーア・マッダレーナ。新約聖書新共同訳では「マグダラのマリア」〕と呼んだ。しばらくのちにマッダレーナはコジモの子、はっきりとコーカサス的な顔立ちをしたカルロを産む。これがどれほどの困惑をもたらしたかは不明だ。だが、明らかに、姦通が表面化しても、高利貸が表面化するほど大きな問題ではなかった。姦通には返還の問題はない。コジモはカルロを嫡出子、ピエロとジョヴァンニといっしょに自宅で育て、のちには自分の影響力を使って、少年を教会に入れ、プラートの司教にした。これは標準的な慣行だった。肉欲の罪の果実は貞潔の誓いを立てるのが妥当と考えられていた。ちょっと逆説的ではあるが、聖ヒエロニムスは、生殖の唯一の目的は神のために処女を産むことだと示唆したのではないか？

　コジモがローマの銀行でともに働いた男たちのひとり、ジョヴァンニ・ダメーリゴ・ベンチは、ある友人が所有する奴隷とのあいだに子どもをひとりもうけたあと、はるかに年下の女性と結婚し、八人の子を産ませた。そのあと、妻の死後、自分の奴隷にもうひとり子どもを産ませている。その奴隷もまたマリーアと名づけられていた。ベンチは信仰心厚く、有能な会計士で、コジモ支配下におけるメディチ銀行の成功を主導し、その過程で蓄積した多額の富の一部を、最後にはムラーテ女子修道院（ムラーテは「壁に閉じこめられた修道女」の意）修復のために使った。この子だくさんの男は修道院祭壇の前に埋葬されることを望んだ。一方で、コジモのマッダレーナについては、なんの消息もない。一四五七年の課税のための資産申告書で、老銀行家は四人の奴隷所持を申告しているが、名前と性別はなく、ただ四人合わせた市場価格——一二〇フィオリーニが記載されているだけだ。

　十五世紀にイタリアを訪れた外国人は、しばしば次の二つの特殊性を指摘している。だれもが非嫡出子をもつこと、そしてだれもが礼儀作法に大きな注意を払うこと。イタリアを訪れる外国の王族一行を観察し、イタリア人は次のように言う。王がそれに値するか否かはともかくも、臣下は王に無批判に忠誠心を捧げる。それにもかかわらず、臣下たちの振舞いはきわめてだらしない。宮廷人たちはフランス国王の御前で軽食をとり、カードで遊ぶ。ドイツ人はなんとがさつなのだろう！ なんとひどい食事作法だろう！ イタリア人は目上に敬意を払い、「わたくしの生命はあなたのご命令に従います」と言った。わたくしはただ、あなたのお言いつけに従うためにだけ生きているのです。だが裏切りはイタリアの風土病だった。イタリア人は片足をうしろに引いて深々とお辞儀をし、そのあと背後から刺す。

歴史学者ヤーコプ・ブルクハルトは非嫡出子の割合の高さを、イタリアにおける王朝体制の全般的な衰退と関係づけた。重要なのはただ力のみ。現金を出せば、教皇は非嫡出子を嫡出と認めてくれた。それに意味があるか？ おそらく体制が欠如し、絶えざる無政府状態の脅威があったからこそ、礼儀作法とお辞儀とがこれほど重要になったのだ。礼儀作法とお辞儀とは、いかに表面的だろうと、生活にひとつの形式をあたえた。文学も絵画も含めて当時の芸術すべて、機転のきいた憲法上の妥協すべて、正確な計算への強迫観念、着られるもの、着られないものについて無限に作られる規則、大量に書かれた手紙、年代記、考察、回想録の一部は、侵入してくるカオスに対する反応と考えられるだろう。フレスコ画に描かれれば、群衆や戦闘の情景は制御できる美しい形態となり、それほど恐ろしくはなくなる。フランチェスコ・スフォルツァは私生児でありながら、コジモの財政援助を得て、ミラノ公への道を闘い進むことになるが、その宮廷は、儀式の際、重箱の隅をつつくようにして礼儀作法に注意した。フランチェスコは妻が公妃になりもしないうちから、イッルストゥリッシマ「高名あらせられる妃殿下」と呼ばせることにこだわった。この妻もまた私生児だった。

だが、この行儀作法のパントマイムと同様に、現在でも生き続けているイタリアの習慣がある。それは、人生というつの時代もリスクのあるビジネスのなかで、ひとりの保護者を捜すことだ。その保護者は守護聖人《パトロン》と似ていなくもない。保護者はあなたに代わって、権力——たとえば収税吏、そして司祭——に口をきいてくれる。銀行家コジモがこのような人物、複数の家族《ファミリア》が織りなすネットワークの中心になるまでに、大して時間はかからない。ネットワークに属する人びとは「コジモ、あなたはこの世におけるわたくしどもの神です」といった種類の手紙や、コジモを「貧困の旗のもとで生きる者たちすべての非凡なる避難所」と呼ぶ詩を書いた。そのあいだに、メディチ銀行は拡大し、ジョヴァンニ・ダメーリゴ・ベンチは商売のために、ジュネーヴで開かれる大規模な国際市に派遣された。そしてフィレンツェは、もちろん、戦時下にあった。

実のところ、少なくとも本書の前半——つまり一四五〇年代まで——については、次のように考えてよい。フィレンツェはつねに戦時下にあり、しかもこれらの戦争は、民衆の大部分に対し、現代人がふつうに思い浮かべるほぼすべての戦争よりも小さな影響しかあたえなかった。この奇妙な現象を理解し、それがメディチ銀行の本質と、その創業者一家の運命をいかに根本的に変化させたかを理解するには、十五世紀初頭のイタリアの状況を把握しておかねばならない——なぜならば、いかなる商業組織も外界と離れて暮らすことはできないからだ。

状況は錯綜していた。イタリア全土は多数の小国家とさらには極小とさえ言える国家に細分化されていたので、歴史家たちはよくイタリアという名は「単なる地理的表現にすぎない」と言う。とんでもない間違いだ。イタリア人は、共有する歴史、教会、文化、そして言語（方言がいかに多様だろうとも）を完全に認識していた。その結果、かつてローマ帝国のもとで統一されていたように、だれかが全国の統一を果たす可能性のあることも認識していた。それをイタリア人は恐れた。地方のレベルでは統一を熱望しながら、全国レベルではそれを排除したほうがよかった。集団のアイデンティティと共同体のプライドとは、過去において、そしてイタリアでは現在もなお、都市を単位とする。

「長靴」の図は頭から追い払って、てっぺんに上下逆さの正三角形がのった円柱をイメージしてみよう。円柱は海に囲まれ、ほとんどが山地だ。三角形は全体的に平らだが、北側をアルプス山脈で閉じられている。ゲームには主なプレーヤーが五人いる。円柱の下の部分にはナポリ王国。中央にローマと教皇領。円柱と三角形の接合部にはフィレンツェ。三角形の上部左側にかけてミラノ。右にはヴェネツィア。これら大きめの国家のあいだに、さらに小規模の国家が多数散らばり、コンピューターゲームのフルーツのように、捕食者に呑みこまれるのを待っている。

五大パワーはいずれも、その使命から言って帝国主義的だった。征服は、その指導者に正当性のオーラを授ける傾向があるからだ。人は勝者と言い争ったりはしない。猛威をふるうトルコ人に海外植民地の版図ほとんどを奪われたヴェネツィア人は、内陸に向かっては北イタリアの平野部（ヴェローナ、ブレッシャ）、半島を下ってはアドリア海沿岸（フェッラーラ、フォルリ、リーミニ）へと拡大を狙っていた。ミラノ公フィリッポ・ヴィスコンティは、北側に位置する広大なフランスを意識し、フランスと釣り合いをとるための重りとして、西の港湾都市ジェノヴァ、および南側と東側のさまざまな都市に目をつけていた。ミラノ公は強欲で、性格は矯正不能、その紋章は子どもを呑みこむ蛇だった。フィレンツェは、お得意の平和主義的な美辞麗句と共和主義的使命にもかかわらず、最近、アレッツォ、ピサ、コルトーナを占領し、海への出口を確保するためリヴォルノを（十万フィオリーニで）購入した。いまのところはルッカを欲しがっており、おそらくいつの日にか、シエナも欲しがるだろう。ローマにいる教皇マルティヌスは、円柱の東側に並ぶアドリア海沿岸の小さくて騒がしい従属国家群を、なんらかの形で真に掌握できれば満足するだろう。教皇は他のありふれた公爵や王族と同様に戦争を始めたが、その司令官はほとんどが司教だった。どうか笑わないでほしい。貞潔の誓いが男に子づくりをやめさせなかったのとまったく同じように、司祭服と十字架は男が戦闘で活躍するのを妨げなかった。南部に目を向けると、フランスのアンジュー家がナポリを治めていたが、アンジュー家はプロヴァンス伯爵でもあって、もちろんナポリから北へと領土の拡大を望み、最終的にはフランスの領地との接続を夢見ていた。ナポリとプロヴァンスのほぼ中間に位置するジェノヴァの港は、ミラノのヴィスコンティよりも先に手をかけることができさえすれば、アンジュー家二領地の適切な連結点になると思えた。しかし、その一方で、ナポリの王冠に対するアンジュー家の権利には、すでにシチリアを支配するスペインのアラゴン王家が異議を唱えていた。小競り合いがたびたび起きた。

力関係が以上のように設定されれば、果てしなく繰り返されるパターンは次の通りだ。「五大国」のひとつ——たとえばミラノ——がより小規模な独立都市国家のひとつ、あるいは複数を攻撃する。ミラノの軍事的成功は、当然ながら、他の主要なプレーヤーの疑いを呼び、そのうちの二つ——たとえばフィレンツェとヴェネツィア——が同盟を結ぶ。ミラノの次の犠牲者がSOSを送ってくると、同盟した二国が飛びこんでいって、やはり二、三の都市を奪うが、そのあと、同盟相手どうしおたがいに疑いを抱き合うようになる。ミラノは、フィレンツェ軍をどこか他の都市の攻囲から撤退させるために、直接フィレンツェ本国を攻撃。ヴェネツィアは西進して、ヴェローナとブレッシャをつかみ取る。みんなが忙しくて気がつかないうちに、教皇は反抗的な都市二つばかりを鎮圧することを期待

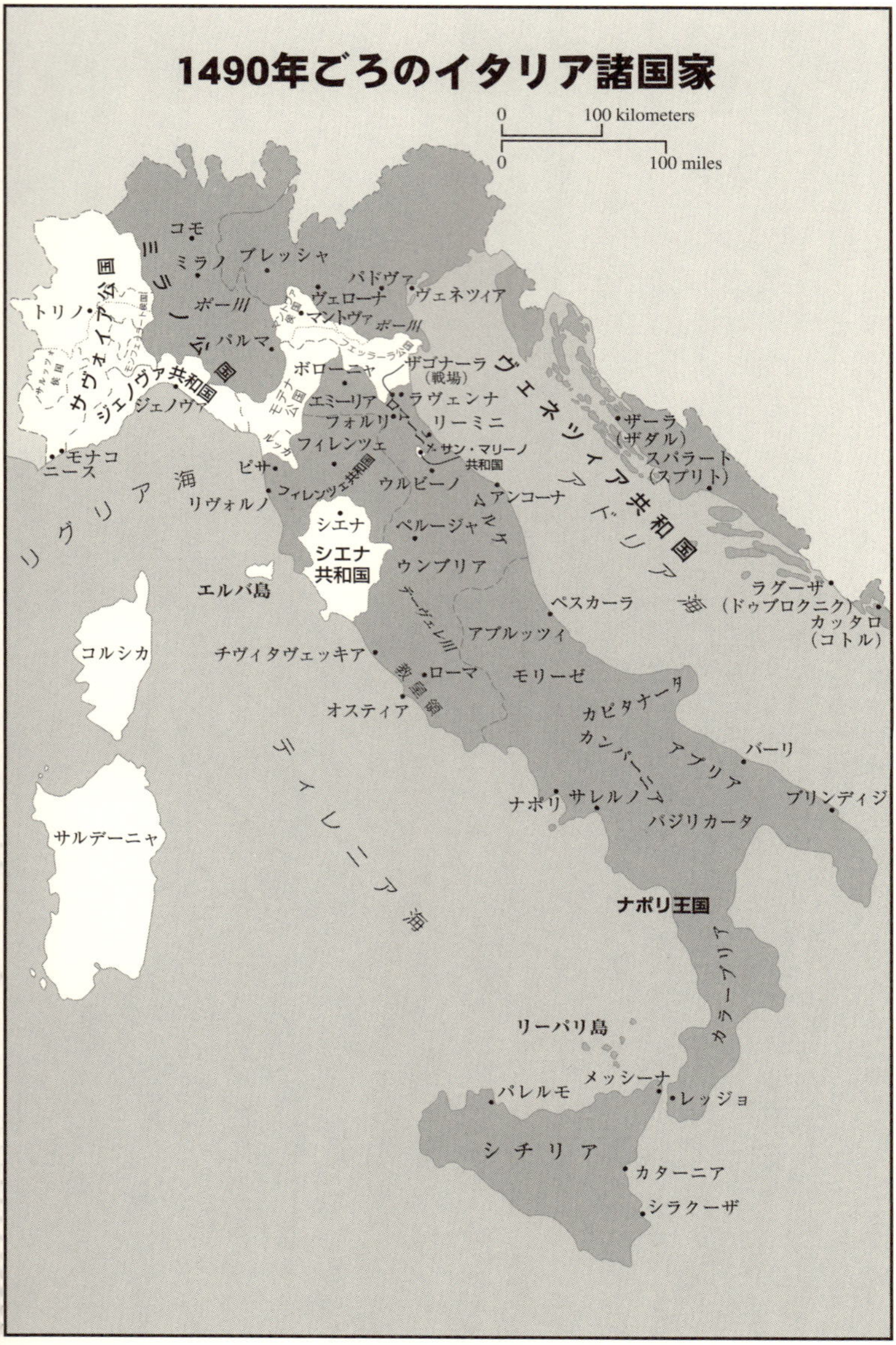
1490年ごろのイタリア諸国家
0 100 kilometers
0 100 miles
コモ
ミラノ
ブレッシャ
ミラノ公国
ポー川
パルマ
サヴォイア公国
トリノ
ジェノヴァ共和国
ジェノヴァ
モナコ
ニース
パドヴァ
ヴェローナ
ヴェネツィア
マントヴァ
ポー川
フェッラーラ公国
ザゴナーラ
(戦場)
ボローニャ
ラヴェンナ
エミーリア
モデナ公国
フォルリ
リーミニ
フィレンツェ
サン・マリーノ共和国
ピサ
フィレンツェ共和国
ウルビーノ
リヴォルノ
アンコーナ
マルケ
シエナ
シエナ共和国
ペルージャ
ウンブリア
リグリア海
エルバ島
コルシカ
テーヴェレ川
チヴィタヴェッキア
ローマ
教皇領
オスティア
ヴェネツィア共和国
ザーラ
(ザダル)
スパラート
(スプリト)
アドリア海
ラグーザ
(ドゥブロクニク)
カッタロ
(コトル)
ペスカーラ
アブルッツィ
モリーゼ
カピタナータ
カンパーニア
アプリア
バーリ
ブリンディジ
ナポリ
サレルノ
バジリカータ
サルデーニャ
ティレニア海
ナポリ王国
カラーブリア
リーパリ島
メッシーナ
パレルモ
レッジョ
シチリア
カターニア
シラクーザ

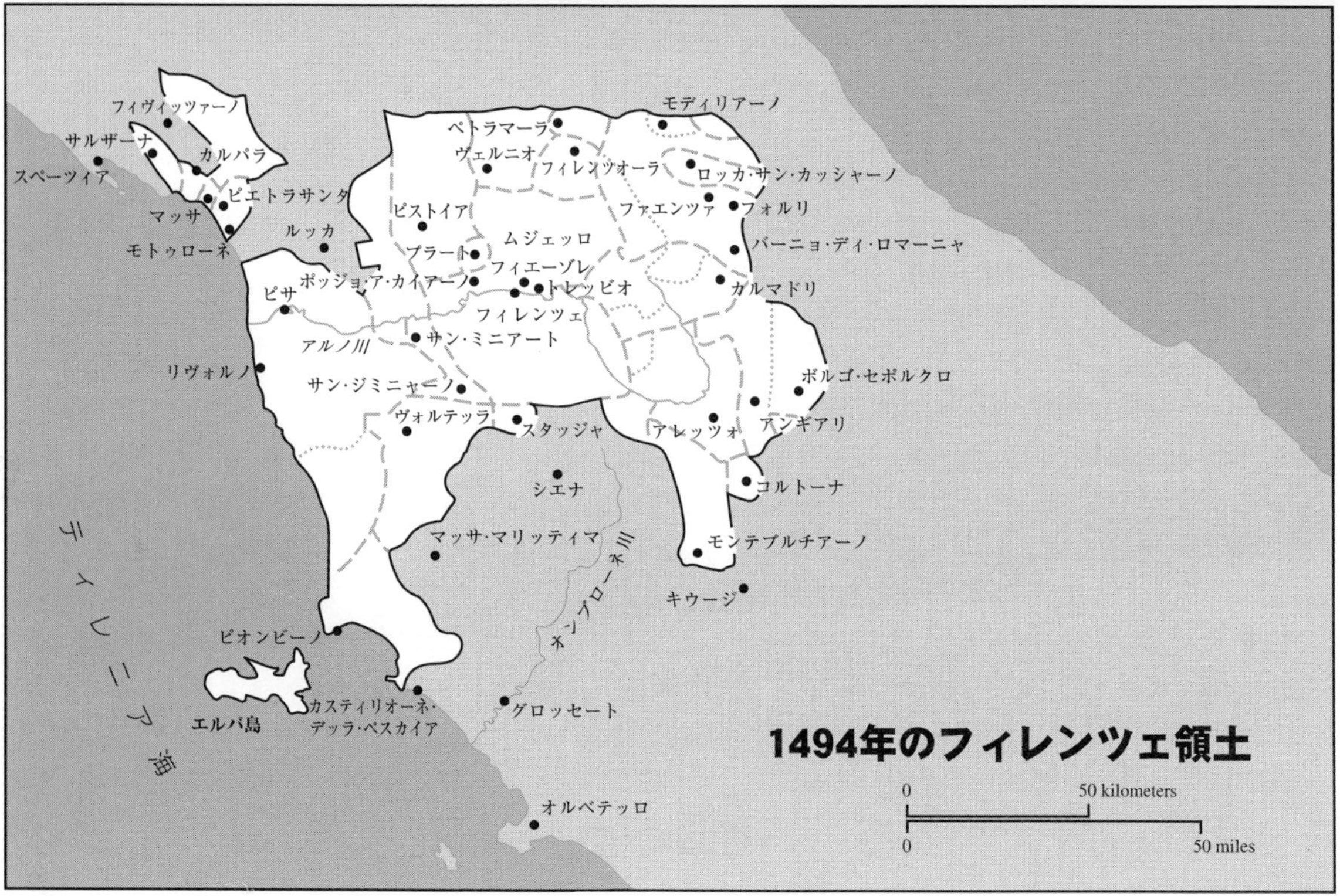
1494年のフィレンツェ領土
フィヴィッツァーノ
サルザーナ
カルパラ
スペーツィア
ピエトラサンタ
マッサ
モトゥローネ
ルッカ
ピサ
ポッジョ・ア・カイアーノ
アルノ川
リヴォルノ
ピストイア
プラート
ムジェッロ
フィエーゾレ
トレッビオ
フィレンツェ
サン・ミニアート
サン・ジミニャーノ
ヴォルテッラ
スタッジャ
ペトラマーラ
ヴェルニオ
フィレンツオーラ
モディリアーノ
ロッカ・サン・カッシャーノ
ファエンツァ
フォルリ
バーニョ・ディ・ロマーニャ
カルマドリ
ボルゴ・セポルクロ
アンギアリ
アレッツォ
コルトーナ
モンテプルチアーノ
キウージ
シエナ
マッサ・マリッティマ
オンブローネ川
ピオンビーノ
エルバ島
カスティリオーネ・デッラ・ペスカイア
グロッセート
オルベテッロ
ティレニア海
0
50 kilometers
0
50 miles

してアペニン山脈をのぼり、東に攻撃をしかける。仲間はずれにされないように、ナポリ人は北に行軍する。支援のため、それとも妨害のため？　だれも確信はもてない。すべてが流動的だ。すべてが努力次第でだれの手にもはいるところにある。

いや、果たしてそうだろうか？　明らかに、ローマは特別なステータスをもっていた。教皇はただの独裁者ではなく、地上における神の代理者であり、深刻に脅かされた場合は、十四世紀にフィレンツェでおこなったように、聖務停止を命じることができる。そうすると、司祭は結婚式を挙げたり、臨終の儀式を執りおこなったり、死者を埋葬したりしなくなる。儀式がなければ、世界は停止する。アンジュー家の妄想、あるいは内部の共和主義者による叛乱の時期を別にすれば、ローマには手がつけられない。

あるいはまた、常軌をはずれたヴィスコンティ演じる短い幕間を別にすれば、ミラノもヴェネツィアもフィレンツェも、自分が他の都市のどれかを征服し、吸収できると本気で信じてはいなかった。なぜならば、それをきっかけにして、征服者に対する同盟が結成され、その同盟は阻止できないからだ。大きなエネルギーとあからさまな目的をもって始められたこれらの戦争は、たちまちのうちに複雑化した。戦闘員は面目を傷つけられた。軍隊は泥沼にはまりこみ、混乱した。冬がくる。人びとは疲れ、凍えた。結局は和平を結び、ひとつか二つの要塞をあたえるか得るかして、戦争前の状況が再建される。大都市が征服されたところでも、それが征服者の領土に統合されることはめったにない。たとえばピサは一四〇六年に征服されたが、ピサ人はフィレンツェ市民権の恩恵には浴さなかった。ピサは従属都市、乳を搾るべき雌牛、海への出口だった。そのために、ピサ人は、状況が有利になるの待って、叛乱を起こそうと決意していた。フルーツはむさぼり食われても、決して適切に呑みこまれてはしまわない。ゲームは再開でき、そして必ず再開された。
一五二〇年代の視点からこの状況を見て、マキャヴェッリはうんざりして言う。「諸公国がしばしば武器をもってたがいに攻撃し合う場所を平和であると主張はできない。だが、人間が殺されず、都市が略奪されず、諸公国が破壊されない戦争は戦争とは呼べない。なぜならばこれらの戦争はあまりにも勢いが弱まっていたので、恐れなく始められ、危険なく続けられ、損失なく終わるからだ」。つまり、生命と領土の大きな損失はなしで、という意味だ。だが、巨額の金の損失がなかったわけではない。ここにメディチ家の出番があった。たとえきわめてスポーツに似ていても、たとえきわめて無益なものであっても、戦争にはつねに酷たらしく金がかかる。そして戦争に決して決着がつけられない場合には、絶えざるマネーサプライが必要不可欠となる。

だが、これほどわずかの人しか殺されなかったのはどういうわけか？　マキャヴェッリは、関与する国家がプロのコンドッティエーレに率いられた傭兵軍を使う傾向のせいだと言う。退廃した封建主義の副産物、コンドッティエーレとは私有軍をもつ軍人である。小都市と要塞のシニョーレ〔支配者〕の多くは、独立を保って支配能力をもち続ける唯一の道は、自分自身および配下の兵士群をレンタルすることにあると気づいた。小都市を所有しないコンドッティエーレは、それをひとつ手に入れるのになんのやましさも感じなかった。軍隊は基地を必要とする。傭兵を雇うビッグ・プレーヤーにとっては、戦線が布告されたとき、死のリスクを冒さねばならない自国市民がわずかですむという利点がある。民草はいつものように仕事にとりかかれる。自分と同じ階級から成りあがった司令官がクーデタを企てる危険もない。弱体の政府をもつ国家にとって、一番あって困るのは自国育ちのカリスマ的な軍事指導者だ。

イタリア人は他のヨーロッパ諸国よりも戦術的に進歩しており、その結果、イタリアのコンドッティエーレは他国からの需要が大きかった。この男たちは稼ぎを――ブリュージュかジュネーヴで――好みのイタリア系銀行に預け、故郷に送金させた。しかしながら、傭兵は自分自身を失職させても一文の得にもならないから、コンドッティエーレの悪名高き欠点は、とくにおたがいが顔見知りのイタリアでは、仕事を終えたがらないことだった。「敵兵は所有物を奪われたが、監禁も殺害もされなかった」とマキャヴェッリは嘆く。「だから、被征服者は征服者への再攻撃を、だれであろうと自分たちの指揮官が、武器と馬を新しくできるようになるときまで延期するだけだ」。これは、もちろん、多額の金を意味する。たとえ負けても、傭兵軍は相変わらず賃金を要求したという事実は指摘するまでもない。他方で、勝利したときは、略奪品すべてを自分たちのものにするのが習慣だった。実のところ、ある意味で、コンドッティエーレを雇えば、たとえ戦争に勝っても負けたのと同じだった。一四二七年、五年間の戦争に大枚三〇〇万フィオリーニを使ったあと、フィレンツェは経済危機に陥り、危機は市の政治状況を明確に浮かびあがらせた。アルビッツィ家を頭目とする支配的な派閥があり、なんとしても新税を導入しようとしていた。一方、大富豪のメディチ家がいて、具体的にはなにも提案しないままに、不満分子の核となっていた。

ある国家の戦争継続能力は、その国民の納税意欲に大きく規定される。これは自明の理だ。「この富はなんのために？」と、一四五三年、ついにコンスタンティノープルが陥落したとき、スルタン・メフメト二世は偉大な都市の第一首相に訊ねた。略奪された家々が次から次へと、収税吏の目から隠されていた財宝を吐きだした。「これらの財宝にはいまどんな価値があるのか？」第一首相は頭を垂れた。コジモ・デ・メディチは「われわれの自由を買うのに高すぎる価格はない」とよく言ったものだ。それは本心だったのかもしれない。だが、富裕税が課せられたとき、損害を限定するために、偽の会計を作成するよう銀行の経営責任者たちに命じた。歴史家レイモンド・ド・ルーヴァーは残念がる。「ほとんどの場合、課税のための資産申告書は、統計目的にはまったく役立たない」

一四二四年、ザゴナーラでミラノ軍の手によりフィレンツェが壊滅的敗北を喫した直後、アルノ川南岸のサンタ・マリーア・デル・カルミネ教会礼拝堂の壁に、一連の比類なきフレスコ画が描かれ始めた。マザッチョの《貢の銭《マネー》》は、湖畔の町にはいろうとして、収税吏に呼び止められるイエスとその弟子たちを描く。イエスは命令の身振りをしている。画面左側には、イエスの命令に応えて、漁師ペテロが水際で寛大に身を任せる一匹の魚の口から一枚の硬貨を引き出す。右端では、同じ弟子ペテロがすでに収税吏に硬貨で支払いをしている。画面は言う。キリストさえも払うべき税は払うのだ。教会さえも。みなの衆、払え！　別の壁面に描かれているのは、共同体精神のなかで富を分け合う初期のキリスト教徒だ。だが、だれかが地面にうつぶせに倒れている。アナニアは、仲間の信徒の金と合わせてプールするために自分の土地を売ったとき、ほんとうの価格を言わなかった〔使徒言行録第五章1―6〕。少額を自分のためにとっておいた。神はアナニアを打ち殺した。この最高に美しい礼拝堂を発注した裕福なシルク商人フェリーチェ・ブランカッチ自身、多額の脱税をしていた。コジモ同様に、多くを手元に残しておいた。だが、そうは言っても、だれもが魚の口のなかに金貨を発見するわけではない。それに天から打ち殺されることもめったにない。

マキャヴェッリの『フィレンツェ史』は多くが不正確で偏ってはいても、イタリアとイタリア政治について、これ以上に優れた入門書は考えられない。重要なのはものの考え方だ。長く複雑な策略が、

サンタ・マリーア・デル・カルミネ教会（ブランカッチ礼拝堂）のマザッチョ《貢の銭》。ペテロはイエスの命令に応えて、左端では一匹の魚の口から硬貨をとりだし、右端では市門に立つ収税吏にそれを渡している。脱税は 15 世紀フィレンツェの風土病だった。

気高い美辞麗句のなかにどう覆い隠されていたかを記述する数頁を読めば、楽しい時間を過ごせる。報道対策アドヴァイザーという着想は新しいものではないようだ。すべての外交政策について、十五世紀のイタリア人はそのウーティレ〔利益〕——具体的結果——と、そのリプタツィオーネ〔よい評価〕——それを最高の光があたるように提示する方法——を考えた。おそらくはなぜ自分が裏切ったのか、あるいは困難な状況にある同盟者をなぜ支援できないのか、あるいは自分が自由のために闘っていることを説明するために、「そこで教皇［あるいはドージェ〔ヴェネツィア、ジェノヴァの元首〕］、あるいはミラノ公」は全イタリアを書翰で満たした」とマキャヴェッリは言う。これは『フィレンツェ史』のなかで、しょっちゅう繰り返される言葉だ。だれかが「全イタリアを書翰で満たして」いるとき、そのだれかは嘘をついていると確信していい。

　だが、この本を三十頁とか四十頁とか読むと、ちょっと退屈してくる。どちらかと言えば、同じこと——戦争と裏切りと陰謀——の繰り返しではないか？　マキャヴェッリ本人でさえ飽き飽きしている。「これらのことがロンバルディアで動き続けているあいだ」、「この戦争がマルケで空しく続いているあいだ……」と、新しい段落を根気よく始める。読み続ける必要があるのか、と疑問に思うかもしれない。そう、必要はある。なぜならば全四百有余頁のどこかの地点で、読者は目眩の感覚、裏切り、欺瞞、浪費された天才、倦むことを知らぬ吝嗇が織りなす、目くるめく世界に打ち負かされるだろうから。この本が明らかにするのは、なにひとつ安定しているものはないということだ。人びとは裏切りと複雑な策略に一種の快感を覚えているように見える。ほとんどこれらの悪徳が目新しい体験であるかのように。だが、紆余曲折を経た闘争と陰謀のすべてにもかかわらず、より深いレベルでは、ほんとうになにも変化しないように見える。ナポリ、ローマ、フィレンツェ、ヴェネツィア、ミラノは、この世紀の初めから終わりまで独立を保っていた。より小規模な国家に関して言えば、新たな戦役のどれも、万華鏡をただもう一度回転させたにすぎなかった。どれかひとつのパターンを記憶するのは難しい。このあと続いて記述する一四二〇年から三四年にかけての出来事も、たしかに曲がりくねって進んでいるように見えるだろう。だが、それがコジモ・デ・メディチを成功した銀行家から政治亡命者、そしてなくてはならぬ指導者の道へと飛び出させる推進力となった。

ローマで美人奴隷のマッダレーナがコジモをコーカサス風のお楽しみで過し、ジョヴァンニ・ベンチがアルプス以北で初のメディチ銀行支店をジュネーヴに開いているあいだに、ミラノ公フィリッポ・ヴィスコンティがジェノヴァを攻撃した。フィレンツェからの介入を避けるために、ミラノ公はあらかじめフィレンツェと平和協定を結んでいた。この協定では、ミラノにはロンバルディアとジェノヴァ、フィレンツェにはトスカーナという二つの影響域が確立された。ミラノ公は北東のブレッシャ、南西のジェノヴァを征服した。ここまではいい。だが、突然、軍を東への道筋にあるボローニャにも向かわせ、アドリア海沿岸フォルリの継承争いに口を出し始める。包囲を恐れてフィレンツェは増税をし、傭兵を雇った。平和協定は効力を失った。

「フィレンツェはこれこれのことをやる」と言う場合、だが次のことを理解しておかねばならない。ミラノ公は単独で即断即決するのに対して、フィレンツェ人にはあらゆる種類の共和制メカニズムがきちんと用意され、それはフィレンツェ人に何日も何週間も議論し、ぐずぐずと先延ばしにすることを許した。支配的なアルビッツィ家は戦争支持だった。ジョヴァンニ・ディ・ビッチは反対だった。ジョヴァンニ・ディ・ビッチはちょうど、教皇マルティヌスからモンテヴェルデ（フィレンツェ南の要塞）の伯爵位という名誉を提供されたところだ。マルティヌスがなぜか返済の機会を決して見つけられない、巨額の貸付に対する返礼であることに、疑いの余地はない。ジョヴァンニはこの爵位を辞退した。フィレンツェの法律では、爵位をもつ貴族とその家族は政府から排除される。この爵位辞退によってメディチ家は、自分たちが公職を手放しはしないことを告げた。どんな戦争でもその費用の負担は、主として平民——十五世紀のフィレンツェでは、下層の職人、毛織物労働者、商店主などを意味した——にかかってくるから、反戦というジョヴァンニの立場は人気があった。

ミラノ公（あるいはその傭兵）はフィレンツェ東のフォルリとイモラを征服した。フィレンツェ軍はフォルリを包囲する。包囲をとかせるために、ミラノはザゴナーラを攻撃。この小さな町はフィレンツェが領有し、本国と近かった。フィレンツェ軍はフォルリを放棄して、ザゴナーラに進軍。激しい雨が降っていた。男たちは深い泥のなかを何時間も歩き、到着したところで総崩れとなった。何千頭もの馬が失われた。「それにもかかわらず、イタリア全土に知れわたったこの敗北のなかで、ルドヴィコ・デッリ・オビッツィとその部下二人が落馬して泥のなかで溺れたのをのぞいて、だれひとり死なかった」とマキャヴェッリは言う。

すべてのコンドッティエーレが同等だったわけではない。スポーツと同様に、レギュラー選手とスターがいた。フィレンツェ人は本気になり、ニッコロ・ピッチニーノを雇った。報酬は高い。新税を設けなければならない。今回、税は富裕層にも打撃をあたえ始めた。もともとの計画にはなかったことである。富裕な家族について、「自分たちの損失なくして戦争を継続できないことは、権力者を苦しめた」とマキャヴェッリは言う。一部の破壊的な市民は税をきわめて厳格に徴収するよう強く主張した。税金を不評にして、無理やり撤回させようというのである。税を徴収するあいだに、ザゴナーラよりも多くの人間が死んだ。権力が自らの手から離れつつあるのを恐れたアルビッツィ家は、政府を最有力の数家族だけに制限するようなクーデタを画策し始めた。だが、ジョヴァンニ・ディ・ビッチは仲間に加わるのを拒否し、拒否することで計画が離陸する前にその息の根を止めて、平民のあいだでさらに人気を高めた。その間に、ミラノはロマーニャから市の東側まで、フィレンツェの全要塞と前哨基地を攻め落とした。状況は絶望的になっていった。

高給とりのピッチニーノと手下たちは、フィレンツェの元同盟者である近くのファエンツァの領主を、反ミラノ戦線に加わるよう「説得」するために派遣された。ところがファエンツァはコンドッティエーレと闘い、スター・ピッチニーノの威光にもかかわらず、これを破り、虜にした。捕虜ピッチニーノは意気阻喪せず、うまくファエンツァの領主を説き伏せる。結局、領主はフィレンツェ側につく。美辞麗句は効果的な武器だ。しかし、一度解放されると、ピッチニーノ自身は寝返り、より多額の金を提供したヴィスコンティのために闘いにいってしまう。金のほうがなおいっそう効果的だ。戦時における冬期の休戦は、しばしばコンドッティエーレの移籍市場のようになると言うべきだろう。料金《フィー》は上昇する。傭兵のなかにはメディチ銀行、あるいは別の銀行に秘密口座をもつ者もいた。もしだれか他人に奪われる可能性があるのならば、賞金で土地を買うことになんの意味がある? 金のほうが、敵の手の届かないところにおきやすい。戦争とビジネスを分ける線はぼやけてきた。

マキャヴェッリが言うように「度重なる敗北に途方に暮れ」、フィレンツェは今度は、ヴェネツィアを頼るという古典的な一歩を踏み出す。ヴェネツィアは、お気に入りのコンドッティエーレ、フランチェスコ・カルミヌオーラが、ピッチニーノとともにミラノへと走る可能性を捨てきれず、ためらった。ヴィスコンティがカルミヌオーラを毒殺しようとしたとき、結局、カルミヌオーラがヴェネツィアに忠誠を保つことが明確になり、ヴェネツィアとの取引が可能になった。またしても世界は希望的観測のもとに分割された。ロンバルディアにおける将来の利益はヴェネツィアに、ロマーニャとトスカーナにおける利益はフィレンツェに。毒殺未遂から回復したカルミヌオーラは毒々しい気分で、北部平野の中心にあるブレッシャを征服。ヴェネツィアにとっては莫大な賞金。フィレンツェ人が大いによろこんだわけではない。

一四二六年。いま一度、金庫は空っぽで、市の負債は悪循環によって増大していった。世の習わしは、フィオリーノの人びとの手中に政府があることだから、結局、税金のほとんどを払ったのはピッチョリの人びとだった。ピッチョリの人びとは数を増していた。富裕者と比して、資産のより大きな割合を支払ったことで、ピッチョリの人びとは社会の階段を昇る気をそがれ、世のなかの自然な秩序が保たれた。一世紀前、共和制初期の理想主義的時代に、直接税と比例課税を課そうとした試みのあと、いまやほとんどの税は間接税だった。バケツ一杯分の魚を市内に運びこめば、税が課せられた。荷車一台分の小麦を製粉場にもっていけば、税が課せられた。市壁がそこにあるのは敵をなかに入れないためだけではなかった。マザッチョの《貢の銭》と同じように、収税吏が門で待つ。外套の下に鵞鳥を隠そうとはするな。収税吏が調べるだろう!

しかし、それでは充分ではない。そう、ピッチョロの人びとはいくらでもいた。だが、思い出しておこう。一フィオリーノに両替するには八〇から九〇ピッチョリが必要だ。そして傭兵軍に支払うには、数千枚ものフィオリーノ金貨が必要だった。十三世紀と十四世紀には、富裕者はほんとうになにも手放そうとはしなかったから、政府は公債を試みた。商人、あるいは銀行家はかなりの金額を公庫に入れ、その見返りにかなりの利率で利息（あるいは贈物）を受けとる。公式の利率は五パーセントにすぎないが、国に貸す励みになるように、支払った一〇〇フィオリーニごとに額面三〇〇フィオリーニの債券が手にはいった。したがって実際には一五パーセントを稼ぐ。平民が塩や卵、肉、ワイン、脂、油に支払う間接税は、一年前に大金を払ったより裕福な人びとの利息の財源となっていた。それは魅力的だ。だが続くはずはない。それではつじつまが合わない。十四世紀半ば、公債が強化されねばならなかった。政府は、これ以降、税金としての公債に対する利息は、可能なときに可能な限度でしか支払わないと通告した。結果として、すぐに現金を必要とする債権者は当てがはずれ、待つことのできる投機屋たちに公債の債券を売却し始めた。ドミニコ会士はこれを高利貸と言い、フランシスコ会士はちがうと言った。さまざまな修道会があるのには、セカンド・オピニオンを得る以外になにか目的があるのだろうか？

十五世紀初頭、メディチ銀行のフィレンツェ支店は、公債の一大ディーラーとなった。公債は一四二六年には額面のわずか二〇から三五パーセントで取引された。政府がいつか利息を払うと考えるのは、いまや明らかに、一か八かの大ばくちとみなされていた。よろこんで金を貸す人びとの時代は終わった。政府は、自主的に購入される公債よりも強制的な公債の割当を通じて金を集めようとした。ここでのトリックは、利息を受けとらないことに同意すれば、請求される金額が劇的に引き下げられることだ。だが、結局のところ、この当座しのぎでは、とにかく足りない。割当全額を支払った人びとが利息を要求したとき、政府は払えなかった。人びとが利息を捨てる選択をしたとき、国庫にはいる収入は充分ではなかった。そしていまや、平民から搾り取れる金は、ほんとうにもうなかった。人びとは飢えていた。金持ちに支払わせる時がきた。

公式には共和制の政府を、いまは二人の人物が操っていた。裕福な地主一家の頭領リナルド・デッリ・アルビッツィと、非常に尊敬されていた老齢のニッコロ・ダ・ウッザーノである。ふたりは共同で「カタスト」、つまり資産申告制を導入した。三年ごとに、フィレンツェの全世帯は、資産のすべて、投資、収入を一覧にした申告書を提出しなければならない。いくつかの控除が許され、いくつかの複雑な計算が、地代を現物で支払う小作農が耕す土地の価値を算出した。一回の申告ごとに、いわゆるソーヴラッボンダンツァ〔剰余〕——つまり生存に厳密に必要なものを超えた分——が決定され、金を必要とするとき、政府はすべての人にその額の〇・五パーセントの税をかけた。これが一年に一度だけ徴収されるのであれば、たいしたことはない。だがそれは年に二回、場合によっては三回要求された。一四二七年には一万百七十一世帯が申告し、二千九百二十四世帯はミゼラービリ〔貧民〕ということで、いかなる支払いも即刻免除されている。

貧しい人びとはわくわくした。支払能力に比例する課税！　ようやく。大地主は訴えた。土地を所有しているからといって、それにかかる税金を払うためのフィオリーノ金貨を所有しているわけではない。事実、多くの地主が、要求額を支払うために、土地の売却を余儀なくされた。他方で、商人は流動資産の申告義務に頭から湯気を立てて怒った。商人は指摘した。現金はきょうここにあっても、明日は出ていくし、簡単に隠せる。この法律は、脱税と資本の逃避——たとえばメディチ銀行を通じて——を促進し、地元への投資意欲をそぐだけだ。法律が施行されるとすぐに、フィレンツェの事業者はほとんど全員が偽の申告を始めた。「収税吏の愛のために」と、あるシルク商人の会計士は改竄した帳簿の扉頁に皮肉っぽく書いている。メディチのある経営責任者は自分の銀行に三つの偽名で出資した。

一四二七年の第一回カタストでは、コジモ・デ・メディチは羊毛を布地に加工する工場二軒の所有を申告している。一四〇二年と〇八年に開設され、この事業は、銀行が雇用しえる数をはるかに上まわる数の人間を雇っていたが、実際に意味のある利益を出したことは一度もない。それは、社会のなかでより堅実で目に見える役割をメディチ家にあたえるために使われた。結局のところ、フィレンツェとはなによりもまず織物の町だった。工場は人びとが目にし、手にもち、着ることのできるものを生産した。それは貧しい人びとを雇った。一四三三年には、シルク生地工場が加えられる。

一家はまた、町のすぐ北に位置するカレッジに別荘一軒、ムジェッロの低丘地帯を北に数マイルいったトレッビオに要塞化した別荘一軒の所有も申告している。トレッビオには広大な農地も所有し、ここでも多くの貧しい人びとを雇っていた。おそらく私有軍にもなりえただろう。事実、メディチ家をただひとつの家族、あるいはただひとつの銀行と考えるのをやめる時がきた。コジモの従兄、アヴェラルド・ディ・フランツェスコ・デ・メディチはトレッビオ近くのカファッジョーロにもう一軒、要塞化した別荘の所有を申告している。メディチの親類縁者は近隣の町、スカルペリア、ボルゴ・サン・ロレンツォ、マッラーディで、重要な官職の任命権を掌握していた。あちこちの教会に家族専用の礼拝堂があった。アヴェラルドはまた、コジモのほど大きくはなかったが、銀行も一行所有していた。アヴェラルドの一四二七年の申告書は、ローマ支店が損を出していると主張する。ありそうな話だ。

アヴェラルドはバルディ家のひとりをパートナーとし、その男がローマで、アヴェラルドに代わって経営管理にあたっていた。一四二〇年、メディチ銀行本部を引き継ぐにあたって、コジモはイラリオーネ・デ・バルディを、銀行の新しい最高経営責任者とするためにローマからフィレンツェに移し、ローマでの経営管理のために、バルディの遠縁バルトロメーオを雇った。いずれも共同出資者である。

バルトロメーオの兄弟ウベルティーノはロンドンで銀行を経営していたが、この銀行はイングランドにおけるメディチの代理人として定期的に仕事をしている。

それからポルティナーリ家がいた。やはり一四二〇年、コジモはフィレンツェ支店のトップを解雇し、フォルコ・ダドヴァルド・ディ・ポルティナーリとおきかえた。フォルコは、ヴェネツィア支店を経営するジョヴァンニ・ダドヴァルド・ポルティナーリの兄弟だった。この兄弟はダンテ憧れの女性、ベアトリーチェ・ポルティナーリの兄弟の孫にあたる。

こうして、いまや古いフィレンツェの有力な三家族――メディチ家、バルディ家、ポルティナーリ家――が、銀行のなかで、そして銀行を通じてしっかりと結びついた。いやむしろ二つの銀行と言うべきか。そして、コジモの弟ロレンツォがカヴァルカンティ家の娘と結婚したことを数に入れれば、実際には四家族となる。ロレンツォ自身もやはり銀行の経営責任者のひとりだった。これは金融機関以上のもの。政治的実体、ひとつの閥族、そして政党の結成が反逆罪に値した都市において、ひとつの党でさえあった。都市のなかでもこれ以上ないほど分裂していた都市では、法律上は公然たる分裂があってはならなかった。政治運動はなし。政府は最近、さまざまな宗教信心会の会合を禁止した。鞭打ちや歌、神の讃美はしばしば政治的陰謀の隠れ蓑に使われてきた。

金持ちが哀れっぽく泣き声をあげるのを聞いて、平民は大いによろこび、新税制が過去に遡って適用されるよう要求し始めた。平民たちは訴えた。わたしたちはあまりにも多くを、あまりにも長いあいだ払い続けてきました。事実、何世紀ものあいだ。平民はジョヴァンニ・ディ・ビッチの支持を期待した。ジョヴァンニは警告する。あまりにも多くを要求するのは間違いだろう。ジョヴァンニは賢い調停者を演じ、危機を引き延ばし――貧者を味方につけた金持ちとして――それに貧富両者の立場から対処するのがうまかった。その老いて曲がった背中のうしろでは、コジモとアヴェラルドが準備万端整えて、油断なく見張っていた。

そのあいだに、ようやく教皇庁が、フィレンツェ、ミラノ、ヴェネツィア間の和平条約を取りもった。ミラノ公ヴィスコンティは条約に署名したとたんに、ふたたび戦争に乗りだしたが、ただブレッシャ近くのマクローディオで、カルミヌオーラに惨敗を喫しただけの結果に終わった。この戦争全体のターニングポイントは明らかに、あのコンドッティエーレ毒殺失敗だった。一四二八年、ようやく和平が締結されたとき、ヴェネツィアはブレッシャとベルガモ――ヴェネツィア人にとっては西に向かって大きなひと飛び――を獲得した。一方、フィレンツェは失ったピーナッツを数粒取りもどしたにすぎない。山積みになっていく戦時負債を返済するための領土獲得はなかった。

おそらく、まさにこの欲求不満が推進力となり、このあと五年間、フィレンツェ政治は驚くべき狂態を繰りひろげたのだろう。いずれにせよ、一四二九年、ジョヴァンニ・ディ・ビッチは出発にふさわしいとき、めったにない平和の瞬間を選んでこの世を去った。メディチ家三十人（全員が男性）に加えて、役人や大使、貸主、口座保有者の長い列が棺のあとに続いた。ジョヴァンニはドゥオーモから北に石を投げれば届く距離のサン・ロレンツォ教会聖具室に埋葬された。この聖具室はジョヴァンニが偉大なブルネッレスキに発注したものだ。のちにコジモはこのきわめて優美な空間をドナテッロに装飾させ、礼拝堂の四隅に、メディチ家の紋章、金地に八個の赤い珠を描いた楯をかけた。それはこのあと起こることを象徴していた。これから先、サン・ロレンツォ教会はメディチ家の教会となる。

「外側で平和が達成されたとたんに、内側ではふたたび戦争が始まった」とマキャヴェッリは、これがなにか論理的必然であるかのように指摘する。人びとは相変わらず富裕税「カタスト」をめぐって争っていた。商人たちは怒った。差別だ！　うちの帳簿は政府の監査官にチェックされる。その監査官は実はライヴァル会社のために働いている。いつものように、商人たちの戦略は、新税を乱暴に、そして広範囲に無理やり取り立てて、新税に敵対する者を増やすことであり、そのために、フィレンツェ外延の全領土にある所有地もすべて登録しなければならないとしつこく言い立てた。土地の一部はフィレンツェ人が所有している。すべての織機、すべての粉挽き場を登録しなければならない。

政府内には、税を拡大するのは悪い考えではないと感じた人びとがいた。フィレンツェ人は官僚制度に長けていた。だからこそ、現在、市の歴史についてこれほど多くの記録が残されているのである。こうして、外延の都市すべてを税金台帳に記載する手続きが開始された。これに抗議して、小さな従属都市ヴォルテッラから十八名の代表団がやってきた。代表団は訴えた。われわれには払えません。十八人は逮捕された。釈放後、そのなかのひとりがヴォルテッラに帰り、叛乱を起こした。ヴォルテッラにいって問題を処理するために、失業中のコンドッティエーレ、ニッコロ・フォルテブラッチョが雇われた。フォルテブラッチョとその配下の傭兵たちが到着する前すでに、ヴォルテッラ市民は反旗を翻した者に対して反旗を翻し、市はふたたびフィレンツェの手にもどった。だが、フォルテブラッチョは失業したくはない。一四二九年十一月、フィレンツェ北のルッカ領に進軍、自ら率先して小さな要塞を二つ征服した。突然、フィレンツェ市民はひとり残らず、ルッカ征服が絶対に必要不可欠だと言い出す。豊かなルッカが、これまで七年間の災厄に対する報酬となるだろう。戦時の習いで、市は戦略決定のための十人委員会、いわゆる「戦争の十人」を結成。いまやメディチ一族の議論の余地なき頭領として、コジモがこの委員会に加わった。

コジモを権力の座へと運んだこの重要な歳月の上には、曖昧さの雲が垂れこめている。だが、それを言うなら、雲はコジモに関わるすべて――銀行、芸術のパトロン活動、奴隷たちとの関係、外交政策――の上に垂れこめていた。マキャヴェッリの報告によれば、リナルド・デッリ・アルビッツィが、他の長老家族《ファミリア》が団結してコジモを追い払ってしまおうと提案したとき、いまやよぼよぼに近いウッザーノはそれがいかに困難かを指摘したという。「コジモの行為のなかで、わたしたちにコジモに対する疑いを抱かせるのは以下のことだ。コジモは自分の金を使って、あらゆる人を、しかも私的な個人だけでなく国家をも、そしてフィレンツェ人だけでなくコンドッティエーレたちも助けていること。役職に就く必要のある、あれこれの市民を特別に援助していること。市民一般から得ている好意によって、あれこれの友人をより高い名誉職へと引っ張りあげること」

ウッザーノはほんとうにこう言ったのだろうか？　マキャヴェッリはメディチ家後代のひとりで、しかもフィレンツェを統治していた男〔ジュリオ・デ・メディチ枢機卿。のちの教皇クレメンス七世。コジモのひ孫〕から『フィレンツェ史』執筆を依頼されていたので、友人宛の手紙で、「どんな手段とごまかしによって、人（コジモ）があれほど高い地位に達したか」を正直には語れないと認めている。したがって、「わたしが自分の口から出たこととして、自分では言いたくなかったことは、あの男（コジモ）の敵に言わせるつもりです」。そしてウッザーノにこう結論させた。「だから、コジモを追放する理由として、わたしたちはコジモが慈悲深く、助けになり、自由主義者で、だれからも愛されているからだと主張しなければならないだろう」。現金に飢えた都市で、この数年間、政治的コンセンサスを得るために、コジモは自分の富を使ってきた。なんの目的で？

「金持ちが自分で国家を統治しないかぎり、金持ちにとってフィレンツェで暮らすのは難しい」。これがコジモの孫ロレンツォ・イル・マニフィコの意見だ。意味するところは、あなたが国家を掌握しないかぎり、国家はあなたを破滅させるだろう。あなたは、あなたの財産差し押さえを意図した罰則的課税の対象となる。だが、これはただの言い訳だろうか？ メディチ家にとって、目を見張るほどの利益をあげる銀行を経営しながら、政府外にとどまっていることは可能だっただろうか？ ローマ、あるいはミラノなら、おそらく可能だったかもしれない。人がこれほど強力になれるのは、独裁者の影にいるときだけだ。王侯に貸付の返済をしつこく迫れば、王侯はあなたを逮捕する。教皇ならば破門にする。共和制のヴェネツィアにおいてさえ、ドージェ〔元首〕は終身で選ばれ、それは覆されない。あなたはその地位を奪えない。だから、あなたが恐れられることもほとんどない。

だが、フィレンツェでは、ものごとは次のように展開した。とにかく万一だれかが独裁者になってはいけないから、それを阻止するために、八名のプリオーレと一名のゴンファロニエーレ・デッラ・ジュスティーツィアで構成される新政府が、二か月ごとに選出される。党派に分裂して選挙運動がおこなわれるといけないから、それを阻止するために、プリオーレとなれる可能性のある人物——候補者をある程度限定するため、資産と家柄の規範に合う男たち——の名前が札に書かれ、いくつかの革袋に入れられる。革袋は市のさまざまな街区とさまざまな組合に相当する。そのあと九枚の名札がアトランダムに選ばれる。四街区それぞれから二名のプリオーレ、より豊かな七つの大アルテから六名、職人が所属する中小アルテ十四から二名、つねに大アルテから一名が市の頭領「ゴンファロニエーレ・デッラ・ジュスティーツィア」となる。つまり、ただひとりの男だけが統治しないためには、全員が、いや少なくとも最富裕階級の全員が、だが短期間、統治しなければならない。これは理想主義的な解決策だが、長期的政策を決定する段になると、ほとんど実用にはならなかった。

おそらくはたがいに意見を異にする九人の男たちが、二か月という長期にわたって商売をないがしろにするのを疑いもなく心配しながら、政庁舎〔パラッツォ・デッラ・シニョリーア。現パラッツォ・ヴェッキオ〕で（かいがいしくかしずかれて）共同生活をし、市の統治にあたらざるをえなかった。職務を離れることは許されない。統治者は公僕と見なされるべきである。これが憲法の精神だ。だが、一時的な地位であり、しかも男たちにはこの地位に就く覚悟は当然できていなかった──わたしがプリオーレに選出されるなどとは、わずか一週間前にはだれも思っていなかった──したがって、九人は、どれであろうと支配的な家族か派閥の僕《しもべ》となりがちだった。

もっとも完全にではない。奴隷のようにではない。このメカニズムはデリケートだった。とくに一部の人びとが一時代の終焉が手の届くところにきたのを感じとっているいま、ちょっとしたことでも天秤ばかりを傾けて、メディチ家をアルビッツィ家に代わる選択肢に見せかねない。その結果、新たなシニョリーアのたびごとに、一部のプリオーレは一方の陣営に、ほかのプリオーレは反対の陣営に従う可能性があった。たしかに、アルビッツィ家は数十年間にわたって、市をとてもうまく統治してきた。だが、対ミラノ戦のあいだにかさんだ負債のおかげで、いまや状況は深刻に悪化していた。人びとは満足してはいない。権力闘争が起こりそうだ。おそらくメディチ家はその外にとどまっていられたかもしれない。だが、その莫大な資産は絶えず注目を引いていた。民主主義はコンセンサスに依存し、コンセンサスは説得に依存する。金以上に説得力をもつものがあるだろうか？　劇的な成功をおさめている銀行家は自分で口を開かなくても、人びとのほうから走り寄ってくる。もしこの貸付の返済にもう少し時間をくださるのでしたら、わたしがシニョリーアの職に就いたとき、あなたを支持します。もし息子に仕事をくださるのでしたら、あなたの税金問題についてプリオーレたちに話をしましょう。おそらく銀行が所有する富に対して、われわれが感じる嫌悪の中心には、このことがあるのだろう。われわれは、自分が買収されうることを恐れる。われわれは他人がすでに買収されてきたこと、そして大勢が買収されるのを待ちきれずにいることを確信している。すべての税と強制公債にもかかわらず、メディチの資産は増大を続けている。おそらく銀行にとっての増大とは、政治内部に向かっての増大を意味するのだろう。メディチ家とアルビッツィ家の激突は避けがたく思われた。コジモが委員を務める戦争委員会は、コミッサーリオ——つまり、市が雇ったコンドッティエーレに同行して、戦場におもむく政治家——にリナルド・デッリ・アルビッツィを任命した。ボスは町を留守にする。リナルドの不在中に、メディチ陣営はあらゆる機会をとらえて、その名誉を毀損しようとするだろう。

なにもかもがうまくいかなかった。傭兵たちは兵糧攻めにするためにルッカ周囲の田園地帯を略奪して、残酷至極の振舞いをした。セラヴェッツァの市民たちがフィレンツェにきて訴えた。わたしたちは降伏したにもかかわらず、教会が略奪され、娘たちが陵辱されるのを目にしました。そのときはセラヴェッツァにはいなかったリナルドが非難された。リナルドは自分の利益のためだけに、戦争に関わっているのだと言う人びともいた。メディチの言いそうなことだ。リナルドは激怒し、許可を得ずにコミッサーリオの職務を離れる。建築家ブルネッレスキはドゥオーモのドーム建設の手を休め、セルキオ川の流れを変えて、ルッカを水攻めにしようとした。ルッカ市民は水を堰き止めるための堤防を建造したあと、ある晩、フィレンツェ側が掘った水路を切り、フィレンツェ軍が野営中の平野を水浸しにした。一本とられた！

当然ながら、ルッカの独裁領主パゴロ・グイニージはミラノ公ヴィスコンティにＳＯＳを送り、ミラノ公は不世出のスター・コンドッティエーレ、フランチェスコ・スフォルツァ伯を急派する。フィレンツェ人はあわてて、スフォルツァに金をあたえて追い払う。スフォルツァは実際にフィレンツェ側に寝返って、ルッカを攻撃するのは拒否した——それはわたしの名誉の汚点となるだろうと言った——が、ヴェネツィアのドゥカート金貨五万枚（フィオリーノ金貨で五万五〇〇〇枚だったかもしれない）で、ルッカを防衛しないことには同意した。もしも銀行家がいなかったら、どうやって戦争をすればいい？ このルッカ市民に対する裏切りを善行に見せかけようと、スフォルツァはルッカ市民に手を貸して独裁者グイニージを厄介払いし、ルッカを共和国にする。こうなるとルッカ市民はますます自分たちの都市を防衛しようとする。共和主義者のフィレンツェ人が、対独裁闘争としてこの戦争を始めたときの悲壮な美辞麗句をいまや捨てねばならない。フィレンツェ人が欲しかったのは都市、富だった。

ルッカはふたたびヴィスコンティに訴えかけ、その結果、ニッコロ・ピッチニーノが送られてきた。ミラノの資金は無尽蔵なのか？ 今回、フィレンツェにはピッチニーノを金で追い払う余裕はない。今回、ピッチニーノはスターの地位に背かず、フィレンツェ軍をセルキオで破る。敗北したフィレンツェ軍はピサに避難し、ピサで起こりかけていた叛乱をとめるのにちょうど間に合った。これは運がよかった。その間に、コジモは非常に賢い一歩をとり、「奉仕する機会を他の者にあたえる」ため戦争委員会を辞任する。ほかのみんなと同じように戦争を支持しながら、メディチ家は戦場での敗北には実際の責任はないという幸運に恵まれた。人びとはリナルド・デッリ・アルビッツィを非難した。一方で、高い尊敬を受けていたウッザーノが死去したために、政権派閥からはある種の生真面目さが失われた。一四三三年、恥ずべき和平が締結されたとき、町は激しく二分されていた。「行政長官の前にもたらされるすべての案件は、ごくつまらないものまでも、両者［メディチ家とアルビッツィ家］のあいだの争いに還元された」とマキャヴェッリは言う。

この争いを解決する合法的な方法はあるだろうか？　そんなものはない。ある国家内の真の権力が非公式なものである場合、なんであれ権力の移動もまた非公式でなければならない。これがフィレンツェの近代性である。今日の多くの民主主義体制と同様に、憲法で決められた手続きが果たす役割は、それが執行部を任命する段になると、話の半分、おそらくは半分以下にしかあたらない。権力の根本的移動は法的枠組みの外で起こる。アルビッツィとメディチにとって問題は、真の紛争に達する瞬間に両者の地位の違憲性が明白になることだ。その結果がどうなるかはだれにもわからない。おそらくは、憲法上の合法性、真に独立した、ランダムに選出された政府にもどることになるかもしれない。どちらの側もそれは望まなかった。

時の利はメディチにあった。コジモはさらに豊かになりつつある。とくにローマ、ヴェネツィア、ジェノヴァの支店は——ローマは教会への貢税の集金、あとの二つはヨーロッパでもっとも繁栄している貿易路沿いでの為替取引によって——健全な利益をあげていた。病み、現金に飢えたフィレンツェにとって、メディチ・マネーは治癒力をもっているように見えた。コジモは銀行のフィレンツェ支店から資金を引き出し、戦争努力のために追加の融資をおこなっていた。もしコジモが権力を手にしたら、もっと気前よく出すのではないか。市を統治するための資力をもっているかもしれない。人びとはメディチ——「医者」——の名前で語呂合わせを始めた。それはただのあだ名にすぎないのではない。コジモと双子の兄弟ダミアーノが洗礼名をもらった聖人、聖コスマスと聖ダミアノスは双子の医者で、治癒の奇蹟をおこなった。コジモには出産時に死亡した双子の兄弟がおり、ダミアーノとふさわしい名前がつけられていた。メディチ一族の指導者、コジモはいまや四十代半ばに達し、皮肉にもかなり健康を損なっていたが、それでもリナルド・デッリ・アルビッツィの目には、自分が脅威と映っているにちがいないことは充分に承知していた。

一四三三年五月三十日、コジモはフィレンツェからヴェネツィアに一万五〇〇〇フィオリーニを移し、個人的に所有していた政府公債を銀行のローマ支店に売却、サン・ミニアーノ・アル・モンテ修道院にヴェネツィアのドゥカート金貨三〇〇〇枚、さらに五八七七枚をサン・マルコ修道院に預けた。コジモとその父親は、何年にもわたって教会に気前よく寄進をしてきた。いまや聖と俗とは、非常に深く交わるようになった。メディチ・マネーははるか以前に死んだ殉教者たちの奇蹟をもたらす遺骨のあいだに隠されて、あるいはキリストの遺骸を包んだかもしれない布に包まれて、手の届くところにおかれ、もしも政治状況から銀行の取付騒ぎが誘発された場合、地元の顧客の要望に応えられる――払い戻しを待つよう頼んで、コジモの信頼が失われてはならない。その一方で、アルビッツィやアルビッツィに掌握された政府がコジモの資産を差し押さえようとした場合、それは手の届かないところに安全におかれている。

大多数の歴史家にとって、コジモは次に起きた出来事の罪なき犠牲者だ。コジモはまた政治の天才でもある。この相反する二つの見解の両方を、歴史学者が一致して示していることには強い印象を受ける。リナルド・デッリ・アルビッツィは、暴君、泥棒として忘れ去られる。リナルドはコジモの友人の人文学者たちをキリスト教にとって危険な存在とみなし、これと対立した、リナルドは頑迷な信心家だ、と歴史学者クリストファー・ヒバートは苦言を呈す。だが、リナルドは正しかった。人文学者はたしかに、西欧が世俗化に向かう第一歩を表していた。人文学者はキリスト教徒でなかったと言う意味ではない。キリスト教に対立したら、即座に一蹴されていただろう。だが、人文学者たちの興味はよそにあり、文書のひとつひとつを歴史におけるある特定の一時期の生産物として見るという断固とした態度は、最終的に、聖書に対する見方をこれまでとは完全に変えることになる。政治制度のレベルでは、早くも一四四〇年に、人文学者のロレンツォ・ヴァッラが、古典文書に関する学識を駆使して、四世紀のものと考えられていた「コンスタンティヌスの寄進状」が実は九世紀の偽書であることを証明した。この文書を根拠として、コンスタンティヌス大帝が教皇シルベステルにローマと西ヨーロッパほぼ全域に対する霊的、世俗的支配を認めたと信じられていたのである。したがって、成りあがりのコンドッティエーレと同じように、教皇の統治にはもはや正当性はなかった。教皇もまた、最終的には金と軍事力と偽書に依存していた。

コジモは人文学者を支持し、人文学者たちはコジモを支持した。ほかのだれが、人文学者たちにこれほど気前よく資金を提供できるだろうか？　だが、ほかのだれが、教会にこれほど気前よく資金を提供しただろうか？　一四三一年にマルティヌス五世のあとを継いだエウゲニウス四世は、効率のよい国際銀行を必要としていた。コジモはマルティヌス埋葬のための現金、そしてエウゲニウス戴冠の資金を前貸しした。このような男と取引しようとしない人間がいるだろうか？　金には、きわめて異質の要素をひとつにまとめられるというすばらしい性質がある。われわれは、自分の銀行の会計簿の上で自分の敵と出会う。銀行はたいていの場合、われわれが投票のときにどちらか一方を選択すべきと考えられている二政党の両方に資金を提供している。幅広い範囲の顧客に惜しみなく融資することによって、コジモは、フィレンツェ古参の長老家族の支持だけに依存する政権派閥との闘争に、わが身を引きずりこんだ。コジモ本人にもそれはわかっていた。

一四三三年の夏だった。権力への道は閉ざされていた。だれであろうと最初に動いた者がもっとも間違っており、公衆の反動にもっとも晒され、だがもっとも致命的な一発を出せる。コジモは本拠地を市の北に位置するトレッビオまで後退させた。そこに秋まで滞在する。政治の天才なんてとんでもない。どう先へ進んだらいいのかもわからないように見える。すでに自分を必要不可欠な存在とみなしていたのか？　権力の座につくよう呼び出されるのを、市の財政問題を処理するよう招かれるのを待っていたのか？　コジモはすでに市に一五万五〇〇〇フィオリーニという莫大な貸付をおこない、結果として、銀行のフィレンツェ支店は赤字を出していた。ついに呼び出しがくる。コジモ・デ・メディチは政庁舎に出頭を要請される。一四三三年九月七日、フィレンツェに帰った三日後、コジモは、自宅から広大な中央広場まで二百メートルほどを徒歩でいき、高くどっしりとした塔がそびえる重々しい建物にはいっていった。今日でさえ、この場所は厳格な権威を発散している。コジモはその場で逮捕された。

フィレンツェの法律では、男は税を支払わないかぎり、政府内の地位に就けない。八月末、ベルナルド・グアダーニの名札が、政府の長であるゴンファロニエーレの候補がはいった選挙袋から引き出された。選挙管理人はベルナルドの納税状況を調べた。抽選の直前まで、支払いは遅れていた。だが、リナルド・デッリ・アルビッツィがその税を肩代わりした。ベルナルドの名札が引かれるとはなんたる偶然！　いまやリナルドが市を手中に収め、コジモは罠に引っかかっている。銀行家の金と天才とがその身にもたらしたのは、国家反逆罪容疑、追放刑か死刑だった。

フィレンツェ共和国史上の大きな転換点は、いわゆるパルラメント〔緊急市民集会〕の招集によって示される。骨子だけを言うと、政府のシステムは次のようになる。シニョリーアを構成するプリオーレ八名とゴンファロニエーレ一名がすべての法案を提出する。法案提出の過程において、シニョリーアは二つの顧問団、十二賢人会と十六旗手会の意見を仰ぐ。顧問団はいずれも、プリオーレ同様、抽選によって選ばれる。提出された法案はそのあと、市民評議会《ポーポロ》と共和国評議会《コムーネ》によって承認されるか、否認される。それぞれの評議員数は二百名強で、やはり抽選によって選ばれるが、この場合、任期は二か月ではなく、四か月である。

このシステムは使いものにならないことがあった。プリオーレの選挙袋にはいる名前と二大評議会の評議員の選挙袋にはいる名前のあいだには、富と階級の差がしっかりと確立されていた。したがって次々と作られる政府がきわめて重要なものとしてしつこく提出する法案の承認を、ときに二評議会が繰り返し拒否しても驚くには値しない。そこで、袋小路にはいりこんだとき、あるいはなにか特別に重大で、難しい決定を早急にしなければならないときには、パルラメントが招集される。これは、十四歳以上のフィレンツェ人男子全員が、政庁舎前の屋外広場に集まることを意味する。原理は現代の国民投票と似ていなくもない。主権は直接人民の手に移る。だが、よく知られているとおり、現代の政府が国民投票を呼びかけるのは、人民を脅して、政府の意図どおりに投票させられるときだけだ。

さて、一四三三年九月九日のフィレンツェである。政庁舎の古い鐘が荘重な響きを立てて、市民を政治上の義務に招集するあいだに、武装兵がすでに広場を取り囲み、広場への入口それぞれを固めていた。メディチ支持者は出席を妨げられた。コジモの小部屋の窓からは、この情景の一部が見えた。出席した男たちは従順に——そしてこれがパルラメントにおいては常のあり方だったが——バリーアと呼ばれるものの結成を可決した。バリーアという言葉はただ「最高支配権・大権」を意味する。基本的には、どのパルラメントでも提案されるのは、人民が自分たちの未来を、もちろん現行シニョリーアによって選ばれた二百名からなる一時的な組織体〔バリーア〕に手渡し、それによって市民評議会と共和国評議会の抵抗を迂回することだった。一四三三年、シニョリーアとはリナルド・デッリ・アルビッツィを意味した。

バリーアは、政庁舎に捕らわれた名高い囚人の運命を決めるために招集された。リナルドはコジモの死を欲した。リナルドは地主であり、アルビッツィ家は金持ちの旧家だ。だが、交換の技法に熟達した家族ではない。リナルドは銀行家でも商人でもなく、移動可能な富、貸付、賄賂、パトロン活動のこととなると、そのライヴァルの足下にもおよばなかった。リナルドは、コジモが、過去の金持ちとは異なり、追放によって破滅させられない新世代に属することを知っていた。銀行が、城や農場、あるいは工場とも同じやり方で、空間のなかに存在しているのではないことを理解していた。リナルドはバリーアに告げた。この男は頭を切り落とされるべきだ。それが唯一の道だ。

だが、リナルドはバリーアを自由に動かせない。自らがバリーアに選んだ男たちでさえ分裂していた。コジモにはあまりにも多くの友人がいた。あまりにも多くの市民がコジモに借りがある。人びとはコジモのなかにひとつの未来を見た。同じように裕福な銀行家パッラ・ストロッツィとは違って、コジモは市民の幸福のために、自分の金をよろこんでより広範囲に使い、いやがらずに公務に関わった。もっと大きな力をあたえられれば、資本を他の都市に移すかわりに、もっと多くの金を使うかもしれない。

被告に対する容疑は曖昧だった。コジモ・デ・メディチは「自らを他の人びとよりも上にあげようとした」。だが、われわれだれもがそうするのではないか？　メディチ支持者の二名が拷問にかけられ、コジモは外国の助けを得て、武装蜂起を計画していたと「告白」する。だれも信じなかった。それはコジモのスタイルではない。ヴェネツィアはただちに三名の使者を派遣し、コジモのために抗議した。メディチ銀行は、ヴェネツィアで影響力をもつ人びとと重要な商売上の取引がある。新教皇エウゲニウス四世もヴェネツィア人であり、まさにメディチ家のような人びとと取引をする裕福な商人家庭の出身だった。バチカン代表はコジモのために雄弁に語った。教会は御用銀行家の首がはねられるのを望まず、しかも教皇エウゲニウスの手もとには制裁がよりどりみどりで用意されている。

それからフェッラーラ侯爵が力ずくで押し入ってきた。侯爵もまたコジモの働きぶりを評価している顧客だった。ヴェネツィアと教皇領のあいだの無人地帯に位置するので、フェッラーラはフィレンツェにとっては大切な同盟者だ。バリーアの構成員は強く影響される。金の移動性は、銀行家の運命を国際問題としたように見える。メディチがただの裕福な地主だったら、だれも気づかないうちに、さっさと片づけられてしまったかもしれない。フィレンツェ唯一の特筆すべき軍事指導者ニッコロ・ダ・トレンティーノが、コジモの友人たちから金を受けとって配下の兵士を集め、沿岸のピサからフィレンツェに向かって進軍。同時に、コジモの弟ロレンツォは、一家が別荘と農地を所有する市の北側で、農民のあいだから忙しく兵を募っていた。バリーアはすでに一週間かそれ以上も暗礁に乗りあげていた。

政庁舎の屋根裏の小部屋に話をもどすと、コジモは監視役が毒味をすると申し出たあと、ようやく食事をとることに同意した。この監視役はたっぷりと恩を返してもらえるはずだ。バリーアが開催されているのと同じ政庁舎の下の階から、訪問者たちが銀行家の小部屋までのぼってき始めた。それはアルビッツィが統率力を失いつつある徴だった。コジモにはペンと紙が許可された。コジモは書き始める。本書面の持参人にこれこれの金額を支払うように。そして署名する。シニョリーアの長、ベルナルド・グアダーニは、リナルド・デッリ・アルビッツィが支払ったその惨めな税の延滞金をはるかに超える大枚一〇〇〇フィオリーニを受けとった。「もしあの男が頼むことを知ってさえいれば、十倍は手に入れられたのに」とコジモはのちに指摘している。一〇〇〇フィオリーニの見返りとして、グアダーニは仮病を使って家にとどまり、自分の権威を、同じように買収された他のプリオーレに委託した。

殺すべき時は、突然、過ぎてしまった。ムッジェロのメディチ軍には進軍の用意ができていた。ニッコロ・ダ・トレンティーノと配下の傭兵たちは砲撃距離内に迫る。外国の外交官からの圧力を受けて、銀行家パッラ・ストロッツィ、富は政治の外におかれることができ、おかれるべきだと本気で信じていた立憲主義者が、求刑どおりの死刑判決への支持を撤回した。ストロッツィの金が、多くの票をストロッツィとともに引き連れていったのは言うまでもない。起きたことすべては、関係者各自が個人的利益を計算した結果のように見える。理想は関っていない。銀行家にとっては理想的な状況だ。九月二十八日、コジモ逮捕の三週間後、外部からの攻撃、そして内部での叛乱を恐れて、リナルドはついに譲歩し、死刑ではなく追放刑を求める。バリーアはほっとして、リナルドに多数票を投じた。コジモはパドヴァに十年間、従兄アヴェラルドはナポリ、弟ロレンツォはヴェネツィアにいく。こうしておけば家族離ればなれだ。相変わらず暗殺計画を恐れて、コジモは市を夜間、密かに脱出する許可を願い出る。残された三十年の人生で、コジモがこれほど完全に運命の手に翻弄されることは二度とない。

追放されたコジモはなにをしていたのか？　投獄前にトレッビオの別荘でしていたのとほとんど同じことだ。銀行を経営し、待つ。行儀よくしている。郵便制度は充分有効に機能した。二か月後、新たに任命されたシニョリーアがヴェネツィア移住を許可し、コジモは、顧客である教皇がかつて所属していたサン・ジョルジョ・マッジョーレ修道院に滞在。ただちに、修道士たちのために新図書館を建設し、蔵書を提供しようと申し出る。銀行のヴェネツィア支店は、八〇〇〇フィオリーニの資本支出額に対して年に二〇パーセントの利益をあげていた。友人を作り、支持を構築する以上にいい遣い道はあるだろうか？　まるでこの種のプロジェクトがあらかじめ決められていた計画の一部をなしていたかのように、コジモは追放にお抱え建築家のミケロッツォを伴っていた。メディチ家の遠縁のひとりが、ミラノ軍の助けを得て、コジモのフィレンツェ帰還を企む陰謀に引きこもうとしたときは、ヴェネツィア政府に計略を報告して道徳的得点を稼ぎ、ヴェネツィア政府は情報をフィレンツェに流した。これは親戚の男にとっては親切とは言えない。だがコジモはフィレンツェが破産しており、プリオーレに「ピスタチオ一個だって」貸す人間はいないことを知っていた。コジモがフィレンツェにいて援助ができるはずなのに、実際にはヴェネツィアにいて、金を気前よく図書館に使っていると考えたら、フィレンツェ人たちはどんなに憤慨するだろうか。外国で気前よく富を使って見せるたびに、故郷で人の心を変えられる。一四三三年から三四年にかけて、ヴェネツィア支店の利益はほぼ倍増した。そのほとんどが、フィレンツェの手から失われたビジネスだった。

そして戦争がふたたび開始されたいま、いつもどおり叛乱とご都合主義が複雑に混ざり合う。教皇エウゲニウスはローマでの叛乱を逃れて、フィレンツェに居を構える。教皇はこれまで以上に御用銀行家を必要としていた。友人たちを買収し、傭兵を雇うのに金が必要だ。教皇領の一部、ボローニャ市も、同様に叛乱軍の手に落ちた。ヴェネツィアとフィレンツェは蜂起を鎮圧するために同盟を組んだ。ミラノは反対側に立って猛然と攻撃をしかけ、一四三四年の晩夏、フィレンツェ軍は、いまやお決まりとなったピッチニーノによってイモラで惨敗を喫する。災厄。すべての仕上げに、リナルド・デッリ・アルビッツィは、選挙袋からメディチ派プリオーレ団を出現させてしまうという許しがたい失態を演じる。なぜ選挙を工作しなかったのか？　コジモに帰国が要請される。リナルドは武装蜂起を試みるが、お前の身は守ってやるという教皇エウゲニウスの空約束二言三言で、痛ましいほど簡単に武装解除されてしまう。数日後、リナルド自身が追放されたとき、その唯一の慰めは、ともに市を離れることを余儀なくされた他の七十名の重要人物たちに、だから言ったはずだと言うことだっただろう。コジモは殺しておくべきだった。「偉大な人物には手を触れないか、もし触れた場合は、排除しなければならない」

権力の手綱を引き継いだコジモは、リナルドに加えて、うろたえているパッラ・ストロッツィを即刻追放し、ストロッツィ追放によって、金をもちながらそれを政治に投入しないのは愚の骨頂であることを示した。大組織は金をもっているという理由だけで、政党に献金をするのではないか？　ひとことで言えば、銀行家は帰還し、崇拝され、憲法に反する権力を振るい、しかも法を破ってさえいなかった。これが、金が過去にもっていた、そして疑いもなく、現在ももっている力だ。歴史家たちは、この権力移動で血が流されなかったことを讃美しようとする。「だが、それはどこかで血に染まっていた」とマキャヴェッリは読者に指摘する。ベルナルド・グアダーニ（コジモの賄賂を受けとったゴンファロニエーレ）の息子アントーニオは、他の市民四名とともに、指定された追放地を離れ、ヴェネツィアにいった。コジモとヴェネツィア市との良好な関係を考えれば、これは賢い行動ではなかった。五人は逮捕され、フィレンツェに送られて、斬首された。

その男は男色者と親しいと非難された。ドナテッロの《ダビデ像》について残る最初の記録は、コジモの家にあったことだ。この青年の裸像以上に、同性愛を宣伝するのにふさわしいものは考えにくい。磨かれた等身大のブロンズ像は巨人を殺して、切断された頭の上に優美な片足をのせ、官能的なポーズをとる。コジモに献呈された詩集『ヘルマフロディトス』は公開焼却された。この詩集は男色を奨励している、と世に聞こえた説教師、シエナのベルナルディーノは言った。だが、コジモは自分の権力を使って、風紀係の警官「夜の巡査」を廃止はしなかった。風紀係の警官たちは、あまりにもたくさんのボタンをつけている女中たち、厚底靴を履く倒錯者たち、自然に反する行為の現場を押さえられる男色者たちを求めて、あちこちの広場をこそこそとうろつきまわった。

その男はユダヤ人に親切だと非難された。一四三七年、フィレンツェ政府は公然たる貸金業の営業免許をキリスト教徒ではなく、ユダヤ人にあたえた。だが、ユダヤ人に円形の黄色い布を身につけさせる法律に、コジモが反対したことを示すものはない。ユダヤ人はキリスト教世界の一部ではなく、それで話は終わりだ。

ドナテッロ《ダビデ像》。この女性的な少年英雄の比類なき像について、最初の記録は、それがメディチ邸の中庭に出現したことだ。コジモ・デ・メディチは同性愛を認めていると非難する者がいた。

その男は高利貸と脱税で非難された。リナルド・デッリ・アルビッツィは親メディチの人間に告げた。あの男の悪しき稼ぎから恩恵を受ければ、おまえは地獄にいくだろう。フィレンツェ帰国後、コジモはいわゆる「空手形」についての制限を撤廃した。それは、すべての神学者が一致して高利貸と認める数少ない取引のひとつだった。

その男は自分自身の栄光のために、教会の改装を乗っとり、他のパトロン志望者たちを追い出し、敵の家族礼拝堂を友人のそれに変え、天国への道を買収しようとし、個人的負債を返済させる武器として破門を使い、「この世の屑」である司祭たちにあまりにもいい顔をしすぎると非難された。

その男は、他人が飢えているときに、とほうもない金額を巨大な新邸宅に費やし、邸宅建設実現のために、公共の財布から現金を横領したと非難された。男の誹謗者たちはこぼした。「自分のものでない金を費やせるときに、堂々たる建物を建てない者がいるだろうか？」新しい家の厚い扉には血が塗られていた。ドゥオーモからわずか数百メートル北側のラルゴ通りに位置するメディチ邸はミケロッツォが設計し、過去も、そして現在もなお、要塞のような近寄りがたい様相を呈している。一階には窓がなく、ただ頑強な石が積み重なるだけだ。

その男は残忍と独裁で非難された。あまりにも多くの人間を追放し、標準的な十年の追放期間が満了になる前に、刑期の延長を怠ることは一度もなかった。家族は引き離され、手紙は検閲された。イタリア半島の上から下まで、有給の情報提供者が古い敵の居場所を追い続けた。市の役人をまごつかせるために、巧妙な暗号が考え出された。

その男は拷問をおこなったと非難された。ジローラモ・マキャヴェッリは、志を等しくする二名とともに、「何日間も苦痛をあたえられたあと、追放された」。ジローラモは指定された追放地に滞在す

メディチ邸。コジモが建造した邸宅。内側には広い中庭が二つある。外側はあらゆる外敵を防げるようになっている。

るのを怠ったとして、ふたたび逮捕され、「病、あるいは拷問のために」監獄で死亡した。

その男はフィレンツェの外交政策を自分の個人的利益の方向に導いたと非難された。一四五〇年には、フィレンツェ市が支援する相手を、古い味方のヴェネツィアから古い敵のミラノに転換し、イタリア全土の同盟体制に革命をもたらした。かつてのコンドッティエーレ、現在のミラノ公フランチェスコ・スフォルツァは、メディチ銀行最大の顧客のひとりだった。

その男は民主主義的プロセスを腐敗させ、操作し、脅しによって統治し、自分の権威に対立するものすべてを押しつぶし、偏狭な少数独裁政治をおこない、つねにその男の言いつけに従う「卑しい新人たち」をあさましく取り立てたと非難された。メディチのウール生地工場の職長のひとりは最終的に政府の長、ゴンファロニエーレ・デッラ・ジュスティーツィアの地位まで昇りつめた。

その男はなによりもまず――そしてこの非難は他のすべての非難を含み、説明するが――王侯になることを求め、フィレンツェを共和国から世襲の王国に変えようとしたと非難された。そうでなければ、なぜただの男が、「比較をすればローマのコロセウムが不利に見えるような」家を建てたりするだろう？　いまや年老いて、どの肖像画にも見られる垂れた頬とたるんだ瞼をし、コジモはわざわざ自分を弁護する手間はとらない。自分が広く愛され、多くから崇拝されていることを知っていた。民衆詩人のアンセルモ・カルデローニは、コジモに次のように呼びかけている。

おお、この世の人すべての光
商人すべての輝く鏡
慈善すべての真の友

名高きフィレンツェ人《びと》の誇り
困窮者すべての心暖かな助け
孤児と未亡人の救援者
トスカーナ国境《くにざかい》の力強き楯！

追放されたパッラ・ストロッツィの義理の息子、マルコ・パレンティは執念深くコジモに対立し、追放された義理の家族を連れもどそうと決意していた。しかしながら、一四六四年に銀行家が死んだときには、国葬には反対すると決めていたその慎ましさを指摘しないわけにはいかない。パレンティはまた、市に平和といくらかの繁栄をもたらすのに、敵が果たした役割も認めている。人びとは感謝していた。「そして、それにもかかわらず」とパレンティは書いている。「その死を聞いて、だれもが狂喜した。自由への愛と望みはそれほど大きかった」

葬儀のしばらくあと、市政府は亡きコジモに「パーテル・パトリアエ」――祖国の父――の称号で報いることに決めた。父親以外のだれが、愛されると同時に恨まれるだろうか？　いかに慈悲深くあろうとも、父親的な人物はわれわれを抑える。その人物がもたらす安全だけが、われわれにその死を甘んじて待たせる。コジモの業績は、そのフィレンツェの子どもたち〔フィレンツェ市民〕を三十年間待たせ、そのあとなおしばらく待たせることになる。

コジモによるメディチ銀行経営を正しく理解するためには、六百頁にわたって詳説されたレイモンド・ド・ルーヴァーの『メディチ銀行の興隆と衰退』を研究しなければならない。コジモが表面上は平凡な一市民の役を維持しながら、フィレンツェを支配した方法を完全に把握するには、少なくとも一週間をかけて、迷路のように錯綜したニコライ・ルービンスタイン著『メディチ家支配下のフィレンツェ政府』の四五〇頁に、腰を据えて取り組まねばならない。コジモとキリスト教信仰および人文主義の曖昧な関係、コジモにこれほど多くの建造物と美術作品を依嘱させる原動力となった矛盾する諸衝動をぼんやりとでも知るには、デイル・ケントの記述は徹底しているが、読めば疲労困憊する『コジモ・デ・メディチとフィレンツェのルネサンス』に攻撃をしかけねばならない。

以上の三作に通じあうところはほとんどない。ときには三つの異なった、そしてどれも同じように特筆すべき人生の物語を読むことになるだろう。それでもなお、コジモのどの側面を見ていても、この父権的な男が備えていた、ものごとを抑えておく特異な才能に気づくはずだ。正確にはなにを抑えておいたのか？　和解不能の力と力の衝突から生まれる破壊的エネルギーを、だ。派閥と共同体、ミラノとナポリ、商業欲とキリスト教のモラル、自由への愛と秩序の必要性。混沌のただなかで、砦を——銀行を、家族を、国家を——維持するには、和解不能なものを和解させねばならない。どうやって？　口にした言葉は必ず自分にはね返ってくる。だからなるべく短い言葉で、多額の金の力と、その場限りの解決策を見つける才能と、そして最高の慎重さの助けを借りて、というのが答えだ。それができたのは銀行家だけだった。金がつきたとき、あるいは手際の悪い遣い方をされたとき、その男の時代は終わる。

一四四二年、五十代の始めに、コジモは新宗教団体、聖マルティーノ義人会結成を裏で支えた主要人物だった。この会の意図は、「辱められた」貧者、厳しい時代に没落したが、慈善を乞うにはあまりにも誇り高き人びとを援助することにあった。義人会は町をまわって寄付を請い、そのあと匿名のまま救援をおこなった。集められた金の五〇パーセントはメディチ銀行からきたと記録されている。寄付は銀行の帳簿に「神の勘定」の項目で記載された。

これは、コジモがものごとを進めるときの典型的なやり方だ。政治的意味合いをともなう気前のよさは、宗教組織と営利会社の名前のうしろに隠されている。コジモ自身から出ていると感じられる金の総額は、他人が集めた寄付も含めることで倍増される。罪深い貸金業と恒常的な脱税から生じる罪悪感は弱められる。市内における経済不安の危険は縮小される。感謝を求めたり、自分自身を篤志家として押しつけたりしないことによって、実際にはさらに大きな感謝をわが身に引き寄せる。このスキーム成功の鍵を握るのは、しかしながら、真の慈善衝動だろう。「貧者には慈善は決してできない」とコジモは、従兄のアヴェラルド宛に思慮深くこう書いている。アントニーノ大司教は、貧者はその苦難を不屈の精神で耐えることによって、富者は貧者に気前よくあたえることによって天国にいくと書いた。これが社会的不均衡の摂理だった。聖マルティーノ義人会が配るクリスマスや復活祭のワイン、肉の施しは、コジモに五〇〇フィオリーニについた。銀行の幹部三人分の年俸である。

だが、こんな金額は、和解不能なものすべてのなかで、もっとも和解しがたいものにかかる費用に較べれば無にも等しい。ヨーロッパの貿易のほとんどが一方通行——地中海から北へ——にすぎないとき、国際的なマーチャント・バンクはどうしたら機能できるのか？　この状況はローマが見返りになにもあたえることなく、巨額の金を教会への貢税として引き寄せることによっていっそう悪化していた。教皇、教皇庁がパリかブリュージュ、あるいはロンドンに本拠地をおいていれば、すべてがどんなに簡単だったことか！　イタリアは北にシルクとスパイスを送り、そのあと少なくとも収入の一部をイタリアが教会に払う税として現地で消却できる。あまり多額の現金を移動する必要はない。だが、実際はその反対だった。イタリア系銀行は北に送られた製品の代金だけでなく、徴収の責任を負う教皇の税も回収しなければならない。しかも、これは硬貨の形での金を移動するのがきわめて危険だった世界での話だ。メディチ銀行のテリトリー拡大はほとんどが、この慢性的不均衡を処理するためにおこなわれた。銀行を最終的な崩壊へと導く大変動の根は、大部分が、講じられた措置がしだいになおざりにされていったことにあるようだ。

一四二九年、ローマ支店は資本金ゼロで操業すると決められた。実際に到着する硬貨と合わせて、聖職者の預金があれば、それで充分だろう。国外から教皇庁に支払われるべき残りの金は、他の諸支店の資金にあてられる。この措置によって、おそらく二万から三万フィオリーニが自由になった。解決策にはならない。

避けがたいことだが、北方で展開される銀行の事業がローマ支店に負う負債は拡大した。支払うべき金を送る方法が見つからない。問題の事業を営むのが他のメディチ銀行支店の場合はそう心配はない。だが、金を留保する組織が銀行の代理として営業する独立の代理店だった場合は危険だった。十五世紀最初の十年間で、メディチはロンドンとブリュージュにおいて、このような代理店との関係を築きあげていた。代理店になったのは他のイタリア系銀行で、メディチ銀行に代わって、教皇の税を徴収し、贅沢品を売った。これらの銀行には、キャッシュフローのバランスをとり、イタリア製品を北に運ぶガレー船の帰路を無駄にしないために、イタリア（そしてメディチの工場）へと送る上質の羊毛を探すように指示があたえられていた。つまり諸銀行は、自らが支援し、うま味を引き出すようになっていた貿易をさらに創り出すことを目ざした。

だが、ひとつ問題があった。このころイングランド人は、生産する羊毛すべてを自国で加工したいと考え、厳しい輸出制限と目の玉の飛び出るような税をかけてきたのである。キャッシュフローのバランスはとれなかったし、またその後もとれることは一度もない。一四二七年、ロンドンのウベルティーノ・デ・バルディとブリュージュのグアルテロット・デ・バルディはメディチ銀行に対し二万二〇〇〇フィオリーニという巨額の債務を負っていたが、そのほとんどはローマ支店に払うべきものだった。あのバルディのやつら！　支払いが遅いのはほんとうに南にいく商品や信用状を見つけねばならないという問題のせいなのか？　いずれにせよ、他人の現金を利息なしで留保できるのは、どんなときでも都合のよいものである。もしかしたら、ロンドンで自営する代理人、ウベルティーノ・デ・バルディと、その兄弟でローマのメディチ銀行経営責任者バルトロメーオ・デ・バルディのあいだには、なにか見て見ぬふりをしていることがあるのではないか？　フィレンツェにいるメディチの最高経営責任者イラリオーネ・ディ・リッパッチョ・デ・バルディについては言うまでもない。この状態が続くわけにはいかない。イタリアへもどす道が簡単には見つからない収入を投資するという理由からだけにしても、メディチ銀行はどこかの時点で、独自の支店をブリュージュとロンドンの両方に開設しなければならないだろう。

一四三四年、追放からフィレンツェに帰還すると、コジモは広範囲にわたる自分の事業からバルディ家全員を切り離した。さっぱりとお払い箱。コジモの不在中、バルディ一家がなにをしたのか？　それはわからない。バルディ家でもっとも裕福だった者は、コジモの従兄アヴェラルドの銀行で働いていたが、婚姻を通じてパッツィ・ストロッツィと縁戚関係にあり、追放された。この男は危険だった。

アヴェラルド自身は追放中に死亡した。いくつかの家族を複合的な関係にまとめあげれば、力を生み出すかもしれない。しかしそれはまた、陰謀と裏切りの必要条件を創り出しもする。ここにはまた別のバランスがあり、それは年々歳々、釣り合いを取りなおし続けなければならない。バルディ家出身のコジモの妻がどう思ったのか、それはわからない。

ポルティナーリ家がバルディ家に取って代わった。ヴェネツィア支店を経営するジョヴァンニ・ポルティナーリは、組織のなかでもっとも重要な男のひとりだった。相変わらずフィレンツェの政治状況に神経質になっていたコジモは、親銀行の資本の多くをヴェネツィアに移動していた。一四三一年、ジョヴァンニの兄弟で、フィレンツェ支店を経営していたフォルコが七人の子どもを残して死亡する。コジモは三人の男子を自分の家に引き取った。ピジェッロ十歳、アッチェリート四歳、トンマーゾ三歳。三人ともが最終的にはメディチ銀行で鍵となる重要な地位に就く。

自分自身の子は二人——嫡出子二人——しかもたなかったコジモはなにを計画したのか？　自分の家で育てたポルティナーリ家の少年たちが、コジモにより大きな恩義を感じ、銀行にとってバルディ家のだれよりもよい使用人となることか？　そうだとしたら、それは間違いだった。われわれを父親の役割のなかにおいて見る者たち、おそらくは本物の息子たちのほうが好まれていると感じていた者たちの感謝ほど当てにならないものはない。ポルティナーリの子どもたちが、実父の死のときに、受けとるべき金額を全額受けとったかどうかについても、いくらかの疑問が残る。フォルコはメディチ銀行にかなりの投資をしていた。

そのあいだに、つねに存在する貿易不均衡問題を調べるために、一四三六年にブリュージュとロンドンへと出発したのは、もうひとりのポルティナーリ、ヴェネツィアにいたジョヴァンニの息子で、コジモの世話になっている少年たちの従兄ベルナルドだった。ベルナルドは馬の背でアルプスを越え、まず最初にジョヴァンニ・ベンチがジュネーヴに設立したメディチ銀行支店にいった。終わりなき仏英戦争のため、パリは混沌のなかにあったから、ジュネーヴは大いに繁栄していた。西ヨーロッパのいたるところから、商人たちが年に四回開かれる定期市にやってくる。ジュネーヴはしたがってヨーロッパの通貨の多くにとって重要な仕分け場となっていた。だれもが信用貸付を必要としていた。為替が盛んに取引された。北方からの商品は、少なくともイタリアとの中間地点まで運ばれて、現金化され、そのあと配達人に先に送らせることができた。ジュネーヴ市は市場でおこなわれる国際取引すべてのために、新通貨、金マルクを鋳造さえした。おそらくはユーロの最初のヒントかもしれない。

ジュネーヴの次に、ベルナルドはコジモがもう一軒支店を開設していたバーゼルに向かった。支店開設の目的は貿易ではなく、一四三一年以来、バーゼルで開かれ、激論が交わされている全体会議で顔を合わせる枢機卿や司教たちの需要に応えることだけだ。議論の主題は教皇権。一四三六年には、教会はふたたび分裂の縁に立っていた。相変わらずフィレンツェで暮らす教皇エウゲニウスは会議を放棄。教皇聖下の御用銀行家は、だれが優勢になるかを察知する必要がある。もっとも、どちらの側からの預金も、もちろん決して尻込みはせずに受け容れるだろうが。

ベルナルドはブリュージュからロンドンへと旅を続ける。その任務は、現地代理店に銀行が送る商品の販売を加速させること、そしてさらに重要とも言えるが、イタリアへの金のもどりを加速させることだった。ベルナルドは、とくに言うことをきかない債務者を法廷に呼び出して投獄させるために、特別の委任状をもっていた。バーゼルにいる司祭の債務者のほうが、ロンドンにいる商人の債務者よりも安全な賭けだったというのが悲しい真実である。コジモがもつ教皇とのコネを使って破門で脅せば、司教は返済するだろう。そこには司祭の生計とアイデンティティとが賭けられていた。だが、コンドッティエーレがどこかの要塞や町を領地とするなにがし伯爵の称号を顧みないのと同じほどに、破門状など目にもかけない商人たちがいた。あるメディチの会計士は、不良債権を棒引きにする準備をしながら、「もしあいつが司祭なら、いくらかのチャンスはあっただろうに」と述べている。

だが、ベルナルド・ポルティナーリが北方に旅したほんとうの理由は、ブリュージュとロンドンにメディチ銀行支店を開くに際して、条件が有利かどうかを見ることだった。土地の商人たちには支払能力があるか？　判事たちは外国人に公平か？　イングランドの羊毛業界で、反イタリア感情のレベルはどのくらいか？　かなり高い。もしメディチ銀行が王に即金で貸付をおこなえば、国王はイングランド王室特定市場《ステープル》商組合による羊毛輸出の独占を撤回するか？　現金を貸したら、王は返済するか？　英仏戦争はロンドン＝ブリュージュ間の貿易を脅かしているか？　それはそうと、国王はこの先どのくらい国王の地位にとどまっているか？

ベルナルド・ポルティナーリの父親は、息子の留守中に死亡した。ベルナルドはイタリアに帰り、前向きの報告をおこなったあと、エリーの司教任命に関する教皇勅書と徴収したフランドルのグロッソ硬貨二三四七枚（約九〇〇〇フィオリーニ）を手に、イングランドにもどる。二三四七枚のうちの多くが、布地の梱に隠してジュネーヴに急送された。危険な商品。だが役に立つ。一四三九年、ブリュージュ支店がロンドン出張所とともに開業。当初の資本金は六〇〇〇フィオリーニ、全額をローマ支店が提供した。一四四六年、ロンドン出張所は資本金二五〇〇ポンドで、独立した権限をもつ支店に昇格する。この時点で、メディチ銀行は独自の支店八店をもち、少なくとも他の十一の金融センターに代理店をおいていた。

ポルタ・ロッサ通りの緑の布をかけたテーブルから、いまではメディチ・ホールディングの本部となった大邸宅の壮麗なる部屋から、サン・マルコ修道院の専用祈禱室から、コジモの意志はヨーロッパ中に伝えられる。電話もeメールもない。書翰が定期的に到着し、先週の交換レート、暗号で書かれた機密事項、最新の政治と戦争のニュースをもたらす。返信が口述筆記され、写しが作られる。ローマの経営者はロンドンの経営者についてこぼす。支払いとして二流の布地は受けとれません！　現金がほしいんです。ブルゴーニュ公爵がふたたびフランスを挑発しています。ジュネーヴから到着する硬貨はもはや通用力をもたないので、そのうち鋳造しなおさねばならないでしょう。うちの幹部たちは、おたがいのあいだで金を回収しあうのに、あまりにも多くの時間を費やしてはいないでしょうか？

ブリュージュは抗議する。そちらから派遣された少年は読み書きさえできません！　フランドルの女たちはなぜフィレンツェのシルクを買いたがらないのでしょう？　うちのセールスマンはあんなにハンサムで、フランス語をあんなにじょうずに話すのに！　コジモはロンドンに注意する。船荷保険は引き受けないよう言ったはずだ。船は保険料が支払われる前に沈んだ！　ジュネーヴの為替取引が一回の市から次の市へとつねに継続されるやり方に、神学者たちが文句を言うのはおそらく正しいのかもしれない。それは結局、利息つきの貸付と同じことだ。だが、ひとりの銀行家になにができる？

節税のため、わたしになにができる？　コジモはヴェネツィア支店の経営者に指示する。バランスシートには投資資本の二分の一だけを載せるべきだ。それからリューベックのことがある。ハンザ同盟はわれわれを絶対に東ヨーロッパには入れてくれないのだろうか？

コジモは、ジョヴァンニ・ベンチをメディチ・ホールディングの最高経営責任者として、そばにおいていた。ふたりはコジモの邸宅でタピスリーと彫像にはさまれて仕事をした。ベンチはジュネーヴで並はずれて高い利益をあげた。この男は聡明で抜け目がなく、信心深かった。開けた窓の明かりで会計簿を検討しながら、二人の男はときおり奴隷少女たちのこと、ローマでの日々のことで忍び笑いを交わしたのだろうか？　フィレンツェ人はみな、身持ちのいい娘と娼婦との区別がだんだん難しくなったと嘆いていたが、二人もそれに同意しただろうか？　宗教団体への献金を話し合い、お気に入りの芸術家の名前――ドナテッロ、リッピ――を交換し、キケロの最新の翻訳、人文学者たちの魅力的な思想について論じ合ったのだろうか？　フィレンツェの娼婦はなぜ頭に鈴をつけたがらないのか？　なぜ西方教会と東方教会は、三位一体の本質について同意できないのか？　説教師シエナのベルナルディーノは、いつも説教のなかで、ユダヤ人は聖別された聖餐杯に小便をして歓びを得ると主張するが、そんなことをほんとうに信じているのか？　コジモはいまや、東方三博士を記念する宗教同信会の重要人物だ。コンテッシーナは、夫が三博士の幼子イエス礼拝を再現して市の通りを馬でいくとき、どんな外套を着るべきかと騒ぎ立てる。

一四三六年、ジョヴァンニ・ベンチとコジモは二人で、アンコーナにメディチの支店を開いた。このアドリア海に面した港は布地を東方に輸出し、海岸線を下ったプーリアから穀物を輸入するのに重要だった。だが、それは一万三〇〇〇フィオリーニという巨大な投資資本額を正当化するだろうか？　この金額は、ヴェネツィアやブリュージュのような、より重要な商業中心地へのメディチの投資額をはるかに超える。フィレンツェは戦争をしていた。ここでもまた、イタリアのシナリオは現実離れをしているほど複雑だ。ナポリをめぐるアンジュー家対アラゴン家の継承争い。二人のコンドッティエーレ――フランチェスコ・スフォルツァとニッコロ・ピッチニーノ――が、教皇領でたがいの喉をつかみ合う。教皇はローマに帰るのを恐れ、バーゼルでの展開を不安がり、同盟者たちについてあれこれと思いをめぐらしながら、フィレンツェで孤立している。ミラノ公フィリッポ・ヴィスコンティはピッチニーノを雇い、すべての地域で混乱に乗じようと、ジェノヴァ、ボローニャ、ナポリに遠征軍を送る。今度は、リナルド・デッリ・アルビッツィが追放地を離れ、ヴィスコンティにフィレンツェを攻撃して、アルビッツィ派を権力の座にもどしてくれと頼む。改めることを知らないフィレンツェ人は、ひるまず再度ルッカに攻撃をしかけ、ミラノと一触即発の状態になると、ヴェネツィア人に支援を求める。ヴェネツィアは回答する。マントヴァが寝返らなかったら、支援しましょう。この混乱のただなかで、コジモは長期的な決定を下し、偉大な兵士スフォルツァ援護を決めた。アンコーナに投下された金は貿易資金を提供するためではなかった。あるいは、ただそれだけではなかった。アンコーナはスフォルツァの作戦圏内だった。これはフィレンツェとはとくに関係のない軍事作戦に、メディチ銀行が本気で資金提供を始めた最初の重要な例である。なぜか?

ミラノでは、でぶで頭のいかれた老ヴィスコンティに嫡出の子どもはなく、ただひとり庶出の娘ビアンカがいるだけだ。スフォルツァは、ミラノ公国をひっくるめてビアンカを嫁に望んだ。結婚が手札にあるうちは、スフォルツァがヴィスコンティを敵にして戦うはずはない。あるいはヴィスコンティの影響圏であるポー川以北では(のちに心を変える)。同時に、スフォルツァ=ヴィスコンティ・コンビは実現可能な同盟であり、コンドッティエーレがミラノ公と組んで戦えば、フィレンツェに決定的な軍事的打撃をあたえうる。ミラノ公は娘を人参がわりにして、スフォルツァの両手を縛りあげ、婚姻はいまにもおこなわれるだろうと絶えず約束をしては、遅らせる理由をでっちあげた。コジモはコンドッティエーレを自分の現金で縛ることで応えた。自軍が衣食をメディチから供給されているのであれば、スフォルツァにはヴィスコンティやアルビッツィのために戦うことはまずできないはずだ。

アンコーナへの投機は短期間ではあったものの、銀行の歴史にターニングポイントを記す。銀行はその運命をフィレンツェ国家の運命と融合させた。小規模投資家にはよい知らせではない。アンコーナの支店は資金の回収を期待せずに、おもに政治目的のためだけに貸付をした。国家の事案はいかなる商業的投機の合理性をも超越する。三十年後、スフォルツァはメディチ銀行に約一九万フィオリーニの負債を負った。返済可能額をはるかに超えた額である。何年も前に、バルディとペルッツィの銀行は、これと同じようにして倒産した。しかし一四四〇年、ピッチニーノ、ミラノ、アルビッツィ派は、市のすぐ北に位置するアンギアーリで、フィレンツェ軍によって決定的にたたきのめされた。十五世紀でもっとも成功した軍事冒険家は、北のヴェネトで戦っていた。将来、義父となる男の不倶戴天の敵であるにもかかわらず、決してフィレンツェは攻撃しなかった。

それは銀行がもっとも拡大した時期だった。一四四二年、海に面した従属都市ピサに支店が開設された。フィレンツェのガレー船は毎春、ピサからブリュージュとロンドンに向けて出港する。ガレー船は国家が建造し、ピサとフィレンツェを出入りする全海上貿易に対する独占権つきで、商人に貸し出される。借りた商人は他の商人にスペースを売った。レンタル権は一回の航海ごとに競売にかけられた。競売は、一時間、あるいはある特別な蠟燭が燃えつきるまで続く。賢い商人たちは炎が消えかけるのを待って値をつける。そこで、競売は政庁舎の塔の鐘——競売場からは聞こえたが、見えなかった——が鳴るのと同時に終了することに決められた。腕時計なしでは、これは神経のすり減るやり方だ。時間が短縮されたり、延長されたりしないように、政庁舎の時計番は、競売のあいだ、武装した守衛の監視下におかれた。礼儀作法が強迫観念となっているこの世界では、ごまかしが規則だ。警戒がすべてだ。たとえば、競売人が競りを進めようとして、ダミーの付け値を仕かけても、だれもだまされなかった。

銀行の支店開設は、義務である緑の机をおくのに適した部屋と、輸送中の商品のための保管スペースのある家を見つけることを意味した。半ダースほどの使用人がそこで共同生活をし、食事をとる。新事業を監督するために、コジモは自らピサ市まで出かけた。家を二か月間留守にするにあたって、書物の梱一個と最高の儀式用甲冑を持参する。コジモは武具を収集した。赤いヴェルヴェットの鞘がついた剣、彩色を施した槍、金メッキをした鷹の形の飾りがてっぺんについた銀飾りの兜、若い娘を描いた盾。もちろん書物も収集した。そして、フィレンツェの指導的人文学者の友だった。人文学者たちはコジモが収集した書物を翻訳し、しばしば翻訳をコジモに献呈した。この二つの興味の領域――書物、武具――に共通するのは、生まれながらに尊厳を備えた、他に優る高貴な人間という理想像であり、その尊厳はキリスト教的謙譲とは無縁である。それは画家や彫刻家が人物像の顔や姿勢のなかに、ありありと描き出すことを学びつつあった種類の尊厳だった。

人文学者のひとりポッジョ・ブラッチョリーニによる哲学的対話の一篇で、ある話者は言う。「あなたの法によって掌握されているのは、庶民と市の下層の人びとだけです……」。コジモはかつて時間をとり、ポッジョとオスティアのローマ遺跡を調査したことがあった。「より強力な市民指導者はその力を逸脱します」。これは市民指導者にとっては、おもしろい意見である。それが指していたのは、からだの自由を奪う痛風に苦しんでいなければ、たしかに鷹のついた兜をかぶったにちがいない種類の男のことだった。

利益と損出の計算と並んで、当時、コジモの心のなかには、死を超えて続く名声と卓抜した行為という理想があった。ポッジョの人物は対話のなかで言う。「すべての名高く、また忘れがたき行為は、不正行為と不法な暴力から湧き出してきます」。コジモは嘆く。ルッカを絶対に征服できなかったとは、なんたる屈辱！　おそらくはいつの日か、充分に高く支払えば、フランチェスコ・スフォルツァがルッカ征服を助けてくれるかもしれない。そのとき、自分、コジモはルッカ征服時に市の指導的立場にいた市民として記憶されるだろう。追放されたにもかかわらず、あの誇り高き都市ピサを征服したことで、アルビッツィ家がいまもなお記憶されているように。新しい支店を開設するときの常として、コジモはいま、ピサの事業をどう登記するかという問題に直面していた。もし支店がメディチの名前で登記されれば、それはより大きな威信をもち、より多くの投資を惹きつけるだろう。だが、その場合、メディチ・ホールディングは無限責任を負わなければならない。実際に支店を経営する地元在住の共同経営者の名前をつければ、メディチの責任は現実に投資した資本額に限定されるが、支店の威信は損なわれるだろう。儀式用の甲冑と扇動的内容の読書にもかかわらず、用心深いコジモは、少なくとも最初の数年はつねに後者の解決策を選んだ。ピサ支店は、ウゴリーノ・マルテッリとマッテーオ・マージの名前で開店する。一四八〇年、深刻な損失ゆえに、メディチ・ホールディングが、ロンドンとブリュージュの支店の責任に限度を設けざるをえなくなり、そのために両支店がメディチの名前と紋章を放棄したとき、他のイタリア系商人たちは運命の逆転をよろこび、「たくさんの雌牛のようにもうもうと鳴いた」。利益と損失同様に、名声と嘲りはいつもおたがいのそばにいる。

人は、古代ローマの元老院議員のように（コジモはローマの硬貨も集めていた）、死後も長く名誉を讃えられることを望んだ。だが、そのときまでには、他に優る人間は自らの創造者の前でへりくだり、このような地上の名誉がほとんど意味をなさない天国の栄光へと、必ずや飛び立っているはずだ。地上の名誉を追えば、天国に場所を失う危険さえあった。

ここにはもうひと組、和解不能のものがある。そして今回は、答えのない問題が世界貿易の均衡のなかではなく、心のなかにある、あるいは形而上学《メタフィジックス》のなかにあるとしても、だからと言って緊急を要さないわけではなかった。フィレンツェは自分自身について二つの理想像を見ていた。フィレンツェは古代ローマ、永遠に続く名声、賢明な共和主義の真の後継者だ。そしてまた神の都でもある。そうでなければ、政府が、イザヤ書に描かれたとおりの服装をするよう、娼婦に強要などするだろうか？ 聖墓をフィレンツェにもってくるための十字軍の話が出るだろうか？ 数世紀後、イングランドはフィレンツェ同様に、慈悲と帝国は両立するという妄想を育み、キリスト教徒紳士なる奇妙な混血を創りだした。一部のアメリカ人はいまもなお、キリスト教的ピューリタニズムと世界支配のあいだにある矛盾に目を向けないようにしながら、同じことを考えている。

コジモは両方の理想像に心を奪われ、ブラッチョリーニ、ニッコリその他、前衛的な人文学者との定期的な討論会に出席しながら、それと同じように東方三博士を記念する宗教同信会の定期的な会合にも出席した。コジモが政治的野心と宗教的信条のあいだにある矛盾をたしかに感じていたことは、あまりにも多くの敵を追放したその冷酷さを非難されたとき口にした有名な言葉、「主の祈りでは国家を治められない」からも明らかだ。あなたが政治的必要を相手にしているとき、キリスト教的慈善は後部座席にすわっている。

だが、もちろん、矛盾は克服するためにそこにある。それがつねにコジモの姿勢だった。そして、キリスト教への帰依と世俗の名声という相対立する要求が問題となるとき、そのもっとも効果的な解決方法は、コジモがヨハネス二三世の墓を注文したとき学んだように、芸術と建築を通じてだ。「わたしはフィレンツェ人を知っている」とコジモは、お抱えの書籍商で、のちにコジモの伝記作家となったヴェスパシアーノ・ダ・ビスティッチに言った。「五十年も経たぬうちに、われわれは追放されるだろう。だがわたしの建物は残る」。これらの多くは宗教的建造物だった。地上の名声を得るために、そして天国に場所を得るために、聖なるものに惜しまずに金を使う。二兎を追って二兎を得るのは明らかだ。あるいはイタリア人が言うように、女房に飲ませてもワインの小樽を満たしておける。

ヴェスパシアーノによればコジモは、「国家を統治し、国家統治以外では先頭にいることを望む多くの人間のように、良心にかなりの問題を抱えていた」ので、銀行の顧客であり、都合よくフィレンツェにいた(つまり多かれ少なかれコジモの保護下にあった)教皇エウゲニウスに、どうしたら神が「コジモに哀れみをかけ、現世の富を楽しませ続けてくださるか」を相談した。追放から帰還した直後のことである。

エウゲニウスは答えた。サン・マルコ修道院の修復に一万フィオリーニを使いなさい。これは銀行を一行開設するのに必要な資本にほぼ匹敵する。

しかしながらサン・マルコ修道院——ドゥオーモとコジモの住まいのどちらからも歩いて二分のところにある、崩壊しかけのごちゃごちゃとした広い建物——は、「清貧と純潔なしで」暮らしていると言われるシルヴェストル会の二流修道士の群れが運営している。許しがたい。コジモは言った。もしシルヴェストル会士を厄介払いして、ドメニコ会士でおきかえるのなら、金を出しましょう。あの厳格なドメニコ会士たち！　庶子をもうけた銀行家の役に立つのは、清貧と純潔にそのアイデンティティの基礎をおく男たちの祈りだけだ。

十五年以上の工事を経て、ブルネッレスキの巨大なドームが完成し、教皇エウゲニウスがドゥオーモをふたたび奉献した年、一四三六年のことである。直径百三十八フィートのドームは、数百年間で建築工学が達成したもっとも重要な偉業だった。その赤いタイルは、大聖堂正面扉のそばにあるジョット設計のすらりとした装飾的な白大理石の塔よりもさらに高く、この二つが、フィレンツェ市民の自尊心と敬虔なる信仰をまたひとつ曖昧に組み合わせて、街のスカイラインを完全に支配していた。実のところ、フィレンツェ人たちは何年ものあいだ、ドームが崩壊するのではと不安がり、そのために隣人たちの称讃よりは嘲笑を招いていた。

ドゥオーモ献堂式の機会に、コジモは、教会が式の列席者全員にあたえる赦免を増やすよう、エウゲニウスを相手に公然と取引した。教皇は譲歩する。煉獄の期間短縮を六年ではなく十年とする。これはだれの懐も痛めずに、銀行家と宗教指導者両方に絶大なる人気をもたらした。サン・マルコの件についても、教皇は融通のきくところを見せた。シルヴェストル会士は立ち退かされた。厳格なドメニコ会士たちがフィエーゾレから引っ越してくる。当時のドメニコ会指導者は、原理主義的な傾きがある司祭のアントニーノ、のちのアントニーノ大司教だった。金のかかった改修が完成したあと、こう書いている。ご自分の修道会の住居と僧房が「拡張され、アーチをつけられ、空に向かって高く建てられ、余分な彫刻と絵画でこのうえもなく軽薄に飾られているのを」ご覧になったら、われらが聖ドミニクスはなんと思われるだろうか。

だが、実のところ、この原理主義はひとつの傾き——そう言いたければ、口先だけの厳格さ——にすぎなかった。そうでなければアントニーノ院長は、実際に過ごしたほどの長い時間を、銀行家とともに仕事できたはずはない。サン・マルコの贅沢な改修を監督し、その後コジモが権力の座にあったほとんどの期間、フィレンツェ教会の長の地位にあったアントニーノとコジモとの関係の推移は、出所が疑わしいパトロン活動に教会がぎこちなく適応をしていく過程と重なるからだ。ドメニコ会の指導者ジョヴァンニ・ドミニチは強調した。「真の慈善は匿名でなければならぬ」。イエスは言った。「見てもらおうとして、人の前で善行をしないように注意しなさい。さもないと、あなたがたの天の父のもとで報いをいただけないことになる」〔マタイによる福音書。第六章1〕。立場は明確だ。キリスト教へのパトロン活動を通じて、この世の名誉を得てはならない。だが、アントニーノもコジモもどちらも、形而上学と金のあいだの有益な交換を許す盲点——芸術という曖昧な領域——を維持し続けるだけの賢さをもっていた。現金と引き換えに、銀行家は信仰心と権力、そして人に優る美的感覚を誇示することを許される。教会は、ドゥオーモのクーポラはブルネッレスキの誇大妄想とはなんの関係もないというふりをすぐにしたように、この美すべてはただ神の栄光のためというふりをする。このような不正直さがなければ、世界はもっと退屈な場所になっていただろう。

コジモと追放の期間をともにしたあと、それまで以上にコジモの個人的友人となっていたミケロッツォが建築を担当した。修道士の僧房はそれにふさわしく厳格だ。清潔な白いアーチ型天井を細い柱が支える図書室は、優美さと光の奇蹟だった。コジモは書物を寄贈した。多くの書物がこの目的のために特別に筆写された。多くの書物が美しく彩飾されていた。プロジェクトの中心にいた芸術家は、別名ベアート・アンジェリコとして知られるフラ・アンジェリコ、修練僧の僧房すべてに泣きながら磔刑図を描いた男である。文句があるなら、言えるものなら言ってみろ。アントニーノは、とくに修練僧のために、磔刑図にこだわった。芸術の真の目的は、キリスト教徒がキリストの死の苦しみを、もっとも恐ろしい細部までじっくりと目で見られるようにすることだ。だが、これら寒い僧房へと続く階段を上がりきると、アンジェリコの《受胎告知》が、フィレンツェ最高の仕立屋の手になるかのような服をふわりと身にまとった、優れて女性的な人物二体を描き出す。そして下の付属教会では、修道院主祭壇背後の祭壇画《聖処女の戴冠》が、まさにコジモがヨハネス二三世の墓からいかに遠くまできたかを示している。

聖処女は思いもかけず生まれた子どもを抱き、銀行家の黄金で描かれた光輪をいただいて、玉座が舞台上にありながら、だが背後の樹々に向かって開かれているような奇妙に人工的な空間にすわっている。これは市の諸同信会が、祝賀のさいに、もちろんメディチ家のような篤志家の資金を得て掲示するのを好む種類の情景である。聖マルコと聖ドミニクス（修道院の守護聖人と新たに修道院をもつことになった修道会の守護聖人）を別にして、聖母のまわりに集まる人物はすべて、メディチ家ゆかりの聖人だ。聖ロレンツォはちょっと前に世を去ったコジモの弟の守護聖人。聖ジョヴァンニと聖ピエトロはコジモの息子たちのために。聖コスマスと聖ダミアノスが、フィレンツェの裕福な人びとがまとう最高級の深紅のガウン姿で、絵の前景にひざまずく。左側のコスマスはコジモが好んだのと同じ赤い帽子をかぶり、これ以上ないほど憂いに沈んだ顔を、絵の鑑賞者、フィレンツェの全信徒に哀願するように向けている。六年のかわりに十年の赦免を教皇から得たとき、コジモ自身がしたように、コスマスは明らかに、人びとと神性のあいだの橋渡しをする。反対に、ダミアノスはわれわれに背を向け、聖処女の視線を受けているように見える。

のちに、メディチ銀行の他の経営者たち——フランチェスコ・サッセッティ、トンマーゾ・ポルティナーリ、ジョヴァンニ・トルナブオーニ——は、自分の姿を直接、聖書の情景のなかに描き入れさせた。これらの人びとはローマ元老のローブをまとって威厳をもち、聖なる神秘をじっと見つめながら、少なくとも芸術のなかでは、古典的共和国と神の都市、銀行家と至上の幸福とのあいだに、なんの矛盾もある必要のないことを示した。コジモはもっと巧妙だった。代理人、自分の守護聖人の姿をとってのみ登場した。あるいは二人の聖人。なぜならば、おそらくはコスマスの身体に半ば隠されたり、聖処女や磔刑像のほうを向く兄弟ダミアノスを含めるのを決して忘れなかったからだ。まるで生きているコジモの半分は、死んだ双子の片割れとともにすでにこの世の彼岸、天国にいるかのように。これは疑いもなく、ある種のパトスを生み出す。「コジモはつねに発注したことを終わらせるのを急いだ」とヴェスパシアーノ・ダ・ビスティッチは言う。「なぜならば、痛風を病み、自分は若くして死ぬのではと恐れていたからだ」。コジモは、サン・マルコ修道院改修を終わらせるのを急ぎ、地区教会サン・ロレンツォの大改修を終わらせるのを急ぎ、そのあとフィエーゾレの美しいバディア〔フィエゾラーナ大修道院〕を、サンティッシマ・アヌンツィアータ教会を、エルサレムの聖墳墓教会の修復も含めて、その他多くを終わらせるのを、何十年もの歳月が飛び去るあいだ急ぎ続けた。コジモはつねに急ぎ、若くして死ぬことを恐れながら、年をとった。おそらくはこのことが、コジモをその場かぎりの解決策の偉大な達人にしたのだろう。

一四四三年、サン・マルコ修道院の修復がようやく終了したとき、いまや平和にもどったローマに帰るばかりに荷造りをしていた教皇エウゲニウスは、教会が聖マルコ、聖コスマス、聖ダミアノスの名前で新たに奉献しなおされることに同意した。こうしてコジモはこのプロジェクトに自分が果たした役割をみんなに、だが聖マルティーノ義人会のときと同様に目立たない形で思い出させた。サンタ・マリーア・ノヴェッラ教会のファサードいっぱいに高さが一ヤードもある文字で自分の名前を書かせ

フラ・アンジェリコ《聖処女の戴冠》。コジモがサン・マルコ修道院の改修を引き受けたとき、発注した多数の絵画のうちの一枚。付き従う聖人８人のうち６人が、メディチ家ゆかりの聖人である。左側の前掲で顔を会衆に向ける聖コスマスは、右側の聖ダミアノスで釣り合いをとられている。豪華な絨毯の縁どりには、メディチ家のモティーフである赤い珠が金地の上に並ぶ。このようにして聖なる空間は、裕福な人びとにとって、より居心地のよいものになる。

て、個人的なパトロン活動を宣伝した銀行家、ジョヴァンニ・ルッチェッライのような態度はコジモ向きではなかった。とは言うものの、注意深い観察者は、あのサン・マルコの祭壇画のなか、きらびやかな聖処女の前で、メディチ家の守護聖人がひざまずく美しい絨毯の縁に、一列に並ぶ赤い珠に気づくだろう。それはほんとうにメディチ家紋章の赤い珠なのだろうか？　コジモのサン・マルコ修道院には《最後の審判》はない。帽子を手にして頭を垂れ、世俗が聖なる空間に目立たないように侵入し、それを居心地よいものにする。

コジモは、そばにいながら目立たないという銀行家の特技を実践した。清貧に身を捧げた男たちがコジモの金と、その金が自分たちの機構内で果たす役割を受け容れることによって、コジモのビジネスのやり方に暗黙の承認をあたえるだけでは充分ではなかった。男たちはまた、コジモが自分たちの共同体のただなかにいる権利をもつことを認め、仲間のひとりであることを受け容れねばならなかった。そこでコジモは修道士の僧房の横に自分のための小部屋を作らせた。違っていたのは、コジモの小部屋は二室に分かれていたことだ。それはより広く、快適だった。扉の上には、支出の見返りとして、すべての罪についての赦免をコジモにあたえる教皇勅書の言葉が石に彫られていた。関係者だけが検討する必要のある銀行の契約書のように、それを目にする者は少ない。だがコジモは、それが消えないように書かれることを望んだ。「いくらあたえても、神をわたしの帳簿に負債者として記載するのには決して充分ではないだろう」とコジモはサン・マルコのための巨額の出費について、慎ましく指摘した。しかし、明らかに、コジモが好んだのは、この種の関係だったはずだ。

コジモの小部屋の第一室目、扉の反対側、廊下を歩く修練僧たちの目にちらっとはいるかもしれない壁の上には、フラ・アンジェリコの磔刑図の一枚があった。修道士たちも賛同しないわけにはいかないだろう。だが、そのうしろの広いほうの私室に、コジモは若くて快活な画家ベノッツォ・ゴッツォリにアンジェリコを手伝わせ、東方三博士の行列を、より高価な絵の具を使った鮮やかな色彩のなかに描かせた。これは聖書のなかでもコジモお気に入りの主題だった。コジモは生涯に、このような絵画を少なくとも六枚描かせている。すべてに明るい色彩が使われた。サン・マルコ修復の十五年後、コジモと息子のピエロは、広大なメディチ邸の中心にあるごく小さな礼拝堂の三方の壁に、同じゴッツォリの手で贅沢な三博士の行列を描かせた。この聖域にはいりこんだごくわずかの人びとの目の前に、ついにコジモ本人が、最年少の博士のうしろでラバにまたがって登場する。フィレンツェのエリート層の多くが共通して三博士にこだわったが、これは簡単に説明がつく。新約聖書は三博士のほかになにか、豊かで権力のある男たちの肯定的なイメージを提供できるだろうか？

自分の住む地区を越え、最終的にはフィレンツェ市全体へと拡大していった教会に対するコジモのパトロン活動、多数にのぼる聖コスマスと聖ダミアノスの絵画、聖なる場所に次から次へと掲げられていったメディチ家の紋章——金色の盾の上の赤い珠——これらすべては、政治的野心の象徴として読まれてきた。その読み方が正しいことに疑いの余地はない。これが自分の領土に侵入されたと感じた者たち、メディチ一族のために自分の家族礼拝堂を失ったあの追放者たちのあいだに、恨みを引き起こしたのはたしかだ。

宗教芸術のなかに官能性がゆっくりと浸みだしていったこと、人間の姿かたちと同時代の世俗空間がますます正確に描写されていったこと、マドンナの肉体がさらに美しくなり、その胸や乳首さえも意識できること、その長い首の優美なこと——これらはすべて、ありとあらゆる地上のものに対する新たな興味、この世の生をより肯定的に見る人文主義的発想の証拠として理解されてきた。その理解が正しいことに疑いの余地はない。だが、そこにはそれ以上のものがある。そこには魔術がある。

　東方三博士が魔術師でなくてなんだろう？　三人はイエスのところにやってきた。なぜならば、イエスの近くにいることが三人にとって重要だったからだ。三人が運んできた贈物は魔力をもっていた〔「東方三博士」は新共同訳では「占星術の学者たち」。ラテン語でMagi「魔術師」の意〕。十四世紀ののち、フィレンツェ人は金《マネー》と物質《マテリアル》的な商品に魅了されたかもしれない。だが、物がただ物であるあの退屈な地点、あるいは象徴が、ただある特定のイメージを通して抽象的特質を想起させうる美術上の申し合わせにすぎない地点にまでは到達していない。違う。コジモの世代の人びとにとって、衣服の特定の種類と色、ある特別な帽子、あるいはダイヤモンドの指輪は相変わらず、物質的富の指標という役割を超えた力をもっていた。ある特別のやり方で処理、あるいは加工されれば、物質は魔力を帯びることができる。魔法の薬に碾《ひ》かれるのを待っていたのでなければ、犀の角はなんのためにメディチの倉庫にあったのか？　死んだ聖人の骨もまた魔力に満ちる。近くにおいておけば、奇蹟を起こしてくれる。崇拝を表すために、奇蹟を促すために、骨をギベルティやドナテッロ作の手の込んだ聖遺物箱、最高の職人の手による作品のなかに入れる。芸術と魔術はたがいにたがいを呼び合う。

　だが、悲しいかな、聖人の骨はめったにない。そして犀の角はさらに少ない。一四四四年、偉大な説教師、女嫌い、反ユダヤ主義者のシエナのベルナルディーノが死んだとき、このカリスマ的な男が触れたものをなにか所有したいという民衆の熱狂のために、ベルナルディーノの哀れなロバは、聖なる尻に触れた毛をすべて抜き取られた。その後、売ったり買ったりが始まったとき、一匹のロバの毛を他のロバの毛とどうやったら見分けられるだろう？　どうやったら本物の遺物と偽物を見分けられる？　割礼を受けたわれらが主の聖なる包皮は、いまでもイタリアのある教会に祀られている。

ゴッツォリ《三博士礼拝図》（部分）。自分の姿が聖書の場面に描かれるのをコジモがようやく許したのは、広大な自宅の中心にあるごく狭い礼拝堂の壁三面に描かれた、このフレスコ画のなかにおいてのみである。コジモの左側（鑑賞者から向かって右側）にいる息子のピエロが白馬にまたがってむしろ堂々としているのに対し、コジモはいかにもコジモらしくでしゃばらず、黒服姿でラバに乗る。

一三五二年、フィレンツェ政府はナポリから聖レパラータの片腕を買ったが、結果はそれが木と石膏で作られていることを発見しただけだった。

だがもし聖人その人、実物を見つけたり、入手したりできなくても、描かれたり、彫刻されたりしたその似姿はいつでもそこにある。信者は石でできた聖人の足に口づけし、描かれたガウンに自分のガウンをこすり合わせる。聖人たちは芸術を通して信者の近くにいる。銀行家ジョヴァンニ・ルッチェッライは自分の墓を聖墳墓と瓜二つに作らせた。模倣はただ天国への道をたやすくする。つまり写された像は、官能世界の美学的評価を超える徳をもつ。それはモデルの特質をわがものとする。聖なるものとの近さを作り出す役に立つ。聖遺物箱の職人芸と遺物の力は、奇蹟をおこなう聖人をまるで現実のように描いたみごとなフレスコ画のなかで、ひとつに融合する。

幸いにも、コジモは信頼のできる銀行の経営者に鼻がきいたように、才能のある芸術家に目がきいた。ドナテッロは同性愛者かもしれない。だがほかのだれが、レリーフのなかの神性をこれほど身近に感じさせてくれるだろうか？　聖ロッソーレの胸像をかたどった聖遺物箱は、ブロンズでできた聖人そのものだ。フラ・フィリッポ・リッピは姦淫者で嘘つきで詐欺師かもしれない。だが、サンタ・クローチェ教会の穢れなき聖処女両側の最高の座に描かれたわたしの守護聖人は、なんとリアルなのだろう？　コスマス、コジモ。この二つの名前の近さには意味がある（メディチ銀行全店は、九月二十七日の聖コスマスの日を祝日とした）。リッピの絵のなかで聖コスマスがまとっている外套はコジモのと同じ深紅だった。聖コスマスは信心深い鑑賞者を見ている。聖処女は聖人のために祈り、聖人は鑑賞者のために祈る。コジモはフィレンツェ市民のための祈りに、自分の家族のための祈りに、自分のための祈りに金を払った。毎日。修道士たちはメディチ銀行の金を受け取り、絵画とともに暮

ドナテッロ《聖ロッソーレの聖遺物入れ胸像》（ピサ、サン・マッテーオ美術館）。
ルネサンスの高度な芸術は聖人の遺骸がもつ奇蹟の力と融合する。

らし、祈った。リアルでヴァーチャルで形而上学的な魔法の共同体が形成された。払え、祈れ。これが初期のルネサンスだった。払う《パガーレ》、祈る《プレガーレ》。富、信仰、技術が、芸術の魔術のなかで和解する。金が原状を回復させた。アントニーノとコジモはうまく折り合いをつけることができた。

いや、もしかしたら、折り合いはつけられなかったのかもしれない。「わたしはこの修道会に所有を導入したことに対し、神とわたしの呪いを求める」。この言葉は、フラ・アンジェリコによるもう一枚の聖処女の絵のなかで、ひとりの聖人が掲げる巻物の上に見える。こちらの絵はサン・マルコ修道院の共同寝室にあり、今回は修道士が唯一の鑑賞者だ。だれかよろこんでいない人間がいた。コジモはドメニコ会への金の遺贈制限廃止を求めたが、修道士側は抵抗した。自分たちは金持ちになるために、自分たちの人生を最高に厳しい修練に託しているのではない。自分たちの共同体のなかに、両替商がこのような地位を占めるのは正しいことなのか？　コジモのおこないの多くには、品質保証期限があるように見えた。銀行業の領域だろうと、宗教芸術の領域だろうと、あるいは政治の領域だろうと、均衡をとる魔法の行為、和解不能のものどうしの費用のかかる和解がいつまでも続くわけはなかった。

一四三八年、トルコ軍に悩まされていた東方教会の指導者たちが、教皇との教理上の差異を解決し、その権威を受け容れる見返りとして、長期にわたっているコンスタンティノープル攻囲を解くための援助を得られる可能性があるかどうかを見るために、フェッラーラにやってきた。フェッラーラがペストに襲われたとき、コジモはその機に乗じて、教会指導者をフィレンツェに招いた。メディチ・マネーは町にオリエントを、その奇妙な衣服とギリシア語の写本を運んできた。現代のバンク・マネーが、多くの善意の会議の費用を負担するように、メディチ・マネーがその宿、食事、議場代を負担した。

東方教会が固持するとおり、精霊は父なる神だけから発出するのか、あるいはローマが固執するごとく、父なる神と子なる神の両方からなのか？　これが争点だった。手に負えないほど複雑な国際貿易に慣れている男には、子どもの遊びに見えたにちがいない。たしかに、ただ、あれかこれかどちらかに決めればいいのだから。何か月もの厳しい議論のあと、聖職者たちは、結局、ローマが正しいということで同意する。キリスト教世界は歓喜した。コジモは、すべての信者にとって屈辱であった教会分裂の解決において、果たすべき役割を果たした。だが、コンスタンティノープルにもどったギリシア人聖職者たちは、命令を逸脱したと非難された。あまりにも譲歩しすぎた。教皇の権威をただ受け容れてしまっただけだ。協定は腰砕けになった。ギリシア人は壊滅という代償を払っても、精霊のことで間違っていたのは自分たちのほうだとは認めたくなかった。ギリシア人がこれほど重大な間違いに固執するのだから、西方キリスト教世界が、その東方の従兄弟を強力なトルコと単独で戦わせても、非難されるいわれはないだろう。銀行家のなかでもっとも信心深い者であっても、これほど確固たる信念に対してはなにもできない。

一四四七年、バルセロナで、ジョヴァンニ・ヴェントゥーリ&リッカルド・ダヴァンザーティ商会が倒産したときにも、コジモにできることはごくわずかしかなかった。在スペインのイタリア系貿易商社は多数にのぼるが、そのひとつ、ヴェントゥーリ&ダヴァンザーティは、メディチ銀行が各地の支店間で金を流通させておくために考え出したプロセスのなかで、きわめて重要な役割を果たしていた。このバルセロナの商社はメディチ銀行のブリュージュ支店から布地を購入する。商社がブリュージュに支払うべき金はバルセロナに留保され、メディチ銀行ヴェネツィア支店が引き出して、サフランとスペイン産羊毛を輸入するヴェネツィア商人に振り出された信用状の支払いに使われる。ヴェネツィア商人は金をメディチ銀行ヴェネツィア支店に渡し、ヴェントゥーリ&ダヴァンザーティがバルセロナでヴェネツィア商人の納入業者に支払いをする。この方法で、ブリュージュは対ヴェネツィアおよびイタリア全体に負う債務を減少させた。

だが一四四七年夏、スペインの商社は額面八五〇〇フィオリーニの信用状が支払えなかった。ヴェネツィア商人はメディチに金の返還を要求した。ブリュージュに対しては大量の布地が未払いとなり、なによりもまずブリュージュからイタリアへ金をもどす手段がなくなった。メディチ銀行が依存していた三角貿易の手の込んだシステムはますます不安定になったために、いまや唯一の解決策は、イングランドのヘンリー六世をおだてて金を借りさせ、その見返りとして、メディチが買ってイタリアに送る羊毛の増量を許可してもらうことのように見えた。王への貸付は、メディチが購入する全商品にかけられる輸出税を、例外なく免除することによって返済される。

これはイタリアに金をもどすのには危険であり、また費用のかかる方法だった。なぜならば、巨額の信用貸付に絶えず同意する必要があるからだ。メディチの幹部たちはコンティスグアルド（コッツウォルズ）に出かけて羊毛の刈りとりを見たあと、アントーナ（サウサンプトン）まで下って、輸送を手配した。自分たちの貿易組合による独占が迂回されたので、イングランドの羊毛商人はひどく腹を立てた。同様に、フィレンツェでは多くの修道士が、聖なる絵画に登場し、修道士の祈りのなかで名誉の場所を求める銀行家の数の多さに、しだいにいらだちを強めていった。清貧と純潔にとどまることを望む人びとのために金を使えば使うほど、原理主義者から巻き返しを食らう可能性は大きくなるように見えた。あらゆるところで緊張が高まっていった。一四五二年、ジローラモ・サヴォナローラが生まれる。このあと五十年もしないうちに、この激しやすい説教師がフィレンツェを支配し、メディチは逃亡することになる。短期間にせよ、神の都市がメディチ体制におきかわる。政治の領域でも他の領域でも、コジモの解決策にはつねに不安定感がつきまとう。

フィレンツェを支配するエリート層の唇にときおり、ひとつの問いかけがのぼった。われわれはこれこれの人物——外国人、大使、平民から独力で立身した男——を「われらが都市の機密事項」を知るなかに入れるべきかどうか？　だが、たしかに、だれもが反論するだろう。成文憲法をもつ開かれた共和国には、軍事を別にすれば、機密などないはずだ。これはどういうことか？

一四三四年、追放から帰国したとき、コジモにはなんの制度上の身分もなかった。刑が取り消されたただの一般市民。対抗派閥から力を奪いつつある勝ち組の領袖だ。派閥は非合法だ。これまで見てきたように、政府は抽選で選ばれる。頂点にはシニョリーア、つまり八人のプリオーレとゴンファロニエーレ・デッラ・ジュスティーツィアがいる。シニョリーアがすべての法案を提出し、国家元首の力をもつ。そのあとに十六旗手会と十二賢人会という顧問団、次いで市民評議会と共和国評議会があり、両者がもつ唯一の、だがかなり大きな力は提出された法案に対する拒否権である。

コジモはこのすべてとどんな関係があったのか？　いくつかの革袋のなかのもう一枚の名札以上のなんだったのか？　その革袋のなかから、ポデスタ——政治権力をもたない一種の市長のようなもので、通常、他の都市の人間が就任する——が、さまざまな政府機関の構成員を、機関ごとに時差をおいてアトランダムに選ぶ。袋のなかの名前は、五年に一度おこなわれる「選挙資格審査」で、男性人口を、年齢、資産、家族、アルテの会員資格、犯罪歴などの基準で評価して決定される。一四三三年、メディチ追い落としを計画したアルビッツィ家は、正しい種類の名札が袋にはいるように、臨時の選挙資格審査をおこなった。アルビッツィ家の大きな間違いは、前回の選挙資格審査の名札を除外せず、ただ新しい名札を加えたことだ。このため、不運にも、メディチ支持派のシニョリーアが選ばれてしまった。

プリオーレが提出する基本的な法案に対し、評議会が悪法として拒否権を発動、プリオーレがその法案を再三再四提案し、評議会が繰り返し拒否して、政策の進行が遅延させられるときはいつも、前述のとおり、パルラメントが招集される。人びとは政庁舎前広場に群れ集まり、脅されて無理やり厳格な政権を認めさせられる。「群れ集まる」と書いたが、公文書が強迫観念となっているこの国で、パルラメントのために広場に集まる人びとの数を記した正確な記録はない。あるいは票の割れ方についても記録はない。票が割れることはなかったからだ。これは純粋な力の行使であり、民主主義の薄い着物をまとっていたにすぎない。

プリオーレはなぜパルラメントをもっとたびたび招集しなかったのだろうか? なぜならば民主主義のぼろ着はあまりにも薄いので、だれもそれにだまされなかっただけではなく、自分たちはだまされているのだというふりさえできなかったからだ。現代に生きるわれわれにとって重要なように、フィレンツェ人にとっては、自分たちが平等な者として集団的自治のプロセスを共有していると思うことが重要だった。もし、そのように思えない期間が長期にわたれば、叛乱は正当な行動となる。だが、為替が利息つきの貸付となるのはいつか、あるいは教会に対するパトロン活動が世俗権力の表現となるのはいつかという問題についてと同様に、見かけ、知覚、定義、そしてなによりもまず言葉がもっとも大切だった。たとえばクーデタはパルラメントと呼ばれた。

「われらが都市の機密事項」。フィレンツェ人はこの表現を使い、それがなにを意味するかを理解し、しかも明確にしなかった。明確にしようとすれば、ものごとがなされるべきと考えられているやり方と、実際になされるやり方のあいだの厄介なギャップに触れてしまうからだ。

コジモは追放から帰還する。パルラメントが開かれる。それはバリーアの結成を承認する。バリーアとは一定の期間、無限の権力をふるう大規模な評議会だ。これはすばらしく曖昧だ。ある一日に認められた無限の権力が、それ以降の歳月に影響をおよぼすことができる。バリーアは人を処刑できる。追放されたアルビッツィ一族の刑を確認し、さらに追加の刑を宣告する。それは一四三三年のアルビッツィ支持の選挙資格審査を無効とし、作成された名札の焼却処分を命じる。それは新たな選挙資格審査のために、いわゆるアッコッピアトーレ〔選挙資格審査員〕団を任命する。アッコッピアトーレとは「対《コッピア》に組ませる者」を意味する——つまり正しい名前と正しい袋とを組み合わせる者である。なぜならば共和国評議会にはふさわしいが、強権をもつ公安八人会にはふさわしくない者がいるからだ。ある人びとには、市の公債委員会に所属する資格はあるが、ピサやヴォルテッラの総督の資格はない。問題。新たな選挙資格審査のために全男性人口を見直すという複雑な手続きが遂行されているあいだ、プリオーレ、シニョリーアはどうやって選出するのか？　解答。アッコッピアトーレ団——コジモの側近——が、コジモの側近と支持者のなかから、それぞれの選挙袋に十の名前だけを放りこみ、ポデスタがそこから政府を選ぶ。バリーアは、この手続きの継続期間を数か月に限定している。アッコッピアトーレは臨時の職務だ。だが、選挙資格審査の期限は先送りされる——まず一四三五年四月、次いで六月、さらに十月、十一月、そして一四三六年三月。つまり、何千もの名札よりも片手ほどの名札を相手にするほうがずっと簡単なことが証明されたわけだ。

一四三六年六月、選挙資格審査はようやく選挙の準備を整えた。だが市民評議会と共和国評議会は説得されて、ひとつの法律をただ一回の投票で通過させる。その法律はプリオーレに、選挙袋を十の名前だけで用意するアッコッピアトーレ団の権利を一度につき一年間、延長する権限をあたえた。アッコピアトーレ団の権利は延長される。そのあと、さらにもう一年。この怪しげな公僕たちの仕事は定職となったように見えた。アッコッピアトーレは「フィクサー」の意味をもち始める。プリオーレはアッコッピアトーレの権力を三年目まで延長し、前回審査の名札はほんとうには一度も使われないまま、新たな選挙資格審査の時期がこようとしていた。だが、今度は戦争が起こりかけていて、市の財政は絶望的に逼迫している。人口を選挙資格審査し、だれがなにに権利をもつかを決めるという分類作業をやっている場合ではない。連帯がプレミアつきで求められている。毎月毎月、出来レースに次ぐ出来レースでも、ポデスタが引くプリオーレの名札は、憲法が成文化されて以来つねにおこなわれてきたとおりに、市の公文書に記録される。すべてが完全に合法だった点を理解するのが大切だ。

不思議な幸運によって、コジモは政府の長、ゴンファロニエーレ・デッラ・ジュスティーツィアに、最初は追放からの帰還直後、次いで一四三九年、名高い会議のために東方教会の指導者たちがフィレンツェに到着したまさにその時、さらに一四四五年のとくに緊張した時期に再度、選出された。ひとことで言えば、コジモは重要なときに、自分の名札を袋から引かせる方法を知っていた。だが、ほとんどの場合は背景にとどまり、憲法に基づかない自分の力を決してひけらかさないよう注意していた。マキャヴェッリは『フィレンツェ史』で語る。「コジモは権力に優雅さを混ぜ合わせた。それを品位で覆った」。ヴェスパシアーノ・ダ・ビスティッチは言う。「そしてなにかを達成したいと思うときはいつも、妬みを避けるために、そのことを示唆したのは自分ではなく、人びとのほうであるという印象をできるかぎりあたえようとした」

もちろん、大多数の人びとがコジモに示唆するのは、自分や自分の息子たち、孫たち、甥たちが、国家や銀行でどんな種類の仕事に就きたいかということだった。抽選で選ばれるはずの地位を願う手紙が、雨あられと降り注いできた。コジモはできるだけのことをした。だが、すべての人をよろこばせることはできない。市民評議会と共和国評議会はよろこばなかった。これがフィレンツェの共和主義なのか？　一四四〇年、アンギアーリの戦いでミラノ軍が敗北した結果、アルビッツィが政権を脅かす危険が排除されたあと、世論は真にランダムな伝統的選挙システムが回復され、選挙が実施されるよう圧力をかけてきた。

だが、続いたのはわずか三年間だった。一四四四年、コジモの敵に科せられた十年間の追放刑は刑期が満了した。七十人の旧敵を一度に帰還させるのは危険だろう。そのために、両評議会は脅されてバリーアを受け容れ、再度、無限の権力を一時的に認める。追放刑の刑期はさらに十年間延長された。選挙の「実験」がふたたび始まった。

一四四七年、ヴィスコンティが死ぬ。なんの気まぐれか、ヴィスコンティはミラノ公の称号と領土すべてを、いまでは庶出の娘ビアンカの夫であるフランチェスコ・スフォルツァにではなく、一四四二年にアンジュー家を破ってナポリの王座に就いていたアラゴン家のアルフォンスに遺贈した。最南端にいるナポリ王が北はるか五百マイルにあるミラノをも所有するというのは、ナポリ王本人以外のすべての人にとって思いもよらないことだった。だから、ヴィスコンティがこのような遺贈をした唯一可能な理由は、最大の混乱と恨みを引き起こすことだったにちがいない。事実、ミラノの民衆は即座にヴィスコンティの遺言を拒否して、叛乱を起こし、共和国を形成した。続く権力の空白に乗じて、ミラノに従属する多数の都市が独立を宣言。ナポリ軍は、「合法的に」自分たちのものである領地を手に入れるつもりで、トスカーナへと北上。ヴェネツィア人は混沌でひともうけしようと、ミラノに向かって進軍した。相続財産をだまし取られたと感じたフランチェスコ・スフォルツァは激怒して、新共和国の従属領土（租税）を取りもどす戦いに加わったが、そのあと、勝利をおさめるたびに、取りもどした領土を自分によこせと要求し始めた。

ロンバルディアはばらばらになった。続く二年以上、主要なプレーヤーは全員が少なくとも一度は寝返った。したがって、メディチ政権にとって、いまはランダムに選ばれた軌道の定まらない政府が治めている場合じゃないと主張するのは簡単だった。「アッコッピアトーレ団の力はフィレンツェの独立を維持するために制定された」とコジモは宣言する。一方で、二つの疑問が、選挙問題について熟考を重ねる終わりのない顧問団（コジモの味方）に取り憑いていた。第一の疑問。世論と共和主義的感情をなだめるために、最終的には憲法が認めるランダムな選挙システムにもどることは避けがたいのか？　第二の疑問。もしそれが避けがたいのであれば、レッジメント〔政権〕、現状はなんらかの形で保証されうるだろうか？　「最大の注意は技術的側面に払われるべきだ」とコジモはある会議で告げた。ひとつの民主政体において、われわれの支配者が選挙プロセスの「技術的側面」にこだわるのを見るとき、われわれの支配者が選挙区の大きさ、あるいは票を数える機構をいじくりまわすのを見るとき、われわれは「われらが都市の機密事項」――尊敬されうる外見と乱暴な現実のあいだのギャップ――に近づきつつあることを知る。銀行家がそこに顔を出していないことはめったにないはずだ。

一四四〇年代と五〇年代にかけて、厳格なバリーアが制定され、半ば常設とされたが、その後、民衆の怒りに直面して、突然、解散された。新たな選挙資格審査が規則を新たにしておこなわれた。どの選挙袋に何枚の名札を入れるか？ 同じ家族から何人が同じ委員会に参加できるか？ どれかひとつの袋に一枚の名札しか入れられない人間と、複数の袋それぞれに複数の名札を入れられる人間がいた。税金をかけられて営業中止に追いこまれる人間と、ほとんど手を触れられない人間がいた。「メディチ一家と仲良くしている人間はだれであろうと、商売繁盛です」とアレッサンドロ・ストロッツィは追放された義理の兄弟に苦々しげに書いている。市民評議会と共和国評議会には、きわめて曖昧な法案が繰り返し提出される。評議会は拒否する。シニョリーアは立案しなおす。政権は、法の精神にはめったに従わなかったが、その一字一句には従うと決めていた。この手続きは心身ともに疲れさせる。コジモ支持者の一部は、よりドラスティックで決定的な解決を声高に求めた。忍耐力を失いかけていた。なぜわれわれはすべてを掌握し、終わりにしてしまえないのか？ だがコジモははるか以前から、権力はもはや真に正当な源泉に根を張ることはできず、つねに一日の終わりに「掌握される」ものなのだから、いつもせいぜいがその場限りのもの、一時的なものにすぎないだろうことを理解していた。これがコジモの現代性である。つまりなんであれ、ドラスティックで決定的な解決は、同じようにドラスティックで決定的なだれかほかの人間に襲われるのを待つ砦のようなものだ。たえず交渉中、たえず妥協の用意があるように見せたほうがよい。結局のところ、蓋を閉めておくための鍵は、人びとを実際には幸せでないとしても、充分に幸せにしておくことだ。

「ヴェドゥート」と呼ばれるもののもつ象徴的意味は重要だ。ポデスタが選挙袋からひとつの名前を引き出したとき——たとえばプリオーレ、あるいは十二賢人会の一員を選ぶとき——選挙管理人は、選ばれた人物がなんらかの理由で公職就任を禁じられていないかどうかチェックしなければならない。税金は払ったか？　その男、あるいは家族のひとりが、この二年のあいだに、同じような役職を務めていないか？　現在、フィレンツェ在住か？　その男、あるいは親戚のだれかが、すでに別の委員会か評議会に席を占めていないか？　昔、選挙がほんとうに公正な抽選だったころには、選出可能なひとりにたどり着くまでに、多くの名前が袋から引かれる可能性があった。袋から引かれるのがヴェドゥート「見られた」。実際に、役職に就くのがセドゥート「座を占める」である。どの名前をどの袋に入れるかを決定する選挙資格審査の結果が秘密にされていたので、プリオーレ——さらに望ましいのはゴンファロニエーレ——の地位に「ヴェドゥート」されるのは大変な栄誉だった。それは、厳しい選択の手続きを経たこと、尊敬される市民であることを意味する。新たな顧問会召集のとき、「ヴェドゥート」であることは、しばしば被選挙資格の規準のひとつだった。

「選挙」の新しい形——それぞれの袋に数百ではなく、ただ十の名前——では、「ヴェドゥート」はいないか、いてもごく少数だ。人びとはがっかりした。合憲の選挙手続きに短期間もどったあと、一四四三年にはふたたび選挙が操作されるようになり、アッコッピアトーレ団は、まるで選挙がランダムなやり方で適切におこなわれているかのように、「ヴェドゥート」を多数出すために手を打ち始めた。ひとことで言えば、役職に就くためではなく、「ヴェドゥート」されるために、被選挙資格はないとわかっている名前を手品のように引き出させたのだ。このトリックはひどくあからさまだったが、人びとはそれでもよろこんだ。名誉を受け、責任は負わされない。茶番劇に参加を誘われること、これが偽の民主主義があたえる特別な屈辱だ。われわれはみな、それを感じてきた。事実、コジモは新種の公人を創り出しつつあった。世間に認められるという小さなパンの切れ端を提供されるがゆえに、システムの公正さに対する信頼を公言する人物。そのシステムはその人間を、まるでひとりの同等な人物であるかのように扱う。八名のプリオーレはほとんどが、あらゆる種類の強力な委員会を何度も何度も務めたメディチ派だったが、そのなかに、一生に一度だけそこにいるとわかっている人物が一名はいっていることも多かった。特別な引き立て。その男は鮮やかな深紅色をしたプリオーレの高価なガウンを買うために、おそらくは一年分の給料以上にあたる一〇〇フィオリーニを使ったかもしれない。親戚中から祝われ、大よろこびされる。だが「権力」の座にいる二か月のあいだ、おとなしくなんの質問もせず、決定に影響をおよぼそうともしない。これ以降、男はつねにメディチを支持するだろう。ある論評者は書いた。「多くが公職へと呼ばれた。だが、統治するために選ばれた者はほとんどいなかった」

政体が権力を握り続けているメカニズムがどんなに秘密にされていても、いまや結果はだれの目にも明らかだ。コジモの超側近で、仲間にはいることを許された人びとがすべてを決定し、ますます金持ちになっていく。外国の大使たちは、仕事を政庁舎ではなく、むしろコジモの邸宅でおこなった。ミラノ大使は実際にコジモの家に住んでいた。すべての決定にはメディチの同意が必要だった。イタリアの他のリーダーたちは考えた。その男は名前以外をのぞいてすべての面で王侯だ、と。だが、名前には多くの意味がある。そうでなければ、なぜ王侯は自分の戴冠式のことを、あれほど心配するのか？　フィレンツェ市民の状況は、たとえば教皇領やミラノなどの臣下の状況と類似はしていたものの、まったく同じというわけではなかった。同じように力はないが、フィレンツェ市民は共和主義の美辞麗句によって、嘲笑されたり、あるいはおだてられたりする。君主の前で、「これは神のご意志です」と言いながら威厳をもってお辞儀はできないし、反対に「この男は簒奪者で、わたしが頭をさげるのはただ暴力によって無理やりそうさせられるからだ」と自らに言いきかせることもできない。それではフィレンツェ市民はなぜ頭をさげてお辞儀をするのか？　一日の終わり、共和国評議会と市民評議会はたしかにまだ存在していた。評議員は法案を拒否できた。メディチ家支配下で、フィレンツェ人の精神は、政治的自由の理想によって絶えず燃え立っていたが、その理想は永遠に挫折させられていた。興奮した政治思考がふつふつと沸き立ち、長引く独裁という隠された現実を泡で覆っていた。万一、戦争が終われば、国内の対決は不可避だった。

新たに形成されたミラノ共和国に雇われて、フランチェスコ・スフォルツァはヴェネツィアと闘っていた。スフォルツァはまたメディチ銀行から金を受けとってもいた。だが、ミラノの民衆はすぐに、コンドッティエーレが実際には市をわがものにしようと計画しているのに気づいた。自分たちをスフォルツァから守るために、ミラノ市民はスフォルツァの背後でヴェネツィアと和平を結ぶ。それだけでは充分ではなかった。コンドッティエーレは市を包囲し、食料の供給を遮断して飢えさせ、降伏に追いこんだ。ただ単純に、スフォルツァはこの地域でもっとも強力な軍事の天才だった。コジモは、この私生児の成りあがり者を、最初にミラノ公として公式に承認し、フィレンツェおよび残りのイタリア全土の両方に衝撃をあたえた。銀行がスフォルツァに貸付けた多額の金を安全に確保するためだったのか？　コジモ自身の側近の多くが、怒り、疑いを抱いた。あるいはヴェネツィアが脆弱なミラノ共和国にこれ以上侵入すれば、フィレンツェにとって重大な脅威になると、本気で信じていたからなのか？　あるいはこの二つの理由両方のためなのか？

いずれにせよ、この同盟関係の重要な転換が明るみに出たときには、すでにメディチ銀行はヴェネツィアから金と商品とを引きあげていた。欲求不満のヴェネツィア人が、腹いせに奪うものはなにもない。裏をかかれたヴェネツィア人は反メディチ感情を醸成するために、フィレンツェにスパイを送りこんだ。市にはメディチに対する反感があふれていた。だが、ヴェネツィアがナポリと同盟を結び、フィレンツェとミラノに対して合同で攻撃をしかけたとき、フィレンツェの人びとはくるっと向きを変えてコジモのうしろについた。イタリアにおける統一の鍵はつねに共通の敵の存在だ。マキャヴェッリはフィレンツェ人について、「敵対する派閥が活動しているときをのぞいて、勝った派閥が統一されたままにとどまることは決してなかった」と言っている。

この新たな戦争がフィレンツェの不利になりかけたとき、それを終らせたのは、結局のところ全イタリア共通の敵だった。一四五三年五月、オスマン帝国のサルタン、メフメト二世がコンスタンティノープルを占領。東方キリスト教世界は消滅した。強力なトルコ人はただちにアドリア海沿岸を襲撃し始めた。これが「九・一一」規模の目覚まし時計となる。喧嘩をしてる場合じゃない。一四五四年、ローディの和平が締結され、一四五五年には、ローマ、ミラノ、フィレンツェ、ナポリを結んで、異教徒に対する「至聖同盟」が破廉恥な美辞麗句を使って宣言された。つまり、ギリシア人が聖霊についてあれほど固執した結果として、イスラムの津波に単独で立ち向かったことが、コジモには幸運な巡り合わせとなった。

この突然の予期せぬ平和により、フィレンツェ国内での政治対決をこれ以上回避することは不可能となった。戦争、一四四八年の新たなペスト禍、一四五三年の地震のために、フィレンツェ市の経済は疲弊しており、多くのフィレンツェ人が飢えていた。両評議会は、政権が指名するアッコッピアトーレ団の介入なしの、抽選による古い選挙にもどることに固執した。望みのものを手に入れたとたんに、より中立的でメディチ色の薄いシニョリーアは財産税を導入。これは富裕者の利益を深刻に脅かした。コジモは雄々しい顔つきをして、税に賛成すると言った。コジモにとって、下層階級の支持を得ることは重要だ。コジモのシンパはあまりよろこばなかった。重鎮たちが税を支払うために、資産売却を余儀なくされた。評議会はそれでもなお満足せず、自由で公正な新しい選挙資格審査を望んだが、それはさらに多くの反メディチ派の名前が選挙袋にはいることを意味した。公職に就く資格のある人びとを公明正大に評価したあとで、政府がほんとうにアトランダムに選ばれたら、なにが起こるだろう？そのとき、メディチ家はどこにいることになるのか？

政権は神経質になり、政権に好意的なシニョリーアが選ばれた機会をつかんで、もう一度、両評議会に無制限の権力を認めるよう求めた。評議会は認めなかった。両評議会の評議員は票（実際には豆）を秘密で投じるために、その腕をねじあげるのは難しい。法案が際限なく差しもどされたとき、プリオーレたちは公開投票を要求した。シニョリーアの任期二か月が終わろうとしていた。この時点で、アントニーノ大司教が評議会側に立って口をはさみ、もしこの方向で憲法を改正しようとしたら破門すると言って、政府で強権を振るう者たちを脅した。おそらくは、メディチからあまりにも多くの金を手に入れていたからこそ、教会は自らの独立を宣言する必要があると感じたのだろう。共和国評議会と市民評議会は秘密投票で法案をふたたび否決。両評議会は言葉と現実とをひとつにしようと決意していた。フィレンツェは、憲法が規定しているように治められなければならない。評議会は自由を欲した。

一四五八年夏のことである。最後の手段として、シニョリーアのメディチ派プリオーレは、一四三四年以来初めて、パルラメント召集を決めた。コジモの同意が求められ、それはあたえられた。だが、まず最初、ミラノ大使がスフォルツァを説得して、軍をフィレンツェに急派させるのを待つ。ミラノからきた兵隊が広場のすべての入口に配され、パルラメントが進行すべきとおりの形で進行した。老いて疲れ、慢性的に病んでいたコジモは用心深く出席を避けた。「すべての安全保障問題」に関する全権をもつ百人強の新委員会が結成される。これは常設のバリーアだった。だが、バリーアという危険な名前はついていない。この時点以降、合法という仮面は純粋に形だけのものとなる。限られたグループの男たちが、干渉される恐れなしに、たがいをあれやこれやの組織体に選び合う。そこに加わることはできる。だが、メディチの方針によろこんで従う場合にかぎって、だ。真の反対はなんであれ、武力によることになるだろう。だれもそれをする意欲はない。これは政権にとっては成功であっても、コジモにとってはたしかに敗北だった。コジモは快い表向き、感謝する顧客たちとの結託、自分が一度もあからさまには要求しなかったことをするよう人びとを説得したときの満足のほうをずっと好んだ。だが、現代ならこのようなことを可能にする説得の道具――現代的メディア、大量生産と大量消費――はメディチ家の手の届くところにはなかった。あるいはまた、見かけは対立しながらも密かに共謀関係にある二つの派閥が、「参政権をあたえられて」悦に入る民衆の気まぐれのままに、政権交替することを可能にするトリックを考える人間もいなかった。二大政党制民主主義の戦略は、はるか彼方の未来にある。そのあいだに、コジモは死後の生の予測をますます気にかけるようになり、友人たちは競争相手になっていった。

メディチ銀行本部では、ジョヴァンニ・ベンチが死んだ。コジモの次男でお気に入りの息子、ジョヴァンニはベンチの代わりになれないことがはっきりした。ジョヴァンニは利益と損失の計算よりも贅沢な生活のほうを好んだ。極端に太り、ローマの法王庁で大使を務めているあいだ、美しい奴隷少女をひとり買った。美人奴隷は家族の伝統になろうとしていた。当てがはずれたコジモは、ジェノヴァ支店の経営者フランチェスコ・サッセッティ、世界史上最大のごますり男のひとりを、息子のそばで働かせるために本国に呼びもどした。これは老銀行家が判断力を失いつつある徴だった。サッセッティには荷が重すぎる。お追従によってこの地位まで達したサッセッティは、規律を課すことができない。ミラノに支店が開設されたが、数年前のアンコーナのベンチャーと同様に、主としてスフォルツァの御用をうかがうためだった。ミラノには重要な輸出入はごくわずかしかなく、したがって為替取引から利益を得るチャンスは小さい。銀行は繁栄する経済——たとえばヴェネツィアの経済——から利益を得るのに対して、ミラノでは、ミラノ公をけしかけて、支払能力以上に浪費をさせる以外に、できることはあまりなかった。

それでもなお、少なくともイタリアはほぼ全土が平和のうちにあり、平和の実現に対するコジモの功績は広く認められていた。コジモの狡猾さ——それが狡猾さだったとすれば——は、フィレンツェの同盟相手をヴェネツィアからミラノに切り替えたことよりもむしろ、政治ゲームに参加するプレーヤーの数を減らし、入手可能な国家の数に合うようにしたことにあった。ミラノに錨をおろしたスフォルツァは、もはや手に負えない問題児、国家のない軍事力ではない。もはや収入を得るために戦う必要はない。コジモはこの結果をそうはっきりと見越していたわけではなかった。ミラノ公になるための闘争のあいだに、自分の上に雨あられと注がれた全メディチ・マネーと交換で、スフォルツァがフィレンツェのルッカ征服を助けてくれるだろうと期待していた。スフォルツァはよこしまにも剣を鞘に収め、妻と嫡出庶出合わせて十九人の子どもとともに、この世の資産を楽しむため、ゆったりと腰を落ち着けた。

病気で床に就くことが多く、コジモはもはやなんの公職も引き受けなかった。二人の息子も中年になり、やはり病気だった。三人全員が痛風を病んでいた。田舎の農園に出かけていないときは、三人全員が市内に建設した広大な邸宅のなかで、美しいコレクションや財産のあいだを人に運んでもらわなければならない。からだをもちあげられるとき、コジモは痛みで叫び声をあげた。尿閉の問題があった。永遠の生命についてのプラトンの思想に強い興味を抱き、この哲学者の全作品の新訳に気前よく金を払い、いまでは仕事のほとんどを、メディチ邸の中心にある窓のない礼拝堂で、蠟燭の光に照らされながらおこなった。壁面ではゴッツォリのすばらしい《東方三博士の旅》が三博士の横にコジモとその家族を描き、あたりにかすかな光を放つ。ロバたちが遠くの風景を横切って、重い荷物を運び、まるで銀行と聖書とが混ぜ合わされたようだ。馬に乗った猿も一匹、そしてチーターが一頭。銀行はときおり異国の動物を取引した。アントニーノ大司教は結局のところ、一四五八年のクーデタをめぐっては、だれも破門にしなかったが、聖画のはずなのに、笑いや雑念を誘うようなものごとを描いて、見る者の注意を逸らす絵画は意識的に必ず非難した。大司教ははっきりと猿とチーターに触れている。国家に保護された教会が、共存する政権に対してできる抵抗とはこの程度だった。

コジモはミサに出席した。祭壇の上には、聖処女と子どもを描いたリッピのかわいらしい絵に加えて、われらが主の受難のほんものの切れ端を収めた聖遺物箱があった。これを手に入れるのは難しい。コジモをさらに安心させるために、万一だれかが大胆にも正面から攻撃をしてきた場合に備えて、逃亡用の――つまり運ばれて逃げるための――秘密のトンネルがあった。コジモが政府要人を迎え、「われらが市の機密事項」を論じ合うのはこの狭い礼拝堂のなかだった。フランチェスコ・スフォルツァの息子ガレアッツォが一四五九年にコジモと会ったのはこの礼拝堂のなかだった。マントヴァ侯爵の息子が一四六一年にコジモと会ったのもここだ。二番目の機会には、コジモとピエロのどちらも、痛風の痛みがあまりにも激しく、青年を案内して広い屋敷を見せることができなかった。ジョヴァンニだけが動けた。重い足を引きずり、腕を召使いの首にかけて、肥満した男はなんとしても礼儀を果たそうとしたが、階段に挑戦するところであきらめた。金も魔術もここでは無力だった。ヨーロッパ中で商品を動かしながら、メディチの男たちはめったに上の階までいきつくことがなかった。

ジョヴァンニは一四六三年に死ぬ。意気消沈したコジモには、次が自分の番なのはわかっていた。埋葬の手配が注意深く取り決められた。金が手から手へと渡ったことに疑いの余地はない。コジモは、サン・ロレンツォ教会の身廊の中央、聖人たちの遺物のそばの地下室に横たわるはずだ。石棺の上に石柱が一本立てられ、棺と教会の床に描かれた墓標とを結ぶ。墓標は大きな円形の白い斑岩で、円は交差した長方形二つ――どうやら永遠を象徴する魔法のモティーフ――を囲む。今日、サン・ロレンツォを訪れると、墓標は目立たないながらも完全に中心にあるという効果をあげていることに気づく。それは銀行家の使命そのもの。コジモはめったに気づかれることなく、聖餐にあずかる人の足の下の地面にいる。一年三百六十五日、永久にコジモのためにミサが挙げられるように、そして四人の女奴隷も含めて全会葬者のための上質な喪服のために、最後に一度、気前のいい寄付がおこなわれた。四人の女奴隷についてわれわれが知るのはただそれだけだ。

第五章　貴族の血統と白い象

昼も夜も暑い一四六六年の八月、古いドラマがフィレンツェの市街とあちこちの邸宅で演じられていた。いま一度、市は武装した二陣営に分裂した。いま一度、権力の移譲がおこなわれそうな気配だった。だが、主役たちは奇妙にためらいがちに見えた。まるで以前に何度となく繰り返されてきた舞台のリハーサルをするのは、気が進まないかのように。あるいはこれまでのさまざまな上演の進められ方について、確信がもてないのかもしれない。

コジモが死に、なにかが変わらなければならなかった。ジローラモ・マキャヴェッリが銀行家の政権転覆計画に支援を求めてきたとき、追放の身のパッラ・ストロッツィは反逆者に言った。「コジモがいれば、あなたの計画は実現不可能だ。コジモがいなければ、あなたの計画は必要なくなるだろう」。コジモは尊敬されており、しかも金をもっていた。他の裕福な旧家の人びとはコジモに「父上」と呼びかけた。それでも、人びとは自分に言った。自分たちはコジモとともに政権を打ち立てたのであり、コジモのためにではない。コジモの息子のためでないのはたしかだ。ピエロには相続権も、特別なカリスマ性も、おそらくはそれほどの金もなかった。銀行は業績不振にあえいでいた。銀行業界全体が業績不振にあえいでいた。一四五八年には、メディチ家に対する挑戦状が法的な機関を通して、憲法にしたがって投げつけられたのに対し、今回はより深刻なことに、政権内のコジモの元パートナーたち——何十年間もコジモに代わって憲法を操作してきた人びと——から突きつけられていた。世故に長けた四人の老人が、突然自由を口にし始めた。

コジモのもっとも古い協力者のひとりで、市の新大司教の兄弟ディエティサルヴィ・ネローニは、メディチ邸の拡張計画のせいで、自宅の採光が悪くなる恐れが出てきたのに不快感を覚えた。このような侮辱は明らかに、自分の重要性が薄れてきている徴ととられるだろう。コジモの死の直後、ネローニはミラノのフランチェスコ・スフォルツァ宛に、コジモがレッジメントの他のメンバーの父親であったのとまったく同じように、メンバーたちはピエロの父親だ——つまりメディチ家はもはや指導的な家族《ファミリア》ではない——と書き送った。フィレンツェは寡頭政治によって治められているのであり、公国ではない。

一四三〇年代にリナルド・デッリ・アルビッツィと対立して、コジモ同様追放されたアニョロ・アッチャイウオーリは、最初からメディチ政権に加わっていた。しかし一四六三年、アッチャイウオーリの嫁が夫ラッファエッロを捨てた。嫁は訴えた。ラッファエッロは少年のほうを好みますし、舅の老アッチャイウオーリは乱暴です。持参金を返していただきたいのです。バルディ家の娘だったので、持参金は八五〇〇フィオリーニと巨額だった。仲裁を求められたコジモは言った。若い妻は持参金を保証されるべきであり、そのうえで、夫のもとにもどるか否かを自由意志で決めればよい。アニョロは不満だった。そしてコジモが、トスカーナで次に空席となる司教区はもうひとりの息子、ロレンツォ・アッチャイウオーリにあたえられると約束しておきながら、その司教区がピサという微妙な従属都市であることが明らかになると、結局は自分の親戚フィリッポ・デ・メディチを選んだとき、アニョロは大いに不満だった。「コジモとピエロは冷たい人間です」とアニョロは、フランチェスコ・スフォルツァ伯宛の多くの手紙の一通に書いている。「病と年齢とがふたりを大変な臆病者にしたので、ふたりは面倒なこと、あるいはなにか努力を要することすべてから逃げ出します」。ミラノ軍が一四五八年のパルラメントをしきって以来、だれもが躍起になって自分を政権の次の指導者として、スフォルツァに紹介しようとしていたように見える。

だれもが――だがルカ・ピッティは除く。そろそろ七十に手が届くピッティは、コジモの同志のなかでも、つねにもっとも独裁主義的、反民主的な人間のひとりだった。共和主義指向の反対派をつぶした一四五八年のパルラメントを、ゴンファロニエーレとして召集したのはピッティだ。メディチ一家からなんの侮辱も受けてはいなかったが、コジモが世を去ったいま、きわめて裕福な銀行家として、市内の全邸宅を凌駕するよう計画された大邸宅の完成を目指しており、だれにもひざを屈するつもりはない。一四六五年十一月、ピエロ・デ・メディチが自分はフィレンツェ統治についてスフォルツァの承認を得ていると強調したとき、ピッティは、わたしはミラノよりも悪魔に統治されたほうがよいと答えた。あっという間に、ピッティは反対派の船首像になる。しかしながら外交政策について、反対派は完全な一枚岩ではなかった。

第四の男、もっともカリスマ的なニッコロ・ソデリーニは、たしかに熱烈な共和主義者だったのかもしれない。あるいは、この男が望んだのは、上流階級による寡頭政治を、唯一の家族が支配的にならないような形で保証するために、選挙袋を再編成することにすぎなかったのかもしれない。フィレンツェの長老家族はつねに、「卑しい新人」を加えるコジモの狡猾な習慣を嫌ってきた。その新人はより古い家族の利益を超えたところに、そして潜在的にはその利益に反する権力基盤をコジモにあたえた。ニッコロはまた、弟のトンマーゾ・ソデリーニがメディチ派の主要人物であるという事実を不快に思っていたのかもしれない。フィレンツェの常と変わらず、ここにも細かい家族関係の網があり、こちらの方向、あちらの方向へと引っぱる。たとえばコジモはつねに、自分の甥で、アニョロ・アッチャイウオーリの娘ラウダミアと結婚したピエルフランチェスコ・デ・メディチは、アニョロから悪影響を受けていると思っていた。ピエルフランチェスコは重要だった。銀行のために働いたり、政府内に重要な役職を求めたりはしなかったものの、コジモの弟ロレンツォのひとり息子として、メディチ銀行全体に五〇パーセントの権利をもっていた。コジモが死んだために、ピエルフランチェスコは理論的にはピエロにとって対等の共同経営者となる。自分の身辺に同盟者を集めるのには、はるかに少ない時間しか費やさなかったが、すぐに使える現金はずっと多く所有していた。

コジモが世を去ったいま、その権威がいかに多くをコンセンサスに負っていたかが、すぐに明らかになった。オット・ディ・グァルディア「公安八人会」と呼ばれる官憲の長の特別な権限は失効しようとしていた。ピエロは権限を継続しようとした。政権の古参連中はピエロに反対。権限は失効する。ピエロはアッコッピアトーレ団が、安全な親メディチ派のシニョリーアを選び続けることを望んだ。古参連中はランダムな選挙の復活に固執し、自分たちの思い通りにした。驚いたことに、ランダムに選ばれた最初のゴンファロニエーレは、なんと四人の有力者のひとりニッコロ・ソデリーニだった。一四六五年末、二か月間のソデリーニ政権はなにごともなさず、ただ根本的に分裂しているという意識を街に残した。のちにアッチャイウオーリは言うだろう。「われわれは大地を二分した。そして分裂は指導者群を産み出し、指導者たちは神経をいらだたせた」

ピエロには神経をいらだたせるだけの立派な理由があった。コジモから銀行を受け継いだとき、ピエロは銀行が資金不足で、過度に拡大しすぎていることに気づいた。ピエロは負債を取り立てた。そうするように忠告したのは隠れた敵のディエティサルヴィ・ネローニだったのか？　マッキャヴェッリは『フィレンツェ史』で、それはピエロの人気を落とすためのネローニの策略だったと主張する。人望を得るゴッドファーザーは、借金の取り立て屋の力を借りたりはしない。多くの会社が倒産した。人びとは恨みを抱いた。メディチ邸に引き寄せられてくる陳情者の数はすぐに減少した。だれもが、メディチの館以上に広大なルカ・ピッティの邸宅に挨拶にいった。ライヴァルの保護網が陣地を獲得しつつある。

そのあと一四六六年三月、絶妙に最悪のタイミングで、フランチェスコ・スフォルツァが死亡する。スフォルツァ公の妻と息子はただちにフィレンツェのシニョリーアに対し、スフォルツァ家によるミラノの全従属領地継承を保証するために軍隊を派遣する費用として、六万フィオリーニの貸付を求めてきた。ディエティサルヴィ・ネローニとアニョロ・アッチャイウオーリはすぐにミラノに対する立場を変えた。何年にもわたって、スフォルツァに財政支援をしたあとで、両名は、もちろんピエロの軍隊となる可能性があるその継承者たちへの貸付を拒否した。

地滑りは速度を増していった。一四六五年五月、フィレンツェの指導的市民四百名が、抽選による選挙制度を備えた古い共和主義体制支持を誓い、連判状に署名する。ピエロの従兄弟、ピエルフランチェスコ・デ・メディチは署名。アッチャイウオーリ家出身の嫁と説得力のある義父に後押しをされて、この行動に出たのか？　もしかしたら政治から身を引いたほうが、銀行の経営はうまくいくと信じていたのか？　ピエロには理由はどうでもよかった。このころは痛風のために身体が麻痺していたので、ときには動かせるのは舌だけということもあった。第一のビジネス・パートナーが密かにピエロの転覆を謀っている。ピエロがいかに弱っているか、だれの目にも明らかだった。

そのあと、一四六五年六月、政府はいわゆる百人委員会――一四五八年のパルラメント後に、メディチ政権の要求すべてを承認するために設置されたメディチ派による常設のバリーア――の解散を論じ始めた。百人委員会の解散によって、古い憲法への回帰は完全となり、メディチ家の権力に終わりがもたらされるだろう。パッラ・ストロッツィがコジモの死後に予見した変化は手の届くところにあった。ピエロは倒される……倒されないためには、ピエロ自身が異なる種類の変化をもたらし、メディチ家を変貌させ、一家と政権内の他の古参家族との関係を変容させなければならない。この長く、息が詰まるほど暑かったにちがいないトスカーナの夏、政治的緊張状態は何十年ものあいだ深層に隠れていた流れを加速させ、そしてついに新しいなにかを創造した。

すでに述べたように、金が眉を顰めさせる真の理由は、それが伝統的なヒエラルキーを尊重しないことだ。一介の職人ごときが財をなし、高価な紅色をまとい、そっくりかえって歩き始める。封建秩序は崩壊する。だが、周知のとおり、一度財がなされると、金は、金では買えない――と思われている――ものを求める。おそらく第一世代は物質的な富を手に入れたことで満足するだろう。だが第二世代は、金に基づくのではない差異化、過去には出自だけがあたえられた差異を渇望する。結局のところ、たとえもっとも富んでいる人びとであっても、個人は自分の価値が――とりわけその現金を稼いだのが自分でなかった場合――金の単位で計られるという考えに抵抗する。そこで、われわれは、人間の唯一性には値がつけられないというアキレウスの信念にもどり、あらゆるスノビズムの根元にたどりつく――わたしは差異化されたい。だが、どうやって？

教育はいいスタート地点だ。金は教育を買い、教育は金を超越する価値を生み出す。芸術は同じ錬金術を達成する。メディチ邸で至宝の美術品を見せられたとき、ガレアッツォ・スフォルツァ（フランチェスコの息子）は目を丸くして言った。「金《かね》だけでは、ここでなされたものと競争はできないだろう」。だが、すべてが金で買われたのだ。

裕福な銀行家にとって、適切な教育とはどのようなものか？　コジモに人文学者の家庭教師をつけたとき、ジョヴァンニ・ディ・ビッチは流行に従ったにすぎない。青年はキケロに没頭し、気高い指導者の理想像に魅了された。自分もそのような男になることを望んだ。フィレンツェの憲法は、抽選による選挙システムによってその野心の達成を不可能にしたが、それでもあまりにも弱体なことが多かれ少なかれ誘い水となって、裕福な男は、隠された種類の曖昧な権力への道をたどることになった。すべての民主主義が抱える巨大な問題のひとつが、ビッグ・マネーと、それに付随する政治的野心――卑劣だろうと気高かろうと――にどう対処するかであれば、フィレンツェは明らかにその対処の仕方を間違えていた。

コジモは、自分自身のなかにある多くの対立、私的な利益と公共の利益のあいだの対立、蓄財と天国にいくことのあいだの対立をたしかに認識しており、三人の息子を異なった別々の進路に合わせて教育しようと決めた。長男のピエロは政府のために仕込まれた。お気に入りのジョヴァンニは銀行。異国的な顔つきの庶子カルロは教会にはいればよい。それはまるで、コジモの功績をよりあわせた綱を三本に分けられるかのようだった。だがコジモの天才は、この三本をよりあわせることにあったのだ。

注意深く立てられた計画は、性格と状況とのはいりこむ余地を残さなかった。カルロは司教の身分に充分に満足していたが、太ったジョヴァンニは銀行業に胸をときめかせなかった。陽気で、人好きがし、虚栄心の強いジョヴァンニは紋章に孔雀を選んだ。息子がなぜフィエーゾレに、附属する農地のない別荘を建てるのか理解できないコジモに、ジョヴァンニは説明した。「景色のためですよ」。コジモにとって、別荘とはつねに農場だった。子どもの教育に金をかけると、子どもたちの価値は変移を始める。コジモはそれを覚悟しておくべきだった。なぜならば自分自身も受けた教育の結果として、父親の生活スタイルを根本的に逸脱したのだから。

おそらくはまさにお気に入りではなかったからこそ、気に入られようと決意して、ピエロはほとんど家にいて、コジモの発注した建築や美術作品を監督した。ピエロは貪欲な収集家で、贅沢な家具と美しい室内装飾を愛し、細密画で飾られた写本の山や古代のコインのコレクションをほれぼれと見つめて何時間も過ごした。メディチ家の紋章を刺繍したシルクのシーツで眠った。父親は固執した。だが、おまえは政府のために訓練を受けなければならない。そして訓練を、ピエロは忠実におこなった。プリオーレ、アッコッピアトーレ、ゴンファロニエーレ・デッラ・ジュスティーツィアまで、いくつもの政府要職に就いている。紋章には鷹を選んだ。鷹は必ず主人のもとに忠実に帰る。「御尊父様ご同様に尊敬される御方」と、人びとは陳情書のなかでピエロに呼びかけた。ドナート・ディ・ネーリ・アッチャイウオーリは著作の『ハンニバルとスキピオ・アフリカヌスの生涯』の序文を献呈し、そのなかに「父親がもつ称讃すべき美徳の、このうえもなく注意深き模倣者」と書いた。だが、どんなに一生懸命模倣しても、ピエロにはコジモの役を手に入れることはできなかった。コジモはだれかの跡目を継いだわけではなかったのだから。

コジモが君侯になることを熱望したという非難は的をはずれている。コジモは複雑さ、曖昧さ、仲間のフィレンツェ人が憲法にもかかわらず自分を高い地位に就けたという考えを生きがいにした。封建貴族から特権をはぎとったフィレンツェは、過去にもどることは望んでいない。それでもなお、教育は銀行家の子どもたちのなかに貴族となる可能性を育んだ。子どもたちの生活は貴族のそれと似始めてきた。子どもたちは考え始めたにちがいない。古い露骨な生得権を洗練させた、新しい形の貴族階級を作り出せるのではないか——権力を単純に、そして乱暴につかみとるのではなく、資産と博識をもつ二、三世代をかけて、新しい世襲の特権をつかみとれるのでは?

来るべき数世紀のヨーロッパの未来が、この質問に対する回答にかかっていた。そしてその回答とは、もちろん、ノーだった。金と教養をいくら足しても、政治権力を自分の相続人へと伝える神授権に等しくはならない。しかし、それでもなお……もし充分に文明化されていれば、もし効果的なプロパガンダによって支持されていれば、もし同じような野望をもつ他の人びと、あるいはかつて王家の一員とみなされた者と際限なく婚姻を繰り返せば、もしかしたら世間は、金のかかるパロディ、代用の貴族階級に納得するのではないか——とくに特権を享受する人びとが、一日の終わりに、そして事実に逆らって、つねに自分は普通の市民であるとよろこんで宣言する場合には。一四六六年夏のあいだじゅう、シルクのシーツに麻痺した身体を横たえていたピエロ・デ・メディチを、蝶へと変身中の蛹に較べるのは難しい。だが、その年が終わる前、ピエロはメディチ家をべたべたと粘り着く古いフィレンツェの寡頭政治の限界から解放するだろう。メディチの銀行家たちは高利貸で買った羽根で、ついにおのれの身分の上空高く舞いあがる。痛風病みの男は、あの共和主義者たちを妬みで青ざめさせるような結婚を画策していた。

芸術や教育と同様に、結婚には金の交換が伴われる。だが結婚はまた、金を超越した差異化への潜在力をもつ。これが人生のおもしろいところだ。人生のなかでは、数えられる価値と数えられない価値とが擦れ合って火花を散らす。伝統的に、持参金を払って夫の保護を受ける権利を手に入れなければならないのは花嫁のほうだった。ピッカルダ・ブエリの一五〇〇フィオリーニは夫ジョヴァンニ・ディ・ビッチの初期投資になくてはならなかった。ブエリ家は堅実なフィレンツェ商人の家柄にすぎない。ピッカルダの遠い親戚がリューベックでメディチの代理人として働き、スカンディナヴィア諸国から教皇の貢税を集め、毛皮や琥珀、麻を取引し、現地の収税吏の裏をかくために帳簿をすべてイタリア語でつけた。

だが、将来の夫、あるいは交渉にあたる親たちには、より大きな威信と交換に、より少ない金で同意をするという選択肢もあった。コンテッシーナ・デ・バルディは、バルディ家のなかでも運がない分家の出身だったから、コジモの手もとに持参した現金の額は大したことはなかったが、それでもやはりバルディ家の人間だった。それは価値のある縁組みだ。コジモの息子ピエロのために選ばれた妻、ルクレツィア・トルナブオーニはなお少ない現金、一〇〇〇フィオリーニしかもってこなかったが、そのかわりにさらに大きな威信を持参してきた。ルクレツィアの家族はかつては貴族であり、貴族に対する公職禁止を回避するために、名前をトルナクィンチからトルナブオーニに変えた。娘は貴族の血を引いていた。フィレンツェ人が貴族に政治権力の行使を禁じながら、相変わらずその血統に感銘を受けたというのはなんと奇妙な話だろう。現代の民主政体の多くは、いまだにこの矛盾によって緊張させられている。しかしながらルクレツィアは貴族に生まれたことと同様に、貴族的教育を受けていたことによって、自分の特別なステータスを正当化した。だが、人はほんとうに「貴族的教育を受けた」などと言ってよいのだろうか？　このような表現は、教育はある種の権利を買えるという前提の容認を意味しないか？　いずれにしても、ルクレツィアはきちんと読むことができた。宗教同信会が歌うような種類の敬虔な詩を書いた。自らちょっとしたベンチャーに乗りだし、とある荒廃した硫黄泉を再開発した。痛風を病む一家の男連中の関節が頭にあったのはたしかだろう。

ピエロの庶出の娘マリーアを受け容れて――これら小さな試練は領地に付随してくる――ルクレツィアは娘二人、ビアンカとルクレツィア、息子二人、ロレンツォとジュリアーノを産んだ。なによりもまずロレンツォのきわめて貴族的な教育を監督し、ロレンツォの番になると、その妻の選択に重要な役割を果たした。ピエロの健康がひどく衰えていたために、ロレンツォは若いうちに、メディチ家がまだ影響力をもっているうちに結婚しなければならなかった。ローマでは、メディチ銀行の代理人たちがすでに、オルシーニ家の娘との結婚交渉を進めている。オルシーニ家は封建領主、枢機卿、コンドッティエーレを輩出した家柄だ。もちろん私有軍をもつ一家だ。この結婚話のニュースは当然のことながら、フィレンツェの対抗派閥に餌をあたえた。なぜピエロは息子の嫁を故郷の街の外に探すのか？　マキャヴェッリは、「市民を親戚に望まない男は、市民を奴隷に望んでいる」と人びとが文句を言い始めたと指摘する。銀行家と封建領主とが混ざり合うことのできる前に、ピエロ・デ・メディチは一四六六年のこの危険な夏を生き延びねばならなかった。

寝台に横たわって、ピエロは自分に味方する者と反対する者のリストを作らせた。おもしろいことに、二つのリストには同じ名前が多数含まれていた。それはよい徴候だった。人の心は金属のように好きな形に打ち出せる。あるいは、もしかしたら支援の申し出に動かされるかもしれない。八月末、病んだ男は危機の導火線に点火した。カレッジの別荘から担い籠でフィレンツェへと運ばれる途中で、自分を殺すために待ち伏せが仕かけられていたと主張する。暗殺者はフッラーラ侯爵ボルソ・デステの部隊だった。これが事実の可能性はあるか？　部隊はルカ・ピッティとアニョロ・アッチャイウオーリに雇われていたと、ピエロは主張する。いずれにしても、その返答として武器を取ろうとしているところだ。突然、メディチ家が所有する市北側の田園地帯全体が動き出す。二千人のミラノ軍がボローニャから接近中。わたしには一万フィオリーニが必要だと、ピエロはビジネス・パートナーで従兄弟のピエルフランチェスコに言う。いますぐに！

共和国擁護の誓約に加わっていたにもかかわらず、ピエルフランチェスコは従う。なぜか？　このありそうもない暗殺の話を信じたのか？　ピエロが殺されれば、銀行が崩壊するかもしれないと不安になったのか？　理由がなんであれ、ピエルフランチェスコはこの巨額の金をすぐに用意した。しかも現金で。数時間後、市内すべてのパン、ワイン、武器は買い占められていた。これらの糧食は、ためらっている者たちを引き寄せる磁石だ。メディチ邸の周囲に足場が出現し、攻撃者に投石をするのに有利な場所を作り出す。友軍が市にはいるのを許すために、もっとも近い市門が占拠された。努力を要するものすべてから逃げるはずの臆病者にしては、大したことをやったものだ。

反対派は狼狽した。たしかにフェッラーラのボルソ・デステとは同盟を結んでいた。ミラノ軍到着前にコンドッティエーレとその部隊を市内に入れられるだろうか？　反対派はピエロがしたように、手を自分の、あるいは他人の懐に、深く、そして徹底的に突っこむのをよしとするだろうか？　反対派はためらった。武器を取れ、とニッコロ・ソデリーニは固執した。いまこそ通りを馬で走り、疑いもなくこちら側についている庶民を鼓舞しなければならない。ピエロの家を攻撃しなければならない。無駄にしている時間はない。他の人びとは訊ねた。だが、もし勝利を収めたあとに、民衆が真の権力を欲したらどうする？　もしピエロの邸宅を略奪したあと、平民が他の屋敷を攻撃し始めたらどうする？　真夜中、武器をもった男たちがメディチ邸の扉を叩く。ピエロ擁護者のあいだにパニックが広がる。一人の支持者、アントーニオ・リドルフィが新たに合流してきただけだ。反対派は時を逸した。金をもっているだけでは決して充分ではない――たとえばストロッツィ家は一四三三年にメディチ家よりも多くの金をもっていたが、いまもなお追放の身だ――必要なときに、それをどう使うかを知らねばならない。なによりもまず、出し惜しみは決して許されない。

ピエロは、新シニョリーアが抽選で選ばれる一日前の八月二十七日に、このメロドラマを舞台にかけた。もし抽選の結果が自分に反対するものだった場合、武装している必要があると思ったからだろうか？　あるいは、なんらかの方法で選挙を工作し、結果が自分有利になるのを知っていたからだろうか？　新シニョリーアは決定的に親メディチだった。選挙工作があったかどうかはともかく、この結果はなににもまして、これほどでたらめではない選挙方式の必要性をはっきりと示していた。

ひとつのシニョリーアから次のシニョリーアへとバトンタッチする前に、四日間の空白期間があった。市は四方を外国の軍隊に囲まれていた。あらゆることが起こりえた。交渉が開始される。早まった決定をさせないように、ピエロはいくつも約束をする。舞台裏では、メディチ銀行の最高経営責任者フランチェスコ・サッセッティが老ピッティと話にいく。サイドを変える時だよ、ルカ。そして、反対派の船首像ピッティは、次の三つの保証と引き換えに友人たちを裏切る。まず自分にはアッコッピアトーレの地位が約束されること。兄弟を公安八人会（追放を決定する権限を有する）に任命すること。そして娘フランチェスカを「ピエロにひじょうに近いだれか」と結婚させること。ピッティはこの「だれか」が、ピエロの長男で後継者のロレンツォを意味すると信じた。

数日後——そしてこれは、クーデタ内部のクーデタだったが——必要不可欠の「パルラメント」を提案したのはピエロ・デ・メディチではなく、ルカ・ピッティだった。二千名のミラノ兵がとりしきった。ピエロの息子、十七歳のロレンツォは武装して馬の背に乗り、ミラノ兵に加わった。それはなかなかの演し物《だ》だった。あっという間に、政権による古い選挙操作体制が再導入された。それだけではない。ふたたび特別な権限をもった新公安八人会の構成を見て、ディエティスラヴィ・ネローニ、ニッコロ・ソデリーニ、アニョロ・アッチャイウオーリは、避けがたい追放刑が宣告される前にフィレンツェから逃亡した。一四五八年の危機が政権と制度のあいだの関係を規定する役に立ったとすれば、一四六六年のパルラメントは政権内にメディチの地位を確立した。完全なる支配である。

裏切り者ルカ・ピッティは蔑まれ、無視され、約束通りアッコッピアトーレの地位を、兄弟は公安八人会の地位を手に入れた。だが若い娘フランチェスカはロレンツォとは結婚できなかった。代わりに、その手はロレンツォの叔父でピエロの義弟、三十六歳のジョヴァンニ・トルナブオーニにあたえられた。ジョヴァンニはメディチ銀行ローマ支店の経営責任者で、甥のためにオルシーニの娘をフィレンツェに連れてくる交渉を、すでにかなり前進させていた。

「あの娘は頭をちょっと前に倒して歩きます」とルクレツィア・トルナブオーニは文句を言う。政治危機のわずか六か月後、ロレンツォの母親は将来の嫁をはかりにかけるためにローマに出かけた。「それは内気なためだと思います」。その娘、胸は大きいか?「あのローマの女たちの服装では、よくわかりません」。いずれにしても「モンテ・リトンドの半分と同様」とルクレツィアはピエロに書いた。「一家はほかに三つも城を所有し……母方からは枢機卿、ナポレオーネ大司教、騎士の甥であることを別にしても、オルシーニ一族を大変に愛している前述の領主たちの又従兄弟である父親を通じても縁戚にありますので、毎日、いっそうよい暮らし向きをしております」。これが重要だった。娘は十六歳。そうそう、名前はクラリーチェ。未来の姑は二通目の手紙半ばで、ようやく名前を告げることを思い出す。まだ十八歳のロレンツォは商品を見に南までやってきて、まあ、これならいいだろうと言った。メディチ家は別の階級へと移ろうとしていた。この動きの裏にある流れが、銀行の崩壊へと帰結することになる。

「この会社は、家柄や特権は関係なく、仕事がよくできる者ならだれでも出世させたものです」。かつて一四五三年に、ローマ支店の経営副責任者レオナルド・ヴェルナッチは、ジョヴァンニ・トルナブオーニの昇進に抗議して、当時メディチ・ホールディングの経営副責任者だったジョヴァンニ・ディ・コジモにこう書いた。トルナブオーニは、ピエロ・ディ・コジモがその姉ルクレツィア・トルナブオーニと結婚したのと同じ年の一四四三年に、十五歳で入社。ヴェルナッチはジョヴァンニ青年を怠慢だと非難した。いまジョヴァンニは有能なアレッサンドロ・バルディ青年の上役に昇進し、結果としてアレッサンドロは辞職する。トルナブオーニは姉の夫ピエロ宛に(ジョヴァンニ宛にではなく)、ヴェルナッチの訴えを非難する手紙を書いた。「ヴェルナッチはわたしをスパイし、わたしの郵便を読むのです!」一四六五年、ピエロが義弟をローマ支店の経営責任者に昇進させたとき、今度はヴェルナッチが愛想をつかして辞表を出した。

ジョヴァンニ・トルナブオーニには特別な才能はなかった。頑固で怒りっぽく、うぬぼれが強い。

だが、一家の縁続きとして、ベノッツォ・ゴッツォリがメディチ邸の礼拝堂に描いた三博士の行列のなかにしっかりと顔を出しているし、のちには実際に、自分でも美しいフレスコ画を多数発注した――最初の一枚はローマで、ルカ・ピッティからめとった若い妻が一四七七年に死んだとき。さらにフィレンツェにもどってサンタ・マリーア・ノヴェッラ教会にも。ここでは、画家ギルランダイオが年老いたトルナブオーニとその友人親戚一同をはっきりと元老風のポーズに描いている。《ザカリアの前に現れる天使》のようなフレスコ画のなかで、宗教的主題は目立たないように背景へと溶けこむ一方、同時代のフィレンツェ人がローブと帽子をまとった元老の姿をとり、いまやほとんど報道写真に近い作品となったもののなかで、舞台を支配する。

《洗礼者ヨハネの誕生》では、トルナブオーニ家の女たちが舞台中央に立ち、聖書の情景を完全にわきに押しやって、注意深く仕立てられた現代的な服と、はっきりと一族の所有とわかる宝石を見せびらかす。これは、教会に対するコジモのパトロン活動初期の日々の、尊大だが、それでもなお優美なパロディだった。コジモの場合、銀行家は、自分の洗礼名聖人を通して、額縁のなかにこっそりと忍びこむのがせいぜいだった。一四三〇年代のサン・マルコ修道院のフレスコ画が、忙しい「空手形」ディーラーに、聖なる空間を以前よりもわずかに近づきやすく、わずかにより息のつけるものにしたとすれば、サンタ・マリーア・ノヴェッラのトルナブオーニ礼拝堂では、その空間は曖昧なところなく占領され、同時代のイタリア貴族の世界と完全に混ぜ合わされていた。だが、メディチ銀行のローマ支店経営責任者として、ジョヴァンニ・トルナブオーニは教皇宮廷で過ごした成人後の全人生を、神学とではなく、贅沢、威信、そして権力との関わりをしだいに強めながら過ごしたのである。皮肉なのは、教会が世俗的になればなるほど、トルナブオーニのような銀行家にとっては魅力的ではなく、

ギルランダイオ《洗礼者ヨハネの誕生》（部分）。サンタ・マリーア・ノヴェッラ教会（トルナブオーニ礼拝堂）。ジョヴァンニ・トルナブオーニの指示に従った画家は、聖書の場面そのものよりも、この情景を目撃する 15 世紀のトルナブオーニ家の女性たちに関心があるように見える。白い頭巾をかぶっている女性のうち、年配のほうがロレンツォの母、ルクレツィア・トルナブオーニである。

なった――つまり顧客としての魅力は失われたことだ。教皇庁の官僚コストは急上昇していた（雇用者五百人が二千人になった）。身びいき《ネポティズム》の代償も同様だ。領土拡張戦争は言うまでもない。一四六〇年代以降、メディチ銀行は、教皇貢税から手数料として受けとる額以上を教皇庁に貸していた。銀行が身を引くにはあまりにも深く関わりすぎているために、負債を負う顧客のほうが強く出るという古典的な状況に達するのは、間もなくだ。

もうひとり、ゴッツォリの有名な三博士の行列にメディチ一家とともに描かれている男は、フランチェスコ・サッセッティ。一四五三年、トップの地位にいたジョヴァンニ・ディ・コジモがその重要な務めを果たしていないことが明らかになったとき、メディチ・ホールディングの経営副責任者に任命された男だ。トルナブオーニと同様に、フランチェスコ・サッセッティは三十代後半になってから、十五歳の上流階級出身の娘と結婚し、これもトルナブオーニと同様ギルランダイオの手で、こちらはサンタ・トリニタ教会の家族礼拝堂に、（ロレンツォ・デ・メディチの隣に立つ）自分を描かせた。これは競争だったのか？　メディチが結婚と教育、パトロン活動を通じて貴族となろうとしていたとき、その周囲にいた者たちは明らかに、自分たちもより大きな重要性を身につけるべきだと考えていた。

このとき、銀行の構造にひとつの変化が起こり、それは最終的にはこの流れが制御不能となることを許す。会社の契約に含まれる共同経営者のひとりが死亡すると、契約は必ず解消された。ジョヴァンニ・ベンチは一四四三年から五五年にかけての黄金時代、メディチ・ホールディングの最高経営責任者として、会社の支店契約すべてに署名していた。したがって、ベンチが死亡したとき、銀行の契約はすべて書きなおさなければならなかった。この時点で、ホールディング・カンパニーの概念が捨て去られた。この取り返しのつかない決定を説明する書面や報告書はない。このとき以降、銀行各支店に対するメディチの出資分は、ホールディングを通してではなく、現地の経営者との合資により、一家の各人が直接負担した。このことは、銀行全体の最高経営責任者——メディチ家の人間ではなかった場合、そして今後メディチ家の人間であることは二度とない——はもはや、ホールディングにおける自分の出資分を通して、別々の支店それぞれに個人的、金銭的利益をもたないことを意味する。たとえば、一四五八年から九〇年まで、銀行が存続していた残りの期間のほとんどで、トップの地位を占めていたフランチェスコ・サッセッティは、アヴィニョンとジェノヴァ支店に出資しているだけだった。サッセッティ個人に関するかぎり、他の支店はすべて赤字経営でもかまわなかった。そしてサッセッティがリーダーシップをとっていた三十年間、ほとんどの支店は赤字だった。しかも劇的な大赤字だった。同じ期間に、サッセッティは並はずれて豊かになった。一四六二年までに、家屋、農場、宝石その他の貴重品のほかに、四万五〇〇〇フィオリーニにのぼる財産を築いている。すべては銀行で作られた。四年後、銀行が大きな損失を出している期間に、この財産は九万七〇〇〇フィオリーニに達した。これは、自分の大銀行を創設するのに充分な額である。そこには、「チェレスティーニ修道院」や「フィレンツェの某友人」名義でメディチの「秘密口座」(利息のつく)に預けられた巨額の金が含まれていた。そしていまでは、学問のあるところを見せるのが、貴族の身分という主張を強化することをだれもが理解していたから、サッセッティは図書館、ひじょうに大規模な図書館も建設した。書物の一冊一冊に、サッセッティの名前とちょっとしたモットー「ア・モン・プーヴォワール」(フランス語で「わたしの能力において」)が書かれた蔵書票が貼られた。

しかしながら、サッセッティの能力のなかに一度もなかったことのひとつは、メディチ銀行各支店の決定、サッセッティが連動させるべきはずのさまざまな決定をとる力だった。問題の一部は、疑いもなく、ホールディング体制がなかったために、これらの支店を一定の方針に従わせる緊急の個人的必要性をサッセッティが感じなかったことにある。だが、このような経営状態は、各支店の経営責任者がいまや、サッセッティの、そしてメディチの、豪奢への渇望を共有しているという事実によっていっそう悪化していた。サッセッティは嘆いた。「連中のほとんどは、なんの敬意ももたず、あまりにも自由に自分たちの欲することをしている」。連中たちがしていたことの多くは、ともに時間を過ごしたい、似たようになりたいと思っていた人びと――国王、公爵、伯爵、領主、枢機卿――に銀行の金を、限度をはるかに超えて貸すことだった。

この時点で、ポルティナーリ兄弟がふたたび登場。フィレンツェ支店のトップだった兄弟の父親が一四三一年に死亡したとき、コジモは三人の男子、ピジェッロ、アッチェリート、トンマーゾを自宅に引き取った。長男は十歳、ピエロの弟、ジョヴァンニ・ディ・コジモと同い年だった。だが、メディチの子どもたちが金のかかる人文主義教育を受け、キケロやカエサルを読んでいたのに対し、ピジェッロ・ポルティナーリは十三歳で、メディチの邸宅を離れ、銀行――最初はローマ、次いでヴェネツィア――で働き始め、一四五二年には新規開店したミラノ支店の経営者の地位に就けられるまでに出世した。ミラノ支店はすぐに貴族的な雰囲気を醸し出すようになる。フランチェスコ・スフォルツァは、銀行を開くために、荒廃したさまざまな建物をコジモにあたえていた。コジモはミケロッツォを雇い、ミケロッツォは建物を壮麗で広大なパラッツォに改築した。したがってピジェッロ・ポルティナーリは経営責任者としての最初の数年を、室内の装飾、タピスリーの輸入、画家への発注に深く関わって過ごした。結局のところ、銀行の資本の多くはミラノ公への貸付に吸いとられ、それは銀行に現地の税の徴収を許すことで返済された。貸付の利率がひじょうに高かったので、ピジェッロはミラノ公と家族の贅沢な消費生活に融資を続けるために、メディチ銀行の他の支店から資金を集めることができた。こうしてミラノはなんの富も生産せずに、かなりの資金を吸いこんだ。だれもが、おまけにもらった時間を、派手に暮らして過ごしていた。おまけの時間が残り少なくなり始め、公国の税収でさえ、支払うべき利息を払い切れなくなったとき、銀行はただ単純に、スフォルツァが買うよう勧められて購入した宝石の多くを、担保物件として取り返し、万一ミラノの当局がその押収を決定したときに備えて、ヴェネツィアの金庫に送った。

このように資金を意味もなくミラノ公に縛りつけておくだけでは決して充分ではなかったが、少なくともピジェッロは正直だった。しかしながら一四六四年、過去における銀行の慣習すべてに逆らって、ピジェッロには、弟アッチェリートを経営副責任者に雇うことが許された。これはひとつのグループの核を作ること、コジモがつねに注意深く回避してきた種類のことだ。一四六八年のピジェッロの死後、支店の帳簿を監査するために、ピエロがフィレンツェからただの使用人を送ってきたことで、アッチェリートは憤慨し、帳簿を見せるのを拒否した。銀行はあらゆる種類の無分別な貸付と支出をおこなっていた。フランチェスコ・スフォルツァは多額の負債を残して死んだ。監査役を務めるはずのフランチェスコ・ノーリは嘆く。「アッチェリートは一日ごとにますます得意になっています」。三人目の兄弟、トンマーゾ・ポルティナーリはブリュージュの銀行からピエロに書いた。「わが愛する兄ピジェッロはすでに忘れ去られました。ピジェッロを調査なさるとは恥ずべきことです」。それとなく家族のつながりに訴えかけたことが功を奏した。ピエロは屈服し、ミラノの経営責任者の地位をアッチェリートにあたえる。アッチェリートは支店がついに閉鎖される一四七八年まで、ミラノ公の家族に際限なく貸付をおこない、ますます多額の金を失っていった。

その間に、他のフィレンツェ系銀行は全体として零落していった。一四二〇年代半ばには七十二行あったのが、ピエロが貸付の回収をしていた時期にあたる六〇年代半ばに六行が倒産し、七〇年にはわずかに三十三行しか残っていなかった。倒産の主な原因は、貿易の不振——この衰退について、歴史家たちはまだ完全な説明をしていない——と、派手好きな君侯の不良債権だったのは間違いない。それでも、ひじょうに深いレベルで、銀行業に対するフィレンツェ全体の態度が変化したのを感じずにはいられない。かつての謙遜、蓄財の厳しい現実に対するかつての熱狂は過去のものとなった。伝統的に銀行業に携わってきた家々がいまでは自らの富に慣れ、他に興奮できるものを求めていた。トンマーゾ・ポルティナーリは典型的な例だ。

コジモの精神——プランニング、計算、大陸の金融センターをつなぐ網《ウエブ》の形成——がヨーロッパ全域を見渡していたとすれば、網の中心に位置した父のポジションにつかざるを得なかったとき、息子ピエロの気の毒な頭は、その網を引っぱるたくさんの難題によってただ痛んだだけだった。結局のところ、ピエロは悪い知らせに反応したにすぎない。そのほとんどはブリュージュのトンマーゾ・ポルティナーリからもたらされた。

トンマーゾは三歳のときからメディチの屋敷で過ごし、一四四五年、十六歳でブリュージュ支店に勤務を始めた。一四四七年、バルセロナのヴェントゥーリ&ダヴァンザーティの崩壊によって危機がもたらされ、そのあとトンマーゾの年上の従兄でブリュージュ支店を開設したベルナルド・ポルティナーリが解雇される直前のことである。すでに見たように、一四四七年の危機は、三角貿易とリンクした銀行の伝統的な利息付為替取引と連動していた。トンマーゾはメディチ邸で、フィレンツェ市最高の芸術と、たえず行き来する政治家、大使、国家元首に囲まれて育てられ、その視線を為替取引の代わりに、もっと豪奢なものごとに向けた。「宮廷でそんなに長い時間を過ごさないように」と、トンマーゾがただの行員にすぎなかったときすでに、ピエロは警告のため手紙を書いている。トンマーゾは「これほど悪しき中傷を広められるのはだれなのでしょう?」と返事した。トンマーゾは主張する。自分は公爵にフィレンツェ製シルクを売り込もうとしているところです。「アシスタントをつけてくださいますか?」とトンマーゾは平然と続けた。ピエロはつけてやらない。

公爵とはブルゴーニュ公爵のことだ。ブルゴーニュ公爵領は、当時、近代フランスの東側にあたる地域にはいりこみ、北は英仏海峡まで伸びてカレー周辺でイギリスと国境を接し、さらに東に海峡沿いをあがって現代のベルギーを占めていた。歴代のブルゴーニュ公爵はときどき、百年戦争に口を出す誘惑にかられた。たいていはイギリス側に立ち、ブルゴーニュの伝統的なライヴァル、フランスに対抗する。トンマーゾは銀行からの命令や書類のないままに、青年摂政でのちにブルゴーニュ公となるシャルル・ル・テメレールの顧問に就任。「シャルル・ル・テメレール」は「勇猛公シャルル」と訳されるのがふつうだが、もっと正確に言えば「猪突猛進公シャルル」となるだろう。こんな名前をつけられた公爵には、たしかに顧問が必要だったはずだ。だが、だれがそんな男に金を貸す? もちろんトンマーゾが顧問の地位をあたえられたのは、まさに金を貸すことができ、そしてよろこんで貸したからだ。自分の金ではない。メディチ銀行の金だ。ローマのジョヴァンニ・トルナブオーニが、フィレンツェにいるメディチ宛の手紙でボスのレオナルド・ヴェルナッチをそしったのと同じように、トンマーゾも上司アニョロ・ターニについて、悪口を書き始めた。「トルコ人です!」とトンマーゾはピエロに告げた。「お客さまがたはターニを忌み嫌っています」

ターニは、ヴェルナッチと同様に、用心深くて気むずかしい、有能な守旧派の銀行員だった。特別な家族のコネはない。「ターニがもどってくるのなら、わたしは銀行に辞表を出します」。ターニのフィレンツェ出張中に、トンマーゾは脅した。一四六五年のことである。他の心配事に圧倒されて、ピエロはトンマーゾに望みのもの、トップの地位をあたえた。結局のところ、二人の男は同じ家で育てられ、おそらくは同じ興味を分かちあっていたのだろう。この時点で、銀行のローマ支店、ミラノ支店、ブリュージュ支店はすべて、メディチ家に対して特別の要求をする権利、特権をもつと感じている経営責任者、自分は「ただの」銀行家だと考えるのを好まない男たちによって経営されていた。一四七〇年、リオネット・ディ・ベネデット・ダントーニオ・デ・ロッシは、かつて繁栄していたジュネーヴ支店の経営責任者の地位をあたえられた。ジュネーヴ支店は、このとき、ヨーロッパの主要な定期市にくっついて、フランスのリヨンに移転していた。リオネットは最近、ピエロの庶出の娘、マリーアと結婚し、そのためロレンツォ・イル・マニフィコの義理の兄弟となった。これで鍵となる四支店が解雇不能の人間の手中におかれることになる。

トンマーゾ・ポルティナーリはブリュージュの経営責任者になったとたんに、兄がミラノで主人役を務めているのに匹敵する館が必要だと考えた。ブリュージュでもっとも美しい建物のひとつ、ブラドゥラン館の価格は七〇〇〇ライン・フロリン。「そして、わたしは華麗と虚飾の生活を送っているのではないのです」と、トンマーゾはピエロ宛の書翰で抗議している。通常の銀行取引をやっているのがもどかしく、トンマーゾはすべての取引を終わらせられるような取引をしゃにむに求めた。ジョヴァンニ・アルノルフィーニ――ヤン・ファン・アイクによる肖像画で有名になった――は、イングランド領カレーから荷車かラバ隊で北海沿岸の低地帯〔オランダ・ベルギー・ルクセンブルク〕に運ばれる商品にかかる関税の徴収権をもっていた。徴収地は小さな海沿いの町グラヴリーヌだ。トンマーゾは顧問として公爵に助言をし、年に一万六〇〇〇フランの支払いで契約をメディチ銀行に譲り受ける。猪突猛進公シャルルはちょうど、完成品のイギリス製ウール生地の輸入を禁止したところだ。トンマーゾは判断した。この措置によって、未加工の羊毛の輸入が大きく増えるのは確実だ。加工していない羊毛には、より高い税率がかけられている。損になるはずはない。期待に反して、イングランド人は報復手段をとった。羊毛は自分たちで加工したい。こんなふうに嫌がらせをされるのはまっぴらだ。貿易量は激減した。一四七一年夏には、グラヴリーヌ利権からの収入はゼロに近かった。

教皇ピウス二世は、絶えざる脅威であるトルコに対し十字軍を計画し、ブルゴーニュ公爵はそのためにガレー船を二艘建造していた。ピウス二世が、自分の軍隊が形をとるのを待つあいだにアドリア海の海辺で死んだとき、十字軍は放棄された。一四六四年のことである。いま公爵の手には高価なガレー船が二艘ある。トンマーゾ顧問はそれを売却できるか？　貿易が衰退していたので、引き受け手はいなかった。企業精神に富むトンマーゾは勇猛公に恩を売るために、ガレー船をメディチ銀行用にメディチ・マネーで購入する。メディチはブルゴーニュ公爵の旗のもとで貿易ができる（公爵は自尊心をくすぐられた）。おかげでピサで積荷を降ろすとき、フィレンツェの税を回避できる。これはもう一頭の白い象〔利益より経費のほうがはるかに大きいもの〕だった。一四六九年、ポルティナーリの五年契約を更新するときがきた。いまや不治の病の最終段階にあったピエロは、支店経営責任者の標準契約書に特別な条項を加えた。

ブルゴーニュの宮廷あるいはその他の領主や王侯とは、できるかぎり取引をしないようにしなければならない……なぜならば危険は利益よりも大きく、多くの商人がこのやり方で悪しき終わりを遂げているからだ……これ、あるいはその他の大きな仕事から離れていなければならない。なぜならばわれわれの意図は、現在手中にある物資、信用、名誉を維持することであり、高い危険を冒してより豊かになることではないからだ。

たったいま国際的な貴族集団に属する金遣いの荒いエリートのなかへと自分の息子を放りこみ、自分自身も政治目的のために惜しみなく金を遣った男の書面に、このような堅実な商売の知恵を読むのは奇異に感じられる。ある種の精神分裂が作用していた。ピエロは片足を古い世界に、反対の足を新しい世界においていた。ピエロの足は流れを渡っていた。ロレンツォ青年はそうではない。父の死の直後、いまだブリュージュ支店の主要なパートナーだったアニョロ・ターニに得意げに告白する。「わたしはこういうことについては、なにも知らない」。こういうこととは銀行業を意味した。

トンマーゾ・ポルティナーリはブリュージュからフィレンツェまで、馬の背に揺られてやってきた。新しい契約書に署名するため、そして結婚するために。ブリュージュに帰ったあと、トンマーゾは、このフィレンツェ訪問の第二の目的を秘密にしていたことについて、ピエロに謝罪する必要を感じた。なぜ秘密にしたのか？　なぜ結婚を堂々と祝わなかったのか？　理由は単純だ。メディチ家は力が増大するにつれて、自分たち一家の結婚ばかりでなく、ジョヴァンニ・トルナブオーニの例のように、ほかのみんなの結婚話も決めるようになったからだ。コジモが始め、ピエロが引き継ぎ、ロレンツォはこの分野にとくに優れていた。メディチ家が結婚によって貴族階級へとあがる一方で、他の貴族は結婚によって中産階級へと落ちぶれていくべきだった。ギャップが確立された。社会はこのようにして、メディチ家のまわりに、メディチ家のために、そしてもっとも重要なことに、メディチ家の下に整理されて並べられていくだろう。ロレンツォをオルシーニ家の娘と結婚させることによって、メディチ家がフィレンツェの網の目を切って逃げ出したように、メディチの翼の下で育ったトンマーゾは逃げ出そうとしていた。ピエロはこの無礼千万なおこないに傷つけられずにすんだ。ポルティナーリの謝罪の手紙が到着したとき、すでに死亡していたからだ。

このとき、トンマーゾは四十歳。花嫁のマリーア・ディ・フランチェスコ・ディ・バンディーニ・バロンチェッリは十五歳だった。得意になった夫はすぐにハンス・メムリンクに肖像画を描かせた。育ちのよい娘は裕福なフランドル人がかぶるとがった帽子（ドレープつき）を頭にのせ、さらに、フィレンツェに帰れば、夜の巡査たちがよろこんで接収するような種類の贅沢なネックレスをつけている。トルナブオーニ、サッセッティ、ポルティナーリ、ひとつのパターンが生まれつつあるのか？トンマーゾとマリーアの最初の子どもたちが産まれたあと、家族全員が、ヒューホー・ファン・デル・フースの、奇妙で美しい《羊飼いの礼拝》画面左右に祈りの姿でひざまずいて登場する。この絵は祭壇画としてフィレンツェに到着したとき、大変な騒ぎを巻き起こした。そのあいだに、契約書の厳しい新条項にもかかわらず、ブルゴーニュ公爵への貸付は継続し、一四七三年には、メディチ銀行が損出を出しながら相変わらず運行していたあの情けのないガレー船が、英仏海峡のグラヴリーヌ沖で海賊に襲われた。サン・ジョルジョ号は逃げた。サン・マッテーオ号は捕獲されて、乗組員のうち十三名が殺害され、トンマーゾの元上司アニョロ・ターニが発注したメムリンクの《最後の審判》を含む積荷は奪われた——銀行にとってはまたしても大きな損失。絵はフィレンツェのかわりに、ダンツィヒにたどりつき、現在でもその地に留まっている。

《最後の審判》があろうとあるまいと、銀行の壁には災難が差し迫ったことを表す文字がはっきりと浮かびあがっていた〔旧約聖書ダニエル書第五章。バビロン王の食堂の壁に王国終焉を予告する文字が現れたことから〕。一四六七年、その土地の王様――今回はエドワード四世――に対する過剰な貸付という、いまやおなじみとなったシーンを逆転できるかどうか見るため、ターニはロンドンに派遣された。一四六〇年代中葉の金融危機のあいだ、ピエロにとっては、フィレンツェに未加工の羊毛の流入を確保することが――自分自身の工場のためだけでなく、一般の雇用を維持し、メディチ政権反対派を勢いづける種類の労働争議を防止するためにも――絶対に必要だった。ここでもまた、政治上の都合は銀行には悪い知らせだった。なぜならばイングランドから羊毛の輸出許可を得るために、ロンドン支店は王様にかぎりなく恩を売り続けなければならなかったからだ。ターニは、会計簿を見たあと、ピエロに書いた。「わたしには、はっきりとわかっています。わたしがここでしなければならないのは、死者を復活させること、それだけです」。頭のなかにはすでにメムリンクへの注文のことがあったのか？「けれども、あなたとトンマーゾがわたしの言うことをおこない、そして神のご加護があれば……」

ターニの言ったことをおこなう者はいない。ローマのジョヴァンニ・トルナブオーニは、ロンドン支店の負債の内払いとして、イングランド製生地を受けとることを拒否した。そのあと、まったく支払ってもらえないのではないかと突然不安になり、頭に血をのぼらせて、フィレンツェへと急ぎ、ターニがブリュージュに対する負債を支払うためにロンドンからブリュージュに送り、そのあとブリュージュがフィレンツェ支店に対する負債の内払いとしてイタリアに（例の有名なブルゴーニュのガレー船で）送っていた大量の布地を差し押さえた。トルナブオーニによる布地の差し押さえは非合法であり、終わりのない会計上の頭痛の種を将来に残した。メディチ銀行の最高経営責任者として、フランチェスコ・サッセッティはこれを防ぐか、少なくとも譴責すべきだった。だが、トルナブオーニはロレンツォ・イル・マニフィコのおじだ。一家の縁続きだ。アニョロ・ターニのほうはまじめな一介の銀行経営者にすぎない。このとき、ロンドン支店はローマ支店に四万フィオリーニ以上の負債があった。ローマ支店はパウルス二世に巨額を貸付けていたので、トルナブオーニ——ローマの事業に出資している共同経営者として、来るべき損失に責任を負う——にとっては、他の支店が集めている教皇貢税を速やかに受けとるのがますます緊急の課題となってきていた。

しかしながらロンドンにいるターニの目には、ロンドン支店を救う唯一のチャンスは、イングランド人がターニにあたえたいと望む唯一のもの、完成品のウール生地を貸付の支払いとして受け入れ、メディチ銀行の他の支店の手で、ヨーロッパ中で売りさばかせることだというのは明らかだった。「受けとった布地の代金として、わたしに三〇〇〇フィオリーニを前貸ししてください」とターニはフィレンツェのサッセッティに頼む。だが、サッセッティは布地が売れるまで、なにも支払おうとはしない。サッセッティは慎重な忠告の手紙を送る。ターニは、今回は直接ロレンツォ・デ・メディチ宛てに書いて「わたしたちは助けが必要なのです。忠告ではなく」と文句を言う。「この国の男子の四分の一は弁護士です。ですから忠告はたっぷりもらっています……わたしがここにくる前は、だれもがわたしに奇蹟をおこすように言っていましたが、いまではみなさん、口を閉じてしまいましたね」

一四六八年、エドワード王の姉妹マーガレットがブルゴーニュ公爵の三番目の妻となったとき、ターニは贅をつくした祝祭の機会をとらえて、王に六〇〇〇フィオリーニ相当のフィレンツェ製シルクを売却した。大当たり。だが、売りつけるために、新たな貸付をしなければならない。貸付の回収時に、ぼろのひと切れでも得るためには、つねにより多くを貸付けますよという姿勢を見せる必要があるようだ。結局のところ、完成品のイングランド製生地受領と引き換えに、銀行のミラノ支店がロンドンに金を前渡ししてくれたことだけが、最終的にターニに使命を達成し、ロンドン支店を健康ではないにしても、ゾンビ状態にまでは回復させることを可能にした。一四六九年春、老支配人は馬の背で辛い旅をして、イタリアにもどった。メディチ家に対して、銀行のあちこちの支店がよりうまく経営され、連携しなければ、全ネットワークの崩壊もそんなに先ではないと告げる決意を固めていたのは間違いないだろう。

ターニがイングランドを離れたとたん、一四六一年にエドワード四世を王座に導いた薔薇戦争が再開された。今度の戦争では、一四七〇年十月にエドワードが権力を失い、エドワードの権力とともにメディチ・マネーもすべて失われた。銀行はふたたび絶望的な難局に立たされた。しかし、オランダに逃亡したエドワードは軍を再結集、一四七一年五月にイングランドに帰り、王座をとりもどす。だが、メディチ家には祝う理由はない。エドワードは戦費を支払うために巨額の借金をし、銀行に返済する可能性をさらに弱めただけでなく、なお悪いことに、メディチの長い負債者リストに載る貴族たちは、エドワードが勝利したバーネットとトゥークスベリーの戦場に、死体となって横たわっていた。

貴族的な生活好みとともに、フランチェスコ・サッセッティは、組織の長として、人を解雇できないという慢性的な不能に悩まされていた。二つの性格的特徴はおそらく、安易で、快適で、暖かい関係に対する愛着のなかでひとつに結びつく。いずれにせよ、有能なターニが銀行の運をぐるりと逆転させてロンドンを去ったとき、サッセッティはせっかくの機会を利用せずに、現地の経営者、ゲラルド・カニジャーニを解雇しなかった。カニジャーニはターニが処理に出かけた混乱に大きな責任を負う。先立つ数年間の危機は、銀行の貸付資本を、支払能力がほとんどないだけでなく、内乱によっていつ倒されるかも知れない王と結びつけるのが愚かなことを決定的に示したと、だれもがそう思うはずだ。だから、猪突猛進公シャルルに金を貸したとき、ポルティナーリにはわかっていたように、エドワードの復帰後、すぐに王に新たな信用貸付を始めたとき、カニジャーニには自分が雇用主にとって最良の利益となる経営をしているのではないことがわかっていたはずだ。メディチ銀行は腐敗が進んだ鼠のにおいをようやく嗅ぎつけ、一四七二年にロンドンの事業を停止し、カニジャーニとの契約を終了させる。カニジャーニはすぐにエドワード四世から帰化の認可状をもらい、裕福な女と結婚し、王の援助を得て、バンキンガムシャーの領地と独自の大紋章をもつ、正真正銘のイングランドの地方郷紳《ジェントルマン》となった。

アニョロ・ターニ、レオナルド・ヴェルナッチ、フランチェスコ・ノーリ（ミラノでアッチェリート・ポルティナーリの会計簿を監査しようとした男）のような男たちが、フィレンツェ守旧派のまじめで注意深い銀行家であり、つねに決算の数字を心配していたのに対し、その他の男たちは王や王妃のおそば近くにいるために、ただ銀行ごっこをしていただけのように見える。カニジャーニやトンマーゾ・ポルティナーリのような男たちにとって、自分が次の世界——王族、芸術、贅沢な衣類の世界——に生まれ変われさえすれば、この世界でメディチのビジネスを復活させることは大して重要ではなかった。イングランド事業を停止するとき、トンマーゾ・ポルティナーリはブリュージュの主要な出資者であるターニに知らせぬまま、ブリュージュ支店がロンドンの負債全額を引き受けることに経営責任者の権限で同意した。それを聞いたターニは激怒する。ポルティナーリは一体全体なぜそんな愚かなことをしたのか？ 唯一の回答は、ロンドンの銀行第一の負債者エドワード四世に近づくためだ。いまやエドワードはブルゴーニュにいる猪突猛進の義兄弟と軍事同盟を結び、フランス大侵略を計画していた。その計画は最終的に、一四七五年に着手される。

メディチ家の歴史におけるひとつの瞬間、すべての歴史書が引用するひとつの文書がある。一四六九年十二月二日、ピエロが世を去ったあと、七百名ほどの市民が、夜、サン・アントーニオ修道院に集まり、メディチ家の「評判と偉大さ」は保たれねばならないことで意見の一致を見た。「このことで、市民たちは」とフェッラーラ大使は主人に説明している。「この政府の機密事項は、ロレンツォの父親の手に渡されたように、ロレンツォの手に渡されるであろうことを意味しています」。翌日、有力者の一団がメディチ邸に出かけ、二十一歳になろうとしていたロレンツォにこの知らせを伝えた。ここで、われわれはロレンツォの短い『回想録《リコルディ》』からの有名な引用文と出会うことになる。

> わたし、ロレンツォは弱冠二十とひじょうに若かったにもかかわらず、市と政権の要人たちが自宅のわたしたちのところまできて、父の死を悔やみ、祖父や父がしたように、市と政権を引き受けるようにわたしを励ました。このことはわたしの年齢に反し、大きな責任と危険を含んでいたが、わたしは、友人たちや財産を守るためだけに、いやいやながら引き受けた。なぜならばフィレンツェでは、金持ちにとって、自分で国家を治めないかぎり、状況は不利になるからだ。

そのあと、歴史書はそれぞれの立場をとる。十五世紀フィレンツェの派閥主義は、驚くほどしつこく、治りにくい病気であることが判明している。五百年後になっても、感染を免れた学者はほとんどいない。誹謗者たちは、ピエロの死のわずか二日前に、ロレンツォが政権継承を確実にするために、軍事援助を請う手紙をミラノ公ガレアッツォ・スフォルツァ宛に書いていると指摘する。とても「いやいやながら」とは見えない。反対に、支持者たちは、熟達の詩人として、ロレンツォにはたしかに興味の対象が他にあったと記す。このあと、さまざまな詩が、特権よりは牢獄とみなされた権力と責任とを放棄したいという望みを雄弁に語るだろう。

この激しい論争のなかで、この文書のもっとも謎めいた一面は注釈もつけずに読み飛ばされる。引用のなかの言葉は、まるで事件から何十年もあと、中年と成熟という視点から書かれたもののように響く。実際には、ロレンツォはこれをわずか二十四歳のときに書いた。つまり統治を開始したばかりですでにもう、のちにどう見られるかを想像していたのだ。ロレンツォは自分のペルソナを創り出し、歴史家たちに素材を用意する。「ロレンツォは老人のように行動します」と、ロレンツォが二十歳にすぎなかった一四六九年、ミラノ駐在大使は満足そうに書いている。ロレンツォ少年は、ピエロの息子として、まだ十代前半のころに、最初の外交任務に送り出された。古代の偉大な政治指導者たちを集中的に扱った人文主義的教育と相まって、権力はコジモが予見できなかったなにか、つまり類い希なる自意識を創り出した。自分のおかれた特殊な状況を認識し、多くのロール・モデルを備え、ロレンツォはひとつの役を演じた。ほんとうの王侯ではないが、王侯を演じなければならない。感銘をあたえるべき大人の数はあまりにも多かった。

「プラトン主義なしでは、人はよき市民にもよきキリスト教徒にもなれない」とロレンツォ・デ・

メディチはいつの日か、こう主張するだろう。この言葉で一体なにを意味していたのか？　祖父である老コジモはこのような主張を一度もしなかっただろうが、それにもかかわらず、晩年になると、プラトンにあれほど興味をもつようになったのはなぜか？

ギリシア哲学は、ローマ哲学よりもいくぶんか遅れて再発見され、リバイバルされた。理由はごく単純に、言葉である。ギリシア語は十五世紀中葉になるまでほとんど教えられなかった。だが、ラテン語訳で、たとえば偉大な人文学者（で、コジモの友）レオナルド・ブルーニによって読まれたときも、この老ギリシア哲学者はまじめには取りあげられなかった。ブルーニは、哲学者王についての自愛的な空想は完全に実践不能だと考えた。現実の世界は下から上へとはしご段のように階層状に構成され、底辺に生命のない物質〔哲学の用語では「質料」と訳される〕、頂点には理想的な形相の世界があるというプラトンの概念はすでに、初期のキリスト教神学者によってさまざまな形で広く取り入れられ、際限なく洗練されてきた。それは机上の空論だった。初期の人文学者は新鮮な空気を求めて、中世のスコラ哲学とキリスト教神秘主義の外に足を踏み出し、洞察力をもつ世俗の叡智、歴史家と政治評論家の明快さを求めていた。キケロやリビウスである。

コジモの庇護――住まいと給与――のもとで、マルシリオ・フィチーノは一四六〇年代にプラトンの全著作をラテン語に翻訳した。西欧キリスト教世界が読める形でプラトンの全著作が登場したのは、これが初めてだ。フィチーノはのちに司祭となり、キリスト教的プラトン主義に、個人的な、だが決定的なひねりを加えた。フィチーノは、人間の魂が「自然の中心」、プラトン的現実の階層と階層とを結ぶものだとした。愛と知性によって、人間の魂は上方に向かおうと自然に努力し、基盤にある地上的なものから階層を通過して、完璧なる永遠の澄みきった光、神へと上昇する。

このような考え方は、たとえば、毎年十一月七日、カレッジのメディチの別荘でプラトンの誕生日を祝うとき、フィレンツェ最良の知識人によって論じられたが、メディチ家が巻きこまれていた上方向への社会的変身のプロセスにとっては、まさにぴったりのタイミングで出現した。いまやすべての教育、洗練、知的達成は、宮廷恋愛詩に新しい意味をあたえる(精神は世俗の愛から神の愛へと移る)のに加えて、神性に向かってよじのぼろうとするプロセスに組みこまれ、基本的に道徳的なものとして理解できる。つまりある種の世俗の活動は、聖性の一部を担うこと、あるいは少なくとも聖性のほうに向くこととして記述できる。キリスト教の枠組みの外に、善なるものはなにもない(そして危いことには、われわれがなにが善かを本能的に知っているという暗黙の了解がある)。この時点で、美術と詩はもはや、厳密にキリスト教的な主題にこれまでほど恒常的に向いている必要はなくなる。なぜならば美そのものが神性に近いのであり、人間の魂は自然にそれに向かって傾くからだ。創造力、それは神のものだ。だが、この新しく楽観的な形のプラトン主義では、人間にも否定されてはいない。もっともそれを達成する者はほとんどいないが。だが達成されたとき、それは本質的に善である。現代においてさえ、多くの人は芸術は必然的に正しい側にあると信じ、スポンサーはどの銀行かを問わない。メディチ・マネーをスポンサーにして、ボッティチェッリは聖母を描くのにもヴィーナスを描くのにも、同じかわいらしいモデルを使える。そのお嬢さんに服を着せたままでいても、服を脱がせてもよい。どちらの方法でも、心は霊的に持ちあげられる。この時点で、コジモによる芸術のパトロン活動ほとんどすべてに内包されていた懺悔の身振りは、安全にそして幸せに忘れることができる。芸術はつねに神聖である。

だが、もう少し深く掘りさげれば、明確に言われていない、あるいはおそらく意識的に意味されてはいないが、それでもなお浸み出してくることがある。つまり、自分自身を向上させる過程、この洗練された、教育のある、芸術を解する貴族となる過程は、いまはもう（一四三三年、コジモが裏切者として告発されたとき意味していたように）自分自身の中世的な身分の上に、そしてそれを超えて突き進む悪ではない。反対に、それは神性に向かって向上したいという願望の徴である。これは魅力的で心を鎮めてくれる考え方だ。それはロレンツォを刺激して、一連の贅沢な公共芸術プロジェクトのスポンサーを引き受けさせ、自ら手を染めさせた。それら主として世俗のプロジェクトは、美しいと同時に政治的に利用でき、その点で、ロレンツォと市のイメージを高める。スポンサーとなるリーダー、そして詩人として、実際に美しい芸術を創造するリーダーが悪いリーダーであるはずはない。祭の横断幕やカーニバルの山車を作るのに、ボッティチェッリのような人びとを雇うリーダーは、後世から悪評を受けることはないだろう。そしてよき市民、よきキリスト教徒はプラトン主義者でなければならない。なぜならば、プラトン主義者だけが、美と、より善なるものを求めるこの闘争、この公的生活の美化を評価し、それに参加するからだ。つまり、もしプラトン主義者でなければ、われらが実利的な市民はただフィオリーノ金貨とピッチョリ銀貨を数え、政治上の私利について率直な指摘をし始めるだろう。

このことはわれわれを、上述した刺激的な考え方がもつ重要な欠点へと導く。それは、蓄財と物資の価格について、言うべきことをほとんどもたない。ここで深層に横たわる矛盾は、コジモのジレンマ――罪深いと考えられている銀行業によって財を築いていながら、わたしの魂が天国にいくにはどうすればよいのか？――とはまったく異なる。いま問題は、富が実際にはこれまで以上に重要になっている――そうでなければ、死んだ哲学者の誕生日に気前よく宴会を開く金は言うまでもなく、最良の芸術家、最良の教師、プラトンのきちんとした翻訳をどうやって手に入れればいい？——にもかかわらず、蓄財の実際の過程が、なにか土台にあるものとして無視されることだ。蓄財は、プラトン的階層づけの最下位にあるもの、単なる物資〔質料〕から自由になる闘争において、より高貴な魂がよろこんであとに捨て去るものとなる。

　そこで、この精神の枠組みにとって、会計事務の複雑性、高利貸の罪を回避しうる手の込んだ技術はもはや、コジモ——たとえ金が魔法の杖を振りまわすことによってできるとしても、わたしは銀行家だろうと言ったコジモ——が疑いもなくそれについて熟考したときのように、歓びをもって熟考されるものではない。違う。いまや教養人は、なんでもいいから手にはいった魔法の杖を振りまわし、高収入を得るという問題を可及的速やかに片づけてしまうことを望む。たとえば、ミラノ公に可能なかぎり高い利率で金を貸付けることによって。グラヴリーヌの税関で輸入税を徴収する権利を得ることによって。あるいはメディチ銀行の場合、もっとも劇的だったのは、明礬事業によって永遠に続く金鉱を確立しようという試みによって。

　明礬事業とはなにか？　ロレンツォの師、ジェンティーレ・ベッキは書いた。「それはわたしに聖霊を思わせます。理解できません」。皮肉なことに、キリスト教的プラトン主義に基づく現実の階層の両端——基底には物質、反対の端に神的精髄——が、その中間のどこかに位置する教養ある精神には、どちらも等しく理解不能となったように見える。いずれにしても、金の問題を、基底の物質である明礬——布地を染めるのなどに使用される硫酸アルミニウム——によって片づけてしまいたいという強い願望は、その人生を大きく規定するドラマへとロレンツォを引きずりこむ。そのドラマのなかで、ロレンツォが学んでいく役は、神のような演技を要求することになるだろう。

第六章　壮麗なる衰退

娘三人のあと、初めての男の子。その誕生だけですでに勝利だった。莫大な資産がお役に立とうと、その子のうえに身をかがめた。乳母のところにまで、陳情の手紙が送られてきた。目を奪われるほど醜くかったから、人を惹きつける人間に育てられた。五歳のとき、アンジュー公ジャンに挨拶するために、フランス少年の服を着せられた。悲しいかな、鼻が顔のまんなかであぐらをかいていた。十歳のとき、訪問中のガレアッツォ・マリーア・スフォルツァや教皇ピウス二世のために詩を暗唱した。突き出たあごのせいで、下唇が上唇の上にせりだした。ヴィオラとリュートの演奏を習った。乗馬と鷹狩りを習った。嗅覚がまったくきかなかったから、花と蜜蜂があふれる詩を書き始めた。それは愛の詩だった。十六歳のとき、でこぼこの額と濃い眉毛は、美しいルクレツィア・ドナーティの心を勝ちとった。耳に不愉快なかん高いしゃがれ声は、詩のなかで早熟のハーモニーを奏でた。「青春は惜しみなく愛のあとを追えり」。ペトラルカ、ダンテ、オヴィディウス、模範とすべき詩人たちを熟知していた。魅力的な自信をもって、自らの苦痛を詩の形に洗練させた。「初めての傷のなんと酷《むご》き！」。若きルクレツィアの手は、だれかほかの男に約束されていた。

石工、画家、詩人、男たちがもう援助を求めて手紙を書いてきた。ロレンツォは父親に取りなす。わたくしは父上が「この件について、わたくしに名誉をあたえてくださる」と信じます。痛風病みのピエロがわずか二部屋ほど先にいるときに、メディチの跡継ぎは儀式張った手紙を書いた。他人の願望が文体練習のきっかけとなった。当時最高の精神をもつ人びとに囲まれ、青年は哲学の慰め、善政の本質を論じ合う。家庭教師は両親宛の手紙で訴えた。「ご子息は、娘たちといちゃつき、悪さをして、遅くまでお帰りになりません」

他の宮廷への公式訪問は、十代初めに始まった。醜い顔と耳障りな声を自覚していたロレンツォは、並はずれた知的エネルギーで幻惑した。ミラノでは、自分の銀行の壮麗な館で宴を開き、ミラノ公の娘イッポーリタ・スフォルツァと出会う。イッポーリタはナポリ王の息子と結婚するところだった。若い二人は文学について手紙を交わす。そのあと、イッポーリタは二〇〇〇ドゥカートの貸付を頼んできた。「わが名誉にかけて、返済をお約束いたします」

一四六六年、いまや十七歳。羊毛業には必要不可欠の鉱物である明礬の商品化について、退屈な契約書に署名するためにローマに送られる。これが銀行業に関わった最初だった。幸いにも、フランチェスコ・スフォルツァの死が旅をドラマティックな外交任務とした。フランチェスコの息子にミラノ公継承を許すよう、教皇を説得する必要がある。スフォルツァは簒奪者だ。スフォルツァはメディチ第一の同盟者だ。ロレンツォはナポリへと急ぎ、フェッランテ王の心にほかの選択肢がないか確認にいかねばならなかった。

反メディチ派の陰謀者——ピッティ、アッチャイウオーリ、ディエティサルヴィ、ソデリーニ——と父親との最終的な対決に間に合うようフィレンツェに帰り、武装して馬の背に乗り、ミラノからきた軍とともに政庁舎前広場のパルラメントに劇的な登場を果たした。それは魅了すると同時に威圧するジェスチャーだった。フィレンツェはわたしを愛さなければならない。芸術的なジェスチャーだった。青年は馬からおり、無限の権力をもつバリーア結成の要請が読みあげられるあいだ、深紅のローブをまとったプリオーレ団の横に、同等な者として立っていた。武装兵に囲まれて、民衆は共和主義的権利の放棄に票を投じる。すべての芸術家は本質的に、魅了と威圧を組み合わせる。公衆はわたしの視点に、わたしの剣先に屈しなければならない。詩人ロレンツォと政治家ロレンツォのあいだに根本的な裂け目はない。公職に被選挙資格をもつ年齢には達していなかったにもかかわらず、ロレンツォはバリーアに席をあたえられ、バリーアはいま一度、その無限の権力とともに市をメディチの手にゆだねた。

だれもが思うだろう。この危機の瞬間、広場でフィレンツェ市民と向かい合っていたとき、明礬はロレンツォの心にはなかった、と。だが、明礬はいたるところにあった。イングランドから到着した羊毛の脂を落とすのは明礬だった。広場にいた全員がウールを着ていた。プリオーレの深紅のガウンの染料を定着させるのは明礬であり、騎手の鞍の革を処理するのは明礬だった。三年後の一四六九年、ロレンツォが代理人を立ててクラリーチェ・オルシーニと結婚し、商人から貴族へのこの大きな一歩を、花嫁不在のまま、サンタ・クローチェ広場の贅沢な馬上槍試合で祝ったとき、明礬はまた別のやり方でそこにあった。イベントにかかったと言われる費用一万フィオリーニかそれ以上の大部分を、このじゃりじゃりした白い硫酸塩が責任をもって支払った。

この金のかかった祝祭には、真珠とビロードがあふれていた。ロレンツォ青年は、新しい妻ではなく、古い女友だちルクレツィア・ドナーティから贈られた旗を掲げた。旗には、愛する詩人のために

ヴェロッキオ作と伝えられるロレンツォ・デ・メディチの胸像。美少年とはほど遠く、他の誘惑方法を身につけざるをえなかったロレンツォは、15 世紀最高の詩人のひとりとなる。

月桂樹の冠を編む女性が描かれていた。ルクレツィアは馬上槍試合の女王だったから、このイベントに資金を提供した一家が当然ながら自家の子ども〔つまりロレンツォ〕を勝たせたとき、戦士の頭に銀の兜をかぶせたのはルクレツィアであり、ロレンツォの新婚の、だが不在の妻ではなかった。一四六六年にロレンツォがローマで署名したのは、全キリスト教世界における明礬販売の完全な独占権をメディチ家にあたえる契約書だった。ロレンツォの著述からは、青年がこの契約の重要性を把握していたことを示すものはない。おそらく、それよりも重要だったのは、ルクレツィアもまた、夫は仕事で海外にいるものの、いまは人の妻ということだった。人びとは噂をする。一方、結婚はしたが処女のクラリーチェは、ローマから、ロレンツォが馬上槍試合に参加すると考えただけでも頭痛がすると書いてくる。クラリーチェは真の軍人家庭の出身で、フィレンツェ生活もその恋愛遊技の経験もない。ほんとうの危険の種がある場所を間違えていても許されるだろう。グイッチャルディーニが「好色で性欲が強く」と描き、マキャヴェッリが「色事に驚くほど熱中していた」と付け加えたロレンツォは詩を書き続けた。ルクレツィアに宛てて。

独占は、高利貸と同様に、教会法の下では非合法である。なぜならば、自然に反するからだ。神は自然界を、選ばれた少数者ではなく、全人類にあたえられた。人びとに選択の自由を否定し、価格を人為的に高どまりさせる独占は、明らかに窃盗の一形態であり、それが導く先は地獄落ちだけだ。高利貸の場合と同様に、教会は、独占の罪は悪しき手段で得た利益の完全なる返却によって初めて償われ、天国への道が開かれると強調した。もっとも、何年かのあいだ独占を続けたあとで、だれからどれだけ盗んだかを、どう計算すればよいのかはよくわからないが。

独占についての教会の概念は、特定の一製品の販売を単一の組織が支配するという状況だけに限定されてはいなかった。たとえば労働組合の結成もまた独占であり、しかももっとも有害な種類の独占だった。それは労働の自由と、どの労働者をどういう条件で雇うかという雇用主の権利を制限する。労働組合は自然に反する。たとえば織物の町フィレンツェで、毛織物労働者の団体はどんなものであれ、即座に告発され、つぶされた。

模範的に厳格な人物だったにもかかわらず教皇パウルス二世は、一四六六年、教会がメディチ銀行と提携して、ヨーロッパ全土で明礬販売の独占に乗り出すことを宣言した。明礬は塩と鉄に次いで、当時もっとも重要な鉱物だった。明礬なしでは、織物業はほとんど機能しなかった。だが、自分で作った法律をこれほど破廉恥に逸脱することを、教会はどう正当化するのか？　教皇聖下はおっしゃった。この野心的な商業ベンチャーからの利益は新規の対トルコ十字軍のために遣われる。これは独占を合法化するだけでなく、有徳にもする。望ましい目的が、罪悪となるはずの手段を正当化する一例である。ひとつの宗教組織にとっては危険な前例だ。

状況は次のようなものだった。ヨーロッパ市場における明礬の年間の売上げは三〇万フィオリーニ以上、メディチ銀行に対するイングランド王の負債の約十倍だ。キリスト教世界で実際に掘り出される量はごくわずかで、場所はナポリ湾北西の入口に浮かぶイスキア島。この鉱床の品質は悪かった。あまりにも悪かったので、北方のヨーロッパ市場には使用を禁じるところさえあった。処理するはずの羊毛に害をあたえかねないからだ。したがって、明礬のほとんどはエーゲ海東岸イズミール湾の鉱山から運んでこなければならないが、イズミールはいまやトルコ人の、つまりイスラムの支配下にある。イズミール鉱山の大部分はジェノヴァ人が開発し、したがってジェノヴァ人が明礬貿易のほとんどをとりしきってトルコ人に税と関税を支払い、その結果として、トルコが東欧を経てキリスト教世界に絶えず拡大を続ける資金を援助していた。

一四六〇年、イタリア人商人ジョヴァンニ・ダ・カストロがローマ北東のトルファ山中で、高品質の明礬の一大鉱床を発見した。ジョヴァンニの父親は教皇ピウスの親しい友人で、ジョヴァンニは最近、債権者に追われて東地中海からローマに逃げ、教皇の保護のもとで暮らしていた。ピウスはこの発見の重要性を理解し、ただちにこの不毛の土地は教会の所有となると宣言した。カストロが明礬を採掘、精製し、教会がそれを商品化する。それによって、自分たちは巨額の収入を手にするとともに、敵であるトルコ人の手から巨額の収入をとりあげる。

しかしながら、この鉱物を大規模に商品化するためには、信用貸付と商業知識の両方が必要だ。そこで一四六六年、ピウスの後継者パウルス二世はメディチ銀行との契約を決めた。これによって、教皇側は、ヨーロッパ全土に広がる銀行の貿易網を使ってイタリア鉱山が産出するすべてを、例外なく販売できるようになる。同時に、教皇パウルスは、トルコからの明礬購入が明らかになった商人はだれだろうと、破門によって罰せられると告げた。教皇から買えるものをトルコ人から買うことは、キリスト教世界への攻撃を支援するに等しいからだ。イズミール湾での明礬採掘権を最近ジェノヴァ人から譲り受けたヴェネツィア人にとっては、すべてが非常に悪い知らせだった。

一四七〇年、教皇およびイスキア鉱山の所有者たち、そして所有者たちが全産出量について税を支払っていたナポリ王との三者で、明礬生産者カルテルを結ぶことによって、教皇の独占はいっそう確実になった。この協定のもとで、ヨーロッパ市場のために採掘され、精製される明礬の全量が、価格を可能な限り高く維持するような形で教会にコントロールされることになる。十五世紀版のOPEC

だ。しかしながら、カルテル署名からわずか一年後、ウール生産者が高品質のトルファ産明礬を好むという単純な理由から、イスキアが決して危険な競争相手にはならないことが明らかになったとき、メディチ家と教皇パウルスはカルテルを脱退した。

一瞥すると、この快挙によって、メディチ銀行は確固たる地歩を築いたように見える。いまや銀行はその時代でもっとも重要な工業製品の販売独占権を所有している。この権利を破門の脅しがバックアップする。ローマのジョヴァンニ・トルナブオーニは、銀行の問題はこれですべて解決されたと思いこんでいた。これはだれもが探していた夢の取引、銀行業から退屈と危険とをすべて取り去り、自分自身やトンマーゾ・ポルティナーリのような重要人物が、自分の図書館を建設したり、絵画を発注したり、宮廷の豪華な式典に出席したり、つまり総じて言えば、自分たちの主人であるメディチ一家のように振舞ったりするのに時間を使わせてくれる。

悲しいかな、そうは問屋が卸さない。イングランドで、ブルゴーニュで、ヴェネツィアで──明礬の主要な市場で──王侯と商人は、その昔、破門で脅されたときのようには、震えあがらなかった。生まれてこのかたずっと、やましいところなくおこなってきたことが、突然、地獄行きの大罪になっても、なかなか実感はできない。王侯と商人たちは、自前の神学者を使って教皇の独占に反論させた。賢人たちは、たとえそれから得る利益が、少なくとも教皇に関するかぎりは、たしかに対トルコ戦費としてハンガリー王に支払われていても、(独占のような)罪はつねに罪だと判断した。ブリュージュでは、トンマーゾ・ポルティナーリ顧問がブルゴーニュの猪突猛進公シャルルに助言に助言を重ね、公爵領全域に明礬の独占を課し、メディチ銀行以外の出所からの明礬の販売を禁止するよう陳情した。利益からのキックバックを提案されて、公爵は一度は同意する。しかし、いかに猪突猛進であろうとも、さすがに叛乱の兆しは見逃さなかった。地元の商人——輸入業者と使用者——のどちらもが憤慨した。商人たちは言った。羊毛業は危険に晒されています。最後には、公爵も非を認める。トルコの明礬はブリュージュの港に届き続けた。

独占者側はトルファ鉱山とイスキア鉱山で生産計画を立てるとき、市場全体を占有できると考えて、全ヨーロッパの需要をわずか二、三年で満たすことを目指した。したがって、破門の脅しも、ヴェネツィア人とジェノヴァ人にトルコ明礬の取引をやめさせられなかったとき、両鉱山の生産によって引き起こされた突然の供給過剰は、独占者側が計画していたように価格をあげることはもちろん、旧価格の維持さえも難しくした。ロンドンとブリュージュでは、明礬の樽買い業者が交渉能力を高めるために、連合して圧力団体を組んだ。販売収入に対する教皇の取り分は半減されねばならず、それはすぐにハンガリー王に資金提供するための金が減少することを意味した。

さらに悪いことには——とにかくメディチ銀行に関するかぎり——明礬の商品化というベンチャーは、銀行のさまざまな支店間ですでに不安定になっていた取引のバランスと金の動きに、さらに一発の打撃となることを意味した。ここにもうひとつ、イタリアから北に向かって移動する製品がある。またしても現金をロンドンとブリュージュで回収して南に送らねばならない。明礬は一体全体、なぜコッツウォルズで発見されなかったのか？　そうすればイングランド人がいまやあれほど売るのを嫌がっている羊毛の代わりとなったのに。それなら、とても都合がよかったのに。愚かにも、銀行は独占権の見返りとして、製品が出荷販売される前の採掘高に対する取り分を、教皇に支払うことに同意していた。

とくに一四五五年のジョヴァンニ・ベンチの死後、銀行のブリュージュ支店とローマ支店のあいだにあった緊張関係を考えれば、明礬の独占から発生する問題は充分に予想がついた。いつものように、ブリュージュとロンドンはなかなかローマに送金しなかった。いつものように、ローマのトルナブオーニはいらだち、ブリュージュとロンドンは明礬販売の収入を、公爵や公爵夫人たちに貸付けて撒き散らしているのではないかと疑った。ローマ支店の従業員のひとりが、なにが起きているかを見に北方に派遣された。そのあと、教皇が自分の交渉人を送り出して、公爵に攻撃をしかけた。だが、トンマーゾ・ポルティナーリがひどく嫌ったことがひとつあるとすれば、それは介入されることだった。教皇のスパイたち！　トンマーゾはロレンツォ・デ・メディチ宛の手紙で訴えた。わたしだって、公爵に助言できないのです。司教にどんなチャンスがあるでしょう？

時が経つとともに、状況は悪化していった。フィレンツェ所有のガレー船が一艘沈没した。積荷は失われた。ジェノヴァとヴェネツィアから二艘のガレー船が、トルコの明礬を運んで同時に到着した。この時点で、ブリュージュ港の倉庫には、向こう三年分の在庫があった。言うまでもなく、価格は崩壊した。明礬取引は、ますます夢物語の機能を帯びてきた。もし銀行がほんとうに独占を課すことができれば、すべてはうまくいくだろう。だが、そうするうちにも輸送費と倉庫料がかかるし、収入はごくわずかだ。一四七五年三月十八日、トルナブオーニはロレンツォ・デ・メディチに告げた。生産者と教皇の取り分、そしてガレー船の支払いのため、現在のところ、銀行は明礬で損失を出しています。ここまでくるあいだに、ヴォルテッラ事件があった。

若きロレンツォの新プラトン主義的ヴィジョンのなかで、一家の富の源泉確保とともに、もうひとつ片づけてしまうべきものは政権の権力掌握だった。メディチ家が自らの権威を保証するために、どんなバリーアや評議会や制度を設置しようとも、時間が経つにつれて、細心の注意を払って選んだ同盟者たちでさえ、より共和主義的なラインに沿って投票を始めるように見えた。人びとはしつこく自由に偏執した。ロレンツォが父親のあとを継いだとき、シニョリーアは九名のアッコッピアトーレによって選ばれ、アッコッピアトーレのほうは毎年、百人委員会で選ばれた。百人委員会は常設のメディチ派バリーアのようなもので、一四五八年のパルラメント後に制定された。だが、百人委員会はもはや命じられたとおりには行動しない。ロレンツォは、委員に反対票を投じさせないためには、自ら会議に出席しなければならないことに気づいた。それはめんどうだ。父の死の直後、ロレンツォはミラノ大使に語っている。「わたしは祖父が振舞ったように振舞うつもりです。つまり、こういったことをできるかぎり市民的に、そして可能なかぎり憲法の枠内でおこなうことです」

だが、権力の座にとどまることについて岩のように固い保証を望みながら、市民的、合憲的でいられるわけはない。ロレンツォはほとんどすぐに祖父をはるかに超える。一四七一年末には、シニョリーアはあいかわらず九名のアッコッピアトーレによって選ばれていた。だが、アッコッピアトーレは毎年七月、任期満了した九名の前任者と、そのとき政権の座にあるシニョリーアとによって選ばれた。こうして、権力は完全に循環する。百人委員会はアッコッピアトーレに対する影響力、つまり政府に対する影響力を失うが、それを埋め合わせるために、シニョリーアの決定を直接承認できるようになった。伝統的な共和国評議会と市民評議会がさらに承認をする必要はなくなり、両評議会はもはやその存在理由をほとんど失った。

この時点で、メディチ家は国政をほぼ完全に掌握した。それでも、見た目には、ある種の立憲制は維持された。各評議会は会合を開き、投票する。シニョリーア選挙は相変わらず、まるで公平な抽選によるかのように記録される。このような立憲制の仮面は、ヴォルテッラにおける明礬発見で、銀行の収入と政治的権威の両方が脅かされたとき、あっという間にはがれ落ちた。

ヴォルテッラはフィレンツェの南西約二十マイルの小さな町である。十五世紀には、従属都市としてフィレンツェに貢税は払うが、独自の政府を組織していた。もちろん、だれもが明礬発見に興奮し、そのあとフィレンツェの後押しで、採掘権が民間のコンソーシアムにあたえられたときにはがっかりした。当然ながら、メディチ銀行にとっては、この新しい鉱山を独占に取りこむことが重要だった。反コンソーシアムの派閥に支配されていたヴォルテッラ政府は、鉱山を接収。この決定を覆すために、フィレンツェが介入した。

一四七一年六月のことである。ロレンツォは父親の死後、忙しい十八か月を過ごしたところだった。六六年の陰謀関係者が扇動した叛乱がプラートで鎮圧された。刑の執行があった。最初の子どもルクレツィアが七〇年に生まれ、七二年二月には長男で後継者のピエロが誕生する。クラリーチェは自分の役目を果たしていた。七一年三月、ロレンツォはミラノ公ガレアッツォ・スフォルツァを客に迎えた。スフォルツァは迷惑なほど大勢の取り巻きを連れ、四旬節に肉を食うという悪癖にふけって顰蹙《ひんしゅく》を買う。当然ながら、神はサント・スピリト教会を焼失させることで怒りを示され、脅えたフィレンツェ市民は、贅沢な衣服と食事に関して厳しい新法をいくつか設けて償いとした。

妻の妊娠中もずっと、ロレンツォはルクレツィア・ドナーティに愛のソネットを書き続け、同時にプラトンの『饗宴』のパロディ『シンポジオ』にも手を染めていた。この八百行以上の詩は、フィレンツェの哲学者と聖職者たちが酔っぱらって大騒ぎを繰りひろげた夜が主題だ。ヴェネツィアとナポリにおけるメディチ銀行支店再開よりも、この初の風刺詩の試みにより多くの時間が使われたにちがいない。

そのあと、ヴォルテッラ危機が熱を帯びていったちょうどそのとき、教皇パウルス二世が死去――一四七一年七月――ロレンツォは教皇シクストゥス四世戴冠のために急ぎローマに向かわねばならなかった。二十二歳の青年にとって、政治、銀行業、赤ん坊、詩作に一度に集中するのがいかに難しかったか、想像はつく。短い『回想録』のなかで、ロレンツォはローマ旅行を次のように描いている。「わたしはひじょうな栄誉を受け、教皇シクストゥスが下賜されたアウグストゥスとアグリッパの古代の大理石胸像二点に加えて、玉髄の象眼の杯一個、自分で購入した多数のカメオやメダルをもちかえった」。この回想録を一四七三年に書いているにもかかわらず、ロレンツォはそれまでの治世でもっとも重要な出来事、ヴォルテッラ略奪については触れていない。それは誇りにできることではなかった。

鉱山コンソーシアムと町の政権派閥とのあいだの争いが暗礁に乗りあげていたので、ヴォルテッラ市民はロレンツォに仲裁を要請した。充分に予測できたとおり、ロレンツォは親メディチの有力市民二名を含む明礬コンソーシアムが採掘権を維持すべきだと決定した。対立する派閥は反発し、叛乱を起こし、ロレンツォ支持の有力者二名を殺害、フィレンツェからの独立を宣言した。それにもかかわらず、顧問の老トンマーゾ・ソデリーニはロレンツォに、ほんとうに軍隊を送る必要はないと告げた。このような危機は忍耐と交渉とによって打開できる。

一四六六年に兄が起こした謀反のあいだずっと、メディチ家に忠実にとどまっていたソデリーニも、いまや七十に手が届こうとしていた。妻はルクレツィア・トルナブオーニの姉妹で、ロレンツォにはおばにあたる。ソデリーニが政権の最年長者として、若き甥になんらかの影響力をおよぼせると思っていたのは間違いない。だが、この種の厚かましい期待はまさに、ロレンツォには受け容れられないものだった。ロレンツォは自分で言うほど祖父のコジモとは似ておらず、責を負うだけでなく、責を負っているところを見せたがった。自分、メディチ家のひとり、オルシーニ家と婚姻関係にある男、ミラノ公を自分の屋敷でもてなした男が侮辱された。自分の友だちが殺害されたのだ。

ロレンツォは軍を雇い、派遣した。一か月間の籠城のあと、ヴォルテッラ市民は、生命と財産は保証されるとの了解のもとで降伏。傭兵軍は町にはいると略奪し、強姦し、殺害した。だれもが知っている。攻め落とした町を略奪するのは傭兵軍の権利だ。これ以降、ヴォルテッラ市民はロレンツォ不倶戴天の敵となる。自分がとった決定の結果として流された血にロレンツォは度を失い、ヴォルテッラ市民に二〇〇〇フィオリーニを個人的に贈って、悔い改めとしようとした。その額は三年前に、結婚を祝って開いたあの有名な馬上槍試合に費やした金額の五分の一以下だった。町の物質的損害が修復される前に、発見されたばかりの明礬鉱山はすでに閉鎖されていた。埋蔵量は少なく、品質は劣ることがわかった。残忍な事件すべてが起こる必要はまったくなかった。

「ロレンツォ最大の欠点は懐疑心だった」と、一五〇九年、歴史家グイッチャルディーニは書いている。新人類――世襲の権利というよりは、教育、結婚、そして金に基づく貴族――の最初のひとりとして、ロレンツォは他人が自分の優越性を認めようとしないことを恐れ、そして他人がそれを認めたときには、自分を引きずり降ろそうとすることを恐れた。ひとつの行動パターンが生まれた。自分が脅かされている、あるいは傷つけられている（この二つは同じことだった）と想像し、過剰に反応して、自分が恐れていた激突を誘発してしまう。ヴォルテッラの虐殺はこうして引き起こされた。このあと、さらに悪いことが起こる。

教皇シクストゥスは、戴冠のとき、玉髄の杯を贈るほどロレンツォに対して気前がよく、ヴォルテッラ事件ではロレンツォを支持し、ロレンツォとその母親と弟に大赦――もちろん天国に場所――までもあたえたが、このころは、フィレンツェ共和国南の国境線からそう離れてはいない教皇領北部チッタ・ディ・カステッロの支配権を取りもどそうとしていた。チッタ・ディ・カステッロのシニョーレ――あるいはシクストゥスの目から見れば簒奪者――はロレンツォの友人であり、助けを求めてきた。ロレンツォはすぐに、教皇の命じた軍事作戦を自分個人に対する侮辱と受けとり、友人を助けるために軍勢を送る。とは言うものの、その数では、銀行のもっとも大切な顧客である教皇とのあいだに確執を生む以上のことはできない。青年期にさまざまな外交任務に携わったにもかかわらず、ロレンツォは国家を統治するにはまだ若すぎた。

教皇シクストゥスはフィレンツェ北西の町、イモラの領主権を甥のジローラモ・リアーリオのために買いたいと告げる。シクストゥスのなすことはほとんどすべて、甥たちのためになされた。しかしながら取引を確実にするために、言うまでもなく御用銀行家からだ。ほかにだれがいる？　だが、ロレンツォは、イモラは教皇のではなく、フィレンツェの影響域内にあるべきだと感じた。地図を見れば、その意見に与せずにはいられない。ロレンツォは金を借すのを断った。教皇と取引のある他のフィレンツェ系銀行にも拒否するよう警告する。パッツィ家は非常に尊敬されていた旧家――老いた伯父ひとりと、成年に達したその甥一ダースほど――で、メディチと似た構造の国際銀行を経営していた。パッツィ家は、まるでメディチ家がフィレンツェの支配者ではなく、ただのつまらない商売上の競争相手にすぎないかのように話を進めて、教皇に現金を貸しただけでなく、ロレンツォが貸付をやめさせようとしたことを報告した。これは重大な侮辱であり、パッツィ家にとっては大きなリスクを意味した。明らかに、パッツィ家は――たとえば一四七二年の選挙資格審査で、パッツィの名札が選挙袋にごくわずかしか入れられなかったときのように――ロレンツォからは、一家が受けてふさわしい栄誉をあたえられていないと感じていた。そう、もうこれ以上、やられるままになっているつもりはない。

一四七四年、教皇シクストゥスはフィレンツェ大司教にフランチェスコ・サルヴィアーティの名を挙げた。だが、サルヴィアーティはパッツィ家の親しい友人だ。教皇のイモラ購入を阻止しようとしたロレンツォの試みにもかかわらず、教皇は抗議を聞き入れ、サルヴィアーティのかわりにロレンツォの義兄弟リナルド・オルシーニを任命する。これは寛大な措置だった。そのあと、ピサの大司教の座が空席になる。今回、教皇はロレンツォには相談せずに、サルヴィアーティを任命。その一方で、メディチ銀行が扱う教皇庁明礬の会計監査も命じる。ブリュージュとロンドンの価格は急落していた。予測された収入はすぐにはいりそうもない。ロレンツォは深く傷ついた。わたしを監査するとは、侮辱されたものだ！　わが家は何十年も教皇に仕えてきた。ロレンツォは新大司教サルヴィアーティのピサ入市許可を拒否。ピサはフィレンツェの従属都市だ。わたしの意見が求められてしかるべきだ。わたしの同意なくして、だれもピサの大司教にはなれない。教皇はロレンツォを破門で脅し、パッツィ家の人間をナポリ近郊サルノの司教に任命した。

「国王陛下［ナポリ国王フェッランテ］におだてられ……わたしの親戚であるこれらパッツィの連中は、できるかぎりわたしを傷つけようとしています」。ロレンツォはミラノ公ガレアッツォ・スフォルツァにこう書き、サルヴィアーティのピサ大司教座任命を撤回するよう教皇に圧力をかけてくれと頼む。ロレンツォはパッツィ家を「親戚」と言っているが、それはずっと以前に、姉ビアンカがパッツィの甥のひとりグリエルモと結婚していたからだ。

だが、ピサはロレンツォには勝てない戦いだった。教会はあまりにも強かった。サルヴィアーティがようやく入市を許され、大司教の座に就くとすぐに、教皇はメディチ家の明礬独占権更新を拒否し、かわりにそれをパッツィ家にあたえる。銀行はまたしても、その富ゆえに実行できた政治工作の結果に痛い目に遭わされた。

やったりやられたりに終わりはないのか？　どうやら終わりはないらしい。一四七七年三月、パッツィ家一ダースの甥のうちのもうひとり、ジョヴァンニ・パッツィとその妻ベアトリーチェ・ボッロメイの従兄弟のあいだに争いが起こった。ボッロメイ家は大金持ち。ベアトリーチェの父親は死んだばかり。兄弟姉妹がなかったので、ベアトリーチェは父親の財産を相続できると思っていた。相続すれば、財産はパッツィ家のものとなる。だが、ベアトリーチェの従兄弟カルロが反対した。カルロは財産の一部を差し押さえ、自分は男子であるから、それは自分のものとなるべきだと主張した。ロレンツォが介入し――そんなことはするな！　と弟のジュリアーノは警告した――娘よりも甥に優先権をあたえる法律を通過させた。これは重大な社会慣習の変更であり、何百もの人生、計算、予測を変えるのは間違いない。するなとうるさく忠告されたにもかかわらず、ロレンツォは思い通りに行動し、金はパッツィ家の手から守られた。「ジュリアーノ・デ・メディチは何度も何度も兄に訴えた」とマキャベッリは書いた。「あまりにも多くを欲することによって、すべてが失われてしまうかもしれない、と」。ジュリアーノに関するかぎり、すべては失われた。一四七八年四月、ドゥオーモにおけるミサで、ジュリアーノはパッツィの手にかかって命を落とす。ロレンツォは逃れた。

十五世紀の人文主義《ヒューマニズム》は、探求の精神が難解な形而上学に背を向けて、人間とはなにかに注目した思想活動として、熱をこめて語られることが多い。それはいいことにちがいない。しかし、現象はあまりにも多様、「人間《ヒューマン》」とはあまりにも多様だから、この運動が具体化された形すべてを評価するのはほんとうに難しい。おそらくは、われわれを人文主義にもっとも惹きつけるもの、事実われわれのほとんどを人文主義者にするものは、この運動最大の暴力行為――まるで中世とはなぜか「非人間」的だったかのように、人文主義に先立つものを一千年の暗闇として棄却したこと――である。人文学者はなぜそうしなければならなかったのか？　この棄却がわれわれにとって、いまでもなおなぜこんなにも重要なのか？

コジモ・デ・メディチの保護を受けていたマルシリオ・フィチーノは、暗闇のことはほとんど語らないが、精神的光明については大いに語る。ロレンツォよりも十六歳年長で、一四七〇年代初めには、父親気どりの老ソデリーニよりも、若き統治者に影響をあたえた。フィチーノは特権をもつ弟子に対して、ソデリーニのように係争事項について忠告する利害関係者として振舞ったのではなく、自分を哲学上の父親に見せようと企て、それに成功した。思索者としてのフィチーノのもっとも特徴的な姿勢は融合だった。幅広い読書と翻訳、時間的にははるかローマ以前に遡り、地理的にはエーゲ海東岸はるか先まで広く探求することで、フィチーノは見ているところどこにでも同じものを見つけ、そしてなによりもまずひとつの伝統を他の伝統の上に重ねるという驚異的な能力をもっていた。ダンテが『神曲』で登る山は、明らかにギリシア人のオリンポス山、サンスクリットのプラデーシャ、すなわち「至高の野」、カルデア人〔バビロニアを支配した古代セム人〕のパルデス、アラブのカフ山、そして官能の歓びのモンス・ヴェネリス〔ビーナスの山＝恥丘〕でさえあった。フィチーノが訳したオルフェウス教の『太陽讃歌』は、フィチーノが訳したプラトンの『共和国』のなかの洞窟と光の暗喩に、フィチーノが訳した古典後期の神学者プロクロス〔四一〇?―四八五〕の『太陽讃歌』に、さらにフィチーノが翻訳と注釈の両方をおこなった聖アウグスティヌスの『告白』のなかの「魂の太陽」としての神の概念に明らかに近かった。全世界はつねに単一の信仰に従ってきたかのようであり、そのいにしえの司祭には、ツァラストラ、ヘルメス・トリスメギストス、オルフェウス、ピュタゴラス、プラトン、聖パウロ、聖アウグスティヌスが含まれた。

究極の折衷主義者フィチーノの人文主義はすべての分裂を廃する――これは先立つ諸世紀のキリスト教信仰と著しい対照をなす。キリスト教信仰は唯一の伝統を追い、確立された著者目録のみに準拠して、世界を善と悪、真と偽、正と誤、天国と地獄にすっぱりと分けてみせた。その結果はもしかしたら陰鬱なものだったかもしれない。だからこそ、人文学者にとって近い過去は、乗りこえられ、忘れられたものとして、大して論議する必要がなかったのである。近い過去を論じても、異国趣味的なときめきは得られず、読むべきもの、考えるべきものについてより個人的な選択をすることも許されないだろう。そうではなくて、これからはどんな議論も、古代が現代と、東が西と出会う新しい共有圏《ゾーナ・フランカ》で展開され、高揚した精神は好みのものを自由に試してよい。ひとことで言えば、人文主義は、われわれが現在そのなかで暮らしている思想のスーパーマーケットに通じるドアの鍵を開けたのだ。

フィチーノの思想には、ロレンツォにとってひじょうに魅力的な側面がいくつかあった。フィチーノの融合のひとつは、権威をもつ父親的人物像と王侯や政治指導者の融合というかなりありふれたものだ。一四七三年、娘マッダレーナの誕生によって、いまやロレンツォは三度《みたび》父親となった。「父親」とは「独裁者」よりも肯定的な言葉だ。等式にあてはまるものはすべて列挙するのがつねのフィチーノは、神と芸術家も、父親と王侯に類似するものとして仲間に加える。「息子は父親の作品であり、人間が自分自身の作品以上に愛するものはない。これが、神が人間の性質を、著者が自分の著書を、画家が自分の描いた人びとを愛する理由なのだ」。同じ心理プロセスにのっとって、ロレンツォは最終的にフィレンツェを――自分の政府、結婚の仲人、利用できる画家、詩人、彫刻家、建築家に対するパトロン活動の巧みな操作を通して――自分自身の芸術作品と考えられるようになる。ロレンツォがそれを愛したのは、自分がそれをいまある形に作りあげたからだ。この時点で、金がロレンツォの財布から市のほうに流れ出すか、あるいはこちらのほうがありそうだが、いまや足を速めた銀行の衰退とともに、国家の金庫からメディチ邸に向かって流れ出すかは、重要ではなかった。父と息子は金を共有する。

フィチーノの折衷主義はエリート主義とも異質ではなかった。世界はつねにフィチーノが描いたようなもの――人間の魂は神の光を切望する――だが、だれもがこのことを理解できるわけではない。ほとんどの人間は無知のなかにとどまる。これがあるべき姿なのだ。結局のところ、フィチーノは通俗イタリア語ではなく、ラテン語に翻訳した。ラテン語を読めたのは最良の教育を受けた者だけだ。「宗教の神秘は」と、フィチーノのもうひとりの弟子ピコ・デッラ・ミランドーラは書いた。「それが不可知的なものにとどまっていなければ、神秘ではなくなるだろう」。いい点をついている。したがって、より深い真実は「謎めいたベールと詩的な偽装をかけて」初めて書くことができる。これが、神話のもつ複雑で、しばしば曖昧な性質、そして実際に、サンドロ・ボッティチェッリの工房からあふれ出し始めたニンフやサテュロスのどこか謎めいた絵画の多くを説明する。すでに知っている者だけ、絵画を発注できる者だけが理解すべきなのだ。

たしかにフィチーノのそばに引き寄せられたあと、ルクレツィアに宛てたロレンツォのソネットは変化した。それは濃密に謎めいたものとなった。古くさく、あからさまな官能の衝動（かつて、それらは罪と呼ばれた）は、いまや神秘主義が含む古代のエクスタシーと真理と美への切望と融合されねばならない。これはいつも簡単にいくわけではない。そしてフィレンツェに対するロレンツォの支配が進むにつれて、政治に関する秘密主義の習慣が度を強めもした。「機密事項」はなおいっそう秘められたものとなった。政権の指導者たちは、自分たちを、ひとつのカルトの、おそらくは哲学者王のカルトの秘伝を授けられた者と考え始めたように見える。権力のカルトだ。

ロレンツォのフィレンツェ支配が長くなればなるほど、さまざまな政府評議会の討議記録は少なくなる。この時期については、銀行の会計簿の断片が二、三残るだけだ。そのかわりに、これまでの秘技的な愛のソネットとは新鮮な対照をなして、ロレンツォが町衆のカーニバルのお祭りのために書いた猥褻な歌がある。ここでは、唯一「融合」と言えるのは二重の意味に解釈できる言葉であり、それは猥褻であると同時に、果てしがない。「ああ、べっぴんさんたち」とロレンツォの『パン屋の歌』は終わる。「これがおいらたちの技。なにか口のなかでぽんとはじけるものがほしいなら、まずこいつを試してごらん」。町の労働者たちには大いに受けただろう。おそらくは女たちにも。フィチーノのプラトニズムの教義のひとつは、オルフェウスがエウリュディケを竪琴で暗闇から引き出したように、人は他人の魂を歌によって自分の立場に引き寄せるということだった。論理的な議論で説得しようとするのではない。次はロレンツォの『農民の歌』だ。

おらたちゃ、キュウリを手に入れた。しかもでっかいのを

よく見りゃ、でこぼこ、変な形
あんた、きっと思うだろう。キュウリの上にブチがある
でも、そいつはふさがった通り道を開くんだ
両手を使って皮をむけ
てっぺんから皮をむけ
大口開けて、しゃぶるんだ
すぐにやめたくなくなるさ

謎めいた愛のソネットのなかでプラトン的な精神の階層を上昇する一方で、ロレンツォは教育程度の低いフィレンツェ人臣下を、韻を踏んだ猥褻な詩で魅了した。だれもが一致して、ロレンツォは天才だと認めた。疑問が湧いてくる。サン・マルコ修道院のコジモの祈禱室はだれが使っていたのだろう?

ロレンツォは子どもっぽい「遊技」――世俗的な詩を意味する――を離れ、「至高善」に全力を傾けています。一四七四年、フィチーノは友人宛の書翰に、かなり能天気にこう書いた。ロレンツォは『至高善』と呼ばれる、長く厳粛な作品を書き始めたが、それはフィチーノの視点をやさしく言い替えたものだった。同じころ、フランチェスコ・サルヴィアーティ任命をめぐって教皇との論争が始まった。フィチーノはサルヴィアーティの親友だった。これは具合が悪い。大司教候補はプラトン主義者ではなかったものの、教会は全体として人文学者の新しい融合主義を敵視はしていなかった。ピエトロ・

リアーリオ枢機卿――サルヴィアーティのもうひとりの友人で、教皇シクストゥスが高位に就けたもうひとりの甥――が開いたある宴会では、オリンポスの神々が、ユピテルの呼び出しをいかにして拒否したかを語る詩が読みあげられた。神々は枢機卿とその客たちに、古典神話の場面を表した菓子などを給仕するので忙しかったからだ。興味深いことに、この目のまわるような伝統の混合とヒエラルキーの転覆（枢機卿の給仕をする神！）は、すべての伝統的な行動規則は破ることができるという感覚とつねに手を携えていくように見える。シクストゥスほどに、大勢の近親者を、精神的か世俗的かにかかわらず、権力の座に就けた教皇はいない。のちに、ロレンツォと弟のジュリアーノの殺害計画だと完全に知りながら、教皇聖下はそれでも「死がはいりこんでこないかぎり」という条件で、パッツィによるメディチ家追い落としの陰謀に祝福をあたえた。

だが、人が破る規則がなにかは、その人がだれであり、どの古典を読んでいるかによる。ロレンツォとフィチーノと友人たちが、メディチの田園の別荘でソクラテスやアルキビアデス〔紀元前四五〇?―四〇四。アテネの政治家、軍人〕を演じて楽しい午後を過ごしているあいだ、ジョヴァンニ・トルナブオーニとトンマーゾ・ポルティナーリが、自分の肖像をさまざまな聖書の場面に重ねているあいだ、ジローラモ・ロジャーティという名の青年は、紀元前六三年に起きたカティリナの陰謀を記述したサルスティウス〔紀元前八六―三四〕を読んでいた。一四七六年十二月、古代のロール・モデルをまねて、ロジャーティと仲間二名は、聖ステファヌスの祝日の荘厳ミサにおいて、ミラノ公ガレアッツォ・マリーア・スフォルツァを暗殺した。おそらく人が、自分は現代世界にはいっていると認識するのは、もっとも勇敢な行動でさえ、不適切な再演――パロディ――のべたべたとくっつくフィルムに包まれて見えるときなのだろう。スフォルツァは忌まわしい男だった。女を犯し、拷問をした。だが、ここは共和制ローマではない。庶民はサルスティウスを読んではいない。自分たちの自由を祝うために立ちあがりはしない。そのかわりに、陰謀家たちを追いかける。三人とも殺された。

偉大な徳がジェスチャー・ゲームのように、あるいは別のドラマからの借りもののように見える危険を冒すとき、残るただひとつの確実な価値は金《かね》だ。金はあてにできる。その重さを量れる。歯で噛んで確認できる。ローマでは、パッツィ銀行ローマ支店長、フランチェスコ・パッツィが、政治指導者を追い払うのがいかに簡単かに注目していた。フィレンツェのように、ただでさえわが都市は現代に顕現した古代の栄光であるという集団的幻想にふけっている街ならば、共和主義的価値はより大きな牽引力になるだろう。このパッツィはあまりにも小柄だったので、普通はフランチェスキーノ〔ちびのフランチェスコ〕と呼ばれ、その不機嫌と幸運とで有名だった。メディチ家はすでに第一の顧客である教皇と疎遠になっていた。ナポリ王と疎遠になっていた。市民評議会と共和国評議会を信じるあの共和主義者のフィレンツェ市民すべてと疎遠になっていた。なによりもまず、ロレンツォ・デ・メディチは絶対に、パッツィ一家をフィレンツェの公職にはもどらせないだろう。ロレンツォとその弟が殺されれば、パッツィ銀行——他の多くの銀行と同様に、業績不振に苦しんでいた——は、メディチ・ビジネスの大きな部分を乗っ取れる位置に立つはずだ。金《マネー》は権力《パワー》を運んでくるだろう。

フランチェスキーノはピサのサルヴィアーティ大司教と教皇の甥ジローラモ・リアーリオを引き入れた。リアーリオはいまはイモラを治め、おじがこの世を去る前に、ぜひ本物の公爵領にしたいと願っていた。陰謀者側は、教皇領とナポリ王国からの軍事支援をあてにできる。しかしながら、パッツィ家の長老、大冒瀆者でギャンブラーだが、それでも高い尊敬を受けていたヤーコポ伯父は尻込みする。賭金は高く、オッズは低い。ヤーコポは長いあいだ、暗殺計画に反対した。だが、最終的には船に乗る。のちに自分に言い訳をした。フランチェスキーノはいつもラッキーなやつだったじゃないか？ パッツィ家の重要人物のうちで、二人だけが陰謀に加担しなかった。ロレンツォの義兄グリエルモ・パッツィには声もかけられない。その忠誠心は引き裂かれるだろう。一方、一家の頭脳と評判のレナート・パッツィは単純に殺人は不必要だと考えた。メディチ銀行は絶望的な難局にはまりこんでいる。ロレンツォを破滅させる最良の方法は、ロレンツォに金を貸してやり、それを浪費するのを高みの見物としゃれこむことだ。負債がロレンツォを押しつぶすだろう。つまりレナートはメディチ家が政治的に突出しているのは相変わらず銀行のおかげだと信じていた。フィレンツェ国家とメディチ家との一体化はまだ完成してはいない。メディチ家は、自分の負債を払うためにただ徴税をすればいいという立場にはいなかった。

パッツィ側はメディチの財政困難について、ほんとうにはなにを知っていたのか？ 一四七五年、ブリュージュ支店はロンドンの元経営者、ゲラルド・カニジャーニに対する法廷闘争に敗北した。このことは広く知られていた。カニジャーニがメディチ・マネーを使ってイングランドの郷紳になったことに腹を立てたトンマーゾ・ポルティナーリは、カニジャーニに声をかけて銀行の代理人として行動させ、フィレンツェに発送するイングランド羊毛を一艘分買わせた。羊毛が安全に海に出てしまうとすぐに、ポルティナーリは、カニジャーニにはメディチ側にあれやこれやの負債があると主張して、羊毛代金の支払いを拒否した。「トルコ人でさえ、こんな振舞いはしません」とカニジャーニは抗議。エドワード四世との友情というカードを切って、銀行の代理人をひとり投獄させ、最終的には自分の金を取りもどす。エドワードはメディチにまだ三万フィオリーニ前後の負債があった。だれの目にも明らかだったが、スフォルツァの殺害によって、スフォルツァ家が負う巨額の負債をメディチが回収する機会はさらに遠ざかった。ガレアッツォはそのあとに、まだ幼い息子とその母親による不安定な摂政制を残していったが、それはガレアッツォの野心的な弟ロドヴィコによって絶えず脅かされていた。フランチェスコ・パッツィは、ミラノは危機にあるロレンツォを支援はできないと考えた。

そのあと、猪突猛進のブルゴーニュ公シャルルが、またしても無謀な闘いで死亡――ガレアッツォ・スフォルツァの殺害後わずか三週間しか経っていなかった――メディチ銀行にとって、明らかにもう一発の深刻な打撃である。一四七七年一月のことだ。シャルルの家族がブルゴーニュ公国を継承できたとしても、近い将来に負債を払うつもりはないだろう。ブリュージュのパッツィ銀行支配人、ピエラントーニオ・ディ・バンディーニ・バロンチェッリはトンマーゾ・ポルティナーリの若い妻、マリーア・バンディーニ・バロンチェッリの近い親戚だった。この人びとは外国の町にいて、同じ狭いイタリア人コミュニティのなかで暮らしていた。ピエラントーニオはトンマーゾが全体で十万フィオリーニ――巨額――にのぼる損失を見こしていることは知らなくても、状況が絶望的になってきているのは、はっきりと認識していたはずだ。最終的には、ブルゴーニュ公の死の十五か月後、ドゥオーモにおけるミサのあいだに、ジュリアーノ・メディチに最初の一撃を食らわせたのはピエラントーニオのもうひとりの近親者、ベルナルド・ディ・バンディーニ・バロンチェッリだった。なににもましてジュリアーノの殺害こそが、メディチ銀行を救い、元気づけて、ロレンツォによる誤った経営をさらに十四年のあいだ、可能にしたのだ。

ジローラモ・リアーリオはフランチェスコ・パッツィに自分のお抱えコンドッティエーレ、モンテセッコ伯を貸した。一味は計画を立てた。だが、ロレンツォはローマへの招待を断った。ロレンツォは疑いを抱いていた。それでは、どこで、いつ、どのようにしたら殺せるだろう？　だれかが陰謀の噂を嗅ぎつける前に、すぐに行動しなければならない。一四七八年四月、十七歳の枢機卿ラッファエーレ・リアーリオ（イモラ領主の甥、教皇は大おじにあたる――つまり二本脚で歩く身内びいき《ネポティズム》）がフィレンツェを訪問する。枢機卿の護衛として、武装兵を市に送りこめる。まだ子どもの枢機卿のために、メディチ兄弟はフィエーゾレの別荘で祝賀午餐会を開く。兄弟をそこで殺害できるだろう。だが、ジュリアーノは宴に姿を表さない。陰謀者たちは同意していた。兄弟のどちらかひとりだけを殺しても意味はない。

そこで、死との約束は一週間後の日曜、ミサのあとに市内のメディチ邸で開かれる午餐会まで延期された。青年枢機卿はイル・マニフィコの有名なカメオ・コレクション見学に誘われていた。家族と家族のあいだの憎悪心にもかかわらず、礼儀作法をすべて遵守した公式訪問を放棄するのは問題外だったように見える。しかしながら、午前のどこかの時点で、またしてもジュリアーノは兄と一緒に食事をしないことがわかった。陰謀者たちは逆上し、計画はわずか数分後に迫るミサで実行に移さねばならないとの同意に達する。だが、モンテセッコ伯は頭を横に振った。伯は抗議した。教会のなかではだめだ。教会のなかで、神はわたしをご覧になるだろう。この男は、教会の外なら全能の神の目が見えないと考えたのか？　モンテセッコはロレンツォの暗殺者に指定されており、しかも一味のなかでは一番のプロ。キーマンだ。大急ぎで――というのも、だれかが実際にジュリアーノの家にいって、教会にくるよう説得する必要があるように見えたので――二人の司祭にモンテセッコの乱暴な仕事があたえられた。二人がよろこんでやりましょうと言うのを、だれも不思議には思わなかった。ひとりはヴォルテッラから呼ばれたのであり、したがってロレンツォに恨みを抱く立派な理由があった。その間に、教皇の兵隊たちの大軍が市の南側から砲撃距離内に迫り、ピサ大司教フランチェスコ・サルヴィアーティはペルージャからきた三十名ほどの武装兵とともに、フィレンツェ政府の所在地、政庁舎に向かった。

二か月間の政府任期のあいだ、八人のプリオーレとひとりのゴンファロニエーレは食事と睡眠も含めてすべての時間を、政庁舎でともに過ごさねばならないのが、フィレンツェ共和国の規則のひとつである。この点から見ると、権力の座にある八週間はむしろ長く思える。おそらくそれがメディチの人間がめったにシニョリーアの地位に就かなかった理由なのだろう。いずれにしても、その日運よく、ゴンファロニエーレの地位にあったチェーザレ・ペトルッチは、プラートの指揮官として一四七〇年の武装蜂起を勇敢に鎮圧したのと同じ男だった。サルヴィアーティが謁見を求めてきたとき、ペトルッチは数分間で、大司教の振舞いにどこか怪しいところがあるのを見抜き、大司教とその部下とを閉じこめた。

教会でも、なにもかもがうまくいかなかった。メディチ兄弟はかなり離れて立っていた。儀式の途中、示し合わせていた瞬間に、フランチェスコ・パッツィとバロンチェッリはジュリアーノをわけなく殺害した。なぜロレンツォを襲わなかったのか？　フランチェスコはジュリアーノを何度も何度も激しく斬りつけたあまり、自分の脚を刺し、ほとんど歩けるか歩けないか。満員の教会が大騒ぎになったのはたしかだ。だが、二人の司祭はロレンツォ殺害に失敗した。イル・マニフィコは剣を抜き、逃げた。かつてミラノのアッチェリート・ポルティナーリの会計を監査するはずで、いまはメディチ銀行フィレンツェ支店のトップであるフランチェスコ・ノーリが、殺人者たちの通り道をふさいだ。銀行の経営者がからだを張ってボスを守るというのはめったにない話だ。バロンチェッリはノーリを刺し殺した。だがロレンツォはすでに聖具室に鍵をかけて閉じこもっていた。無事だ。外では、市の門にくるはずの教皇軍が姿を見せない。ヤーコポ老伯父はやけになって、「自由！」と叫びながら、馬で通りをいったりきたりした。混乱した群衆は心を動かされなかった。最終的に、平民はロレンツォの側についた。ロレンツォは自宅のバルコニーから話しかけた。ロレンツォは法と秩序と一体化した。メディチ独裁への大きな一歩である。

復讐はすばやく、荒っぽかった。サルヴィアーティ大司教、フランチェスコ・パッツィ、その他大勢が政庁舎の窓から吊され、あるいは、いくつかの場合は、ただ上階から死へと突き落とされた。多くが無実だった。死体は通りを引きずられ、嘲られ、冒瀆された。バロンチェッリだけが逃げた。若きリアーリオ枢機卿は囚人として捕らえられた。教皇が、ローマ在住のフィレンツェ人に復讐する気を起こさないようにするためには、人質が必要不可欠だ。ロレンツォの義兄グリエルモをのぞいて、成人に達していたパッツィの男子全員が殺されるか、投獄された。子どもたちは名字を変えるよう命じられた。未亡人たちと娘たちは結婚を禁じられた。このあと何年にもわたって、パッツィの資産はヨーロッパ中で探し出され、差し押さえられた。一家の名前と紋章が見つかると、どこだろうと破壊された。

だがロレンツォのトラブルは始まったばかりだ。続く二年間の危機は、その人生のなかでロレンツォを大きく成長させるきっかけとなる。銀行の運が急降下しただけでなく、弟と数少ない有能なビジネス上の協力者のひとりが殺されただけでなく、今度は教皇がロレンツォとロレンツォの擁護者すべてを破門した。シクストゥスはロレンツォの評判を落とし、ロレンツォを支持させないことを目的とする手紙で「イタリア全土を」、ヨーロッパ全土を「満たした」。そのあと、教皇領とナポリ王国がフィレンツェに宣戦布告し、すばやく攻撃をしかけてくる。フィレンツェ人に指導者を見捨てさせようとして、教皇側は告げた。ロレンツォだけが敵なのだ。だが、このような戦術はめったにうまくいかない。とくに教会内で暗殺未遂事件が起きたあとでは。

　人生がロレンツォに家業の銀行経営をする準備をさせていなかったとしても、ロレンツォ以上にプロパガンダ戦争の訓練を受けていた者は、おそらくイタリアにはいなかっただろう。他の国家元首宛にひっきりなしに送られた書翰は親しげで、説得力をもっていた。この男は懇願の手紙を糧にして育った。これ以上に、すらすらと自然に書けるものはない。そして言葉を驚くほど軽々と巧みに操った。とくにフランス国王ルイ十一世は、もう一度、アンジュー家にナポリの王冠を要求させるよう促された。ミラノとヴェネツィアはたがいに争うのをやめて、軍隊を送るよう頼まれた。フィレンツェでは、サンドロ・ボッティチェッリが雇われ、絞首刑になった陰謀者たちの光景をフレスコ画にして——建物の内壁ではなく、政庁舎近くの外壁に——描いた。画家に支払うのはメディチではない。フィレンツェ政府だ。四〇フィオリーニ。アンドレーア・デル・カスターニョは、パッツィ邸のファサードに同じような仕事をした。「最高に美しい《ベリッシミ》」と十六世紀の美術史家ヴァザーリは感嘆する。「実物からそのまま写され、奇妙な、それぞれ異なりながら、それでいてたいへん見事な恰好で脚から吊されている」〔ヴァザーリ平川祐弘他訳『続ルネサンス画人伝』八五頁・一九九五年（白水社）〕。どうやら、芸術のなかで美化できるものには限界がないようだ。犯罪とそれに対してあたえられた罰は、遺骸が腐り果てたあとも長く、民衆の心にスペクタクルとして存在し続けるだろう。彫刻家ヴェロッキオにはあちこちの教会に展示するために、ロレンツォの等身像三体の制作が命じられた。都市が芸術家を養っているのはなんのため？　これらの美術作品を複製する機械、写真やポスターがないのは、なんとも残念だ。

一方、優れた詩人でロレンツォの個人的友人、子どもたちの家庭教師でもあるアンジェロ・ポリツィアーノには、暗殺事件に対する公式見解執筆の任務があたえられた。パッツィとその仲間たちの肖像をできるかぎり最悪の光のなかに描き出す。ポリツィアーノがモデルに採用したのはサルスティウス、スフォルツァの暗殺者が読んでいたのと同じテキストだ。ただ、ポリツィアーノの場合、陰謀者たちには勇敢な共和主義者で貧者の友の役はあたえられなかったところが違う。陰謀者たちは無学で、利己的、残酷、欲が深い。イタリアに到着したばかりの印刷機を利用して、この戯画のようなでっちあげが可能なかぎり広く配布された。現在でもなお、ご都合主義的な嘘以上にすばやく出版されるものはない。あれやこれやの方法で、ロレンツォはフィレンツェ人を説得する。

だが、本国ではプロパガンダ戦争がうまくいっていても、実際の紛争はまた問題が別だ。侵略軍は比較的簡単にトスカーナを前進してきた。明らかに、いまはメディチ銀行を再編しているとき、あるいは銀行を屈服させた錯乱した経営方針について考えているときではない。ローマとナポリにある会社の資産はすべて差し押さえられ、スタッフは追放された。利益を出している支店はほとんどなかった。それでもロレンツォにとって、金を手に入れるのがこれほどたやすかったことはない。父親の従兄弟ピエルフランチェスコ・デ・メディチ、銀行第二の出資者が一四七六年に死亡、遺された相続人のロレンツォとジョヴァンニはまだ十五歳と十一歳だったから、イル・マニフィコは財務後見人として、その財産を十三個の革袋に入れ、子どもたちのために保管した。一四七八年五月一日、ロレンツォは二万フィオリーニに手をつけた。五月三日にはさらに五〇〇〇フィオリーニ。六月二日、八〇〇〇。八月八日、八〇〇〇。八月十三日、一六〇〇。九月二十七日、一万一〇〇〇。これで洗いざらい引き出したことになる。そのあと、ある時点から、ロレンツォは公的な許可なく、公共の財布、国家から手に入れ始める。これはまさに、レナート・パッツィが暗殺未遂事件まで、ロレンツォにはできないと思いこんでいたことだった。だが、レナートはすでに処刑された。ロレンツォはこのあと、フィレンツェ国家から七万五〇〇〇フィオリーニを入手。自分の銀行の経営陣に現金を乞うところまで落ちぶれる。フランチェスコ・サッセッティは融通する。それほど大金を隠していたのだ。トンマーゾ・ポルティナーリは断る。この個人的な侮辱が、ポルティナーリに関するかぎり、ようやくロレンツォの目を開いた。ロレンツォは両家の提携関係を断ち切り、銀行のブリュージュとミラノの支店の閉鎖を決めた。

一四七九年。暗殺未遂事件の一年後。フィレンツェは聖務停止下にあった。ペストが市を襲った。市の司祭には教皇に逆らって、死者を埋葬するよう命令が出された。市が雇った二人のコンドッティエーレは争いを始めた。配下の兵がたがいに戦うのを止めるために、両軍を別々に離しておかねばならない。結果として、敵に圧力をかけるのは難しくなる。もちろん、詩を書くのは不可能だ。いまや六人の母となり、いつもは従順なクラリーチェまで反抗した。一家は、都会派詩人ポリツィアーノを家庭教師に連れて、安全のために田舎に送られた。母親と教師はたがいに嫌いあっていた。どちらもがロレンツォに手紙を書いて訴える。あの男はジョヴァンニにラテン語を、聖書の詩篇ではなく、異教徒の古典を使って教えています！　ジョヴァンニはロレンツォの次男だ。ポリツィアーノはぼやく。ご子息は、お母さんがそばにいないとき、どんどん勉強が進みます。それは古いスタイルのキリスト教信仰と新しい折衷主義的な人文主義の対決だった。銀行幹部が文句を言ってくるときと同様に、ロレンツォにはどう応えたらいいかわからない。おそらく実際のところ、従属する者たちが徒党を組んで自分を脅かすよりも、不仲でいるほうがよかったのかもしれない。クラリーチェはインテリ詩人を家から追い出す。家庭教師には司祭のほうがいい。ロレンツォは腹を立てるが、なにもしない。紛争の当事者両方から引っぱられて、若きジョヴァンニはいつの日か、教皇のなかでも一番の折衷主義者、一番の人文主義者、一番身びいきの教皇となるだろう。

一四七九年九月、敵はポッジョ・インペリアーレの要塞を占領。戦いの季節は終わった。だが次の春、ナポリ軍とフィレンツェの市門のあいだにはなにもないことになる。敵が指導者の排除が問題を解決するだろうとほのめかしているまさにそのとき、民衆の上には、民衆にかけられるかぎりの税がかけられていた。ヴェネツィアとミラノは、公的な同盟者フィレンツェに身を守るチャンスをあたえるはずの種類の軍事的支援をするよりは、自分たち自身の争いのほうに関心があった。ロレンツォはなにをするのか？

歴史書は、共和主義モデルに対するメディチの責任その他について、おそらくは自分たちを世襲君主の地位に就けることだったのかもしれないその計画について果てしなく論じる。だが、高貴な家柄がたしかに一家の戦略の一部となってはいても、ロレンツォは家柄だけで充分だと思うには頭がよすぎた。金もまた重要だ。だが、金と言えるような金はあまり残っていない。しかしながら、いまでもなお可能なのは、偉大な振舞い、個人の技量によって得られる正当性、教育と魅力とカリスマのカクテルだ。来るべき新世界では、リーダー崇拝がおそらくは王の法的権利とおきかわるかもしれない。一四七九年十二月六日の夜明け、ロレンツォは高価な贈物をいっぱいに積みこんで、フェッランテ王の本拠地で一対一の交渉をするため、ピサから海路ナポリへ向かった。この決定は単独でとったので、憲法上政権に就いている人びと――シニョリーア――に感動的な手紙を書き、市の幸福のためによろこんでわが身を犠牲にしましょうと言う。「このよき意図をもって、わたしは出発します。おそらく神は、わたしの弟とわたし自身の血とともに始まったこの戦争を、わたしの手によって終わらせることをお望みでしょう……もしわれらの敵がわたしだけを望んでいるのなら、敵はわたしをその手のなかで自由にできるのですから。もし敵がなにかもっと望んでいるのであれば、そのときはそのときです」。手紙は完璧に計算されていたし、おそらく誠実でもあったのだろう。疑いもなく、ロレンツォはそれが歴史書に登場することを予測していた。

『フィレンツェ史』のなかで、グイッチャルディーニは、ロレンツォが最終的にはナポリからもちかえることのできた高価な平和条約は、危険な訪問なしでも充分交渉可能だっただろうと指摘している。だが、この行動のドラマ――古典的なモデルはなかったのだから、それを思いつき、あえて実行したこと――が、ロレンツォがのちにフィレンツェの指導者として、自分のために創造したイメージの絶対的中心を構成していると感じずにはいられない。プロパガンダは多くをでっちあげられるが、真実を核にして仕事をするほうを好む。たしかに、ロレンツォは出発のはるか前から、フェッランテ王と秘密交渉を始めていた。たしかに、さまざまな外交カード、するべき譲歩を密かに用意していた。だが、それでもなお、自分自身を「もっとも落ち着きがなく、もっとも不誠実で、もっとも敵対的な王」、ちょっと前に、コンドッティエーレのヤーコポ・ピッチニーノ（より有名なニッコロの息子）に通行権を約束しながら、ヤーコポが到着すると処刑した男の手にゆだねるのは大きな勇気を必要とする行為だった。

スタンダールは『イタリア絵画史』のなかで、メディチ家がフィレンツェ人の「自由への熱い愛と貴族に対する抜きがたい憎しみ」を抑えることができたのは、ただ美学的な情熱と歓びによってのみだと示唆する。つまり、フィレンツェ人がメディチを受け容れたのは、メディチ家が市を美しいもので満たしたからだ。これには一理あるだろうが、美学と美とをいわゆる美術作品だけに限れば、正しいとは言えない。絵画、彫刻、邸宅だけでは決して充分ではなかっただろう。ロレンツォはライオンの檻に飛びこんだ。それは驚くべき行為だった。三か月という長い時間をかけて、敵を説得した。フェッランテ王を魅了した。そのドラマ、この冒険にある崇高さがフィレンツェ人を魅了した。これ以降、フィレンツェ市民は、自分たちが勇気とカリスマをもつ男によって治められていることを知る。その男は大きな幸運にも恵まれていた。なぜならば一四八〇年八月、トルコ軍がイタリア半島に上陸、南西沿岸のオトラントを占領したからだ。一万二千人が殺され、一万人が捕らえられ、奴隷にされた。この数字と並べれば、本書のなかの他の戦争はどれも、なんと影が薄くなることだろう。だが、これはロレンツォにとってはすばらしいニュースだった。異教徒撃退のための総力戦に貢献する見返りとして、いまや神経をいらだたせているシクストゥス四世から完全なる赦免を得るとともに、フェッランテ王との条約で移譲した領土の返還を要求できた。

こうして、まったく恥も外聞もなく、まるでパッツィ家の陰謀などなかったかのように、結局すべてが通常にもどった。一四七八年、暗殺未遂事件の直後、フィレンツェのシニョリーアはシクストゥスに書翰を送り、教皇を名指しで「ペテロの座にすわるユダ」と呼んだ。その回答として、ロレンツォは「異端」宣告を受け、それは死刑判決を意味した。そしていま、そのわずか三年後、すべてが許され、忘れ去られた。八一年十二月、ジョヴァンニ・トルナブオーニはふたたびローマにもどり、メディチ銀行に対する教皇の負債承認を交渉し、昔からの顧客を安心させ、ビジネスを再開する。それでも、なにかが変わった。フィレンツェにいる甥ロレンツォ宛の手紙で、トルナブオーニは、親しげなtu〔おまえ〕から、まるで上司に話しかけるかのように、堅苦しいvoi〔あなた〕へと初めて呼び方を変えた。銀行のトップとして、ロレンツォはつねにla Magnificenza vostra〔ラ・マニフィチェンツァ・ヴォストラ、「偉大な方」〕と呼びかけられてきた。その父親も、またコジモも老年には、たしかに同じように呼ばれていた。それはあたりまえの礼儀だった。だが、いま、ナポリの偉業以後、フィレンツェ市の運命を自らの手に握り、市を敵から解放したあと、ロレンツォは突然イル・マニフィコil Magnifico、定冠詞のついた唯一無二の「偉大なる人」になった。自分独りの力で立っていた。日常の礼儀が個人の栄光へと持ちあげられた。老叔父はぎくしゃくとひざを折る。このとき、ロレンツォにとって銀行はほんとうに必要なものではなくなった。イル・マニフィコが、ただ現金不足のために権力を失うことなど考えられない。

ロレンツォの伝記は聖人伝になる傾向がある。それは一四八〇年から九二年のあいだを集中的に記述し、その期間を黄金時代として描く。外国支配下の陰鬱な十六世紀にあって、マキャヴェッリはこの時代をそう描いてはいないだろうか？　ロレンツォは、私的にも公的にも、利用できる芸術の後援活動を巧みに操り、最高を欲するあちこちの人びとのもとに大画家を派遣した。自分では大して注文はしなかった。金は不足し、これから見るとおり、ロレンツォには他の遣い道があったからだ。金を遣うとき、それはコジモがパトロンとなったような公的な、あるいは宗教的なプロジェクトのためではなかった。ロレンツォの購入は私的なものだった。ものを所有するのが好きだった。他方で、国家の評判を高め、自らの統治の正当性を強調するために、美術、あるいは詩さえも利用するという考え方をはっきりと把握していた。フィレンツェ政府は美の生産を統括し、促進するだろう。このような政策はよいことだと広く信じられている。幸いにも、第一級の芸術家が驚くほどそろっていた。ギルランダイオ、ヴェッロッキオ、ペルジーノ、ポッライウオーロ、ボッティチェッリ、レオナルド。幸いにも、優れた作家たち――ポリツィアーノ、ランディーノ、ロレンツォ自身――がいて、トスカーナ語をイタリアの国の言葉に変える能力をもっていた。その成功はどんな軍事的勝利をも凌駕する。

ロレンツォはその外交によって称讃される。権力のバランスを維持したという意味で、ロレンツォは「ほとんどイタリアの天秤の針」となったとグイッチャルディーニは言う。後世の伝記作者はこの表現を「ほとんど」なしで繰り返す。一四八〇年代初め、ヴェネツィアが領土拡張を狙ってフェッラーラに攻撃をしかけたとき、ロレンツォはヴェネツィアに対抗した。八〇年代半ば、教皇インノケンティウス八世が領土拡張を狙って、ナポリに攻撃をしかけたとき、ロレンツォは教皇に対抗した。だが、いまではより注意深く行動し、だれかを長期にわたって孤立させないことを選び、みんなに恩を売る。イタリア五大勢力のなかではもっとも弱く、ロレンツォにとっては現状維持に明らかな利益があった。ロレンツォの都市は軍事では輝けなかったから、芸術的達成で抜きんでなければならなかった。当時は便宜主義だったものが、現在は有徳の志として理解される。

あるいは、世界がロレンツォを称讃すればするほど、多くのフィレンツェ市民がロレンツォをますます強く憎んだのと同じように、聖人伝に腹を立て、それに対抗して書かれる伝記もある。ナポリからの帰国後、ロレンツォがほとんど最初に手をつけたのは、さらなる、そして最終的な国家改造だった。わずか七十名の選ばれたメディチ支持者からなる新しい立憲議会に巨大な力があたえられた。ロレンツォへの反対票はすべて、つねに個人的侮辱ととらえられた。発注された絵画はすべて、画家の政治的忠誠心、画面のプロパガンダ的価値を計算に入れていた。ロレンツォは平和の必要を語りながら、フィレンツェの国境線を広げるチャンスは決して逃さなかった。一四八四年、ごくつまらない口実で、守備隊駐屯都市ピエトラサンタをジェノヴァ人の手から奪い去る。結婚における選択の自由についてもっともらしく書きながら、尻込みをする夫に花嫁を押しつけた。十四歳になる娘のマッダレーナを、教皇シクストゥスの後継者インノケンティウス八世の私生児、酒飲みの放蕩息子と婚約させた。つねに財務上の平等について美辞麗句を唇にのぼらせながら、新貨幣、クアットリーノ・ビアンコを導入、すべての関税はそれで払わなければならなかった。ピッチョロ銀貨は価値を落とし続けていた。新しい貨幣は、貧者が支払う税金を効率よく二五パーセント上げた。それは貧者の収入を変えはしない。

権力の重責に泣きごとを言いながら、ロレンツォはなおいっそう断固として権力を振るった。「まるで指揮棒を振るう王侯のように、市を完全に自分の意のままにしていた」とグイッチャルディーニは言う。一四八九年一月、四十歳の誕生日四日後の朝、ロレンツォは政庁舎から走り出て、いまや痛風で痛む腕を振り、群衆を鎮めた。群衆は、ある犯罪者に死刑を免除するよう要求していた。その男を吊せ、いま、ここで、とロレンツォは命じた。その男は警官を殺した。男は絞首刑にされた。抗議者四人は鞭打たれ、追放された。ロレンツォは警察権力にかなりの肩入れをしていた。いまではどこにいくのにも、一ダースの武装護衛を連れていく。その給料は国家が支払っていた。

ロレンツォは独裁者であり、パッツィの陰謀者たちは共和主義の殉教者だ。これがアルマンノ・リヌッチーニが、一四七九年、対ナポリ＝教皇戦争のあいだ田舎の別荘にひきこもって、古典的スタイルで書いた『自由についての対話』の主旨である。著者は書く。暴君メディチの専政国家では、正直な男に唯一できるのは公的生活から退くことである。リヌッチーニはメディチ家のもとで高職に就いた最長記録をもち、ギリシア語からのさまざまな翻訳をメディチ家に捧げている。だが、ロレンツォと仲違いをし、その生涯をかけて貯めた金はパッツィ銀行に預けてあった。それでも、賢くも出版はしなかったこの対話を書いた直後、フィレンツェに帰り、何年にもわたってさまざまな公職に就き、メディチ政権に仕えた。

リヌッチーニの場合に見られる曖昧さは象徴的だ。リヌッチーニの人格の核は、そのメディチ告発のなかにあるのか？ あるいはそこには負け惜しみと文体練習の要素があるのか？ この男の公職は、危険な暴君を支えるのに役立つ悲しいジェスチャー・ゲームだったのか？ あるいはそれは名誉であり、歓びだったのか？ 「あまりにも多くの評議員が、別荘にいるときには夕食の会話でメディチを告発し」とマルコ・パレンティは書く。「それからフィレンツェにもどると、言われたとおりに投票する」。新しい種類の人格が作られつつあるように見えた。私生活ではリベラルで有徳でありながら、公的には権威に追従することを大きな問題とは考えない人間。おそらく、それは新しい種類の社会の回答として出現したのだろう。その社会においては、たとえ権力の基礎がつねに疑われ、その正当性を擁護するためには絶えざるプロパガンダが必要だという理由からだけにしても、公職就任がつねに正直さの放棄を意味する。今日のわれわれにもなじみがないとは言えないこの曖昧な状況のなかで、聖人伝を書くのか、その反対を書くのかは、大して重要ではない。

ロレンツォはいまや、だれもかれもみんなを疑うようになっていたので、外国宮廷に赴任した正規のフィレンツェ大使に、自分個人が雇ったスパイを影のように付き添わせるのが習いとなった。それでも銀行の経営者たちに対する信頼には果てしがないように見えた。全体の最高経営責任者、フランチェスコ・サッセッティ、不愉快な決定をするのがきわめて苦手な男が、フィレンツェのロレンツォ邸から指令を出しているという事実にもかかわらず、自分の思うとおりにやっていた。ローマでは、ジョヴァンニ・トルナブオーニ叔父がなんの長期的見通しも、なんの融通性ももたず、憂鬱と楽観のあいだを揺れ動いていた。「教皇は死骸のように頑固です」と、インノケンティウスが負債を返済しようとしないことを嘆いている。それでも、トルナブオーニは銀行の資金のほとんどを教皇庁に縛りつけ続けた。ブリュージュでは、最後の対決の前に、トンマーゾ・ポルティナーリが、支店のビジネスのなかで唯一利益を出していたイングランド羊毛の不定期輸入のために別会社を作るよう、ロレンツォを説得している最中だった。ポルティナーリは銀行よりもこの会社に多くを出資するので、稼ぎのより大きな分け前を得る一方で、支店全体の損失には少ない割合しか負わなくてすむ。「あの男はわたしの経験不足を利用した」と、ロレンツォはのちに文句を言う。だが、イル・マニフィコはそのときまで何年間もフィレンツェ共和国を統治してきたのだし、この取引の算術は子どもでもわかるはずだ。

メディチ銀行最後の数年間の上には笑劇の雰囲気が漂う。手を触れられない人びととプリマドンナの第二世代が、いまや第一世代の下で訓練を受けていた。ブリュージュでは、メディチ家がロレンツォの遠縁アントーニオ・デ・メディチを経営副責任者に昇格させたとき、そのあまりの傲慢さに、他の従業員がストライキをすると脅したので、フィレンツェに呼びもどさねばならなかった。その後、アントーニオは、ジュリアーノの暗殺者ベルナルド・ディ・バンディーニ・バロンチェッリの引き渡し交渉のためにコンスタンティノープルに派遣され、これに成功している。リヨンでは、ロレンツォの義理の兄弟リオネット・デ・ロッシ〔ピエロの庶子マリーアの夫〕が、部下のひとりで最高経営責任者の息子にあたるコジモ・サッセッティが送られてきたのは、自分をスパイするためだと思いこんでいた。その可能性はきわめて大きい。とにかく、これまでリオネットはロレンツォ宛の辛辣な手紙で、コジモ青年の父親を口をきわめて罵ってきたのだ。幸いにも、若きサッセッティは癪に触るのと同じぐらいだまされやすかった。リオネットは不良債権による損失に苦しんでいたのに、利益を報告するバランスシートをもたせて、コジモ青年をフィレンツェに帰す。最高経営責任者の息子はリオネットの言葉を唯一真に受けた人間だった。一四八五年、調査のためリヨンに到着したロレンツォ・スピネッリはロレンツォに宛てて、リオネットは完全に正気を失っていると書いた。

銀行は、政治権力へと運命的に惹きつけられていった代償を支払っていた。負債をきちんと返済しなくても評判と地位とを脅かされない人びとに対する貸付は、つねに危険を伴う。だが、実際に返済をすることが威信にもとると感じる人びとに巨額の金を渡すのは正気の沙汰ではない。それは法廷へと引き出せる種類の人びとではない。その人びとが法廷そのものなのだ。そういった人びとのひとりに貸すときには、他の人に貸してはいけないという条件がつくことが多い。フランス国王ルイ十一世は、メディチが敵の勇猛公シャルルに融資したとき、腹を立て、リヨンの銀行に対して報復措置をとった。トルナブオーニは、フランスの支店が教皇勅書の代金を送ってこないのに怒って、リヨン振出しの重要な信用状の支払いを拒否した。そんなことをしても、銀行の評判がただ垂直に落下するだけだ。フィレンツェ支店は、フランスの都市リヨンで、メディチ系ではない別の代理店とシルク取引を始めた。少なくとも、こちらなら金が支払われるのはわかっている。リオネットは憤慨する。他の支店がよそを相手に商売をしたら、うちの支店を黒字にもどせるわけはないじゃないか。あまりにも遅すぎたが、ロレンツォは問題を話し合うために、甘言を使って義理の兄弟をフィレンツェに呼びもどし、リオネットが到着すると、逮捕させて、市の債務者監獄に放りこんだ。

これが最初ではない。一四八〇年、ロンドン支店閉鎖後フィレンツェにもどったトンマーゾ・グイデッティは、銀行のヴェネツィア支店からの訴えで逮捕された。船一艘分の干しぶどうの代金を支払っていない。負債は三五〇〇フィオリーニ以上に達した。ブリュージュのトンマーゾ・ポルティナーリに支払いました、というのがグイデッティの主張だった。ありそうな話だ。それでもグイデッティは妊娠中の十代の妻をあとに残し、フィレンツェから逃亡しなければならなかった。この件は、三十年以上経ったあともまだ決着がついていない。

だが、この時点でかなりの数の法廷闘争が繰りひろげられていた。ロレンツォは若い又従兄弟――ピエルフランチェスコの二人の息子――の遺産から流用した金のことで起訴された。一四八五年、和解のために貴重な田舎の別荘などを売却しなければならなかった。これによって威信は大きく損なわれた。ブリュージュのガレー船差し押さえをめぐる法廷闘争は、次の世紀の二〇年代まで続く。正義のことが頭から離れず、トンマーゾ・ポルティナーリはハンス・メムリンクに、黒衣をまとう巨大な死の天使が捧げもつ巨大な天秤ばかりの皿の一方に、裸でひざまずく自分の姿を描かせた。最後の審判、ひとりの人間の道徳的価値の最終評価、コジモの時代には商人たちの心をあれほど不安にさせたものが、この種の告白的自己宣伝の媒体となったのは驚くべきことだ。まるでこの男は自分が天国への道の上にいると確信しているようではないか。ブリュージュにおけるポルティナーリの成績をはかりにかけて、ロレンツォは七万フィオリーニの損失と計算した。「これがトンマーゾ・ポルティナーリの経営がもたらした巨額の収益である」とロレンツォは皮肉に記している。ロレンツォは間違っていた。損失はゆうに十万フィオリーニを超えた。

アヴィニョンは一四七八年に閉鎖された。ミラノも同様である。名高い館は売却された。二軒のウール生地工場のうち、一軒はすでになく、シルク生地工場は一四八〇年に閉鎖された。同じ年、ロンドンとブリュージュの支店は負債全額とともに正式にポルティナーリに引き渡された。ヴェネツィア支店は八一年に閉鎖。八二年、銀行全体のリストラ案が立てられた。ホールディングが二社作られ、一社はローマとナポリを経営するトルナブオーニの指揮下に、もう一社はフィレンツェ、リヨン、ピサを経営するサッセッティの指揮下におかれる。二人の有力者、二つの小さくはないエゴを満足させるための、完全に独立した二つの実体。総資本はわずか五万二〇〇〇フィオリーニで、そのうちロレンツォの持ち分は二万フィオリーニ以下、莫大な相続額と較べればほんの端金だ。計画は形をなさなかった。残っている支店を連動させるため、あるいはその経営者たちがたがいの損失に関心をもつようにするための対策はなにもとられない。後世時を待たずして「黄金の」と形容されるようになるこの歳月を通して、メディチ銀行は経済活動になんの実質的貢献もせず、負債を負った貴族階級の側に立って、戦争と贅沢品の消費に融資し、不名誉な凋落を続けていた。ピサ支店は一四八九年に閉鎖。残ったのはフィレンツェとローマ、ナポリ、そしてリヨンだった。

幸いにも、銀行家たちには銀行業とは別にやることがあった。コジモはスタッフに古い写本を探させた。ピエロは絵画やタピスリー、子どもたちのためのポニーを買った。一四八三年以降、ロレンツォは銀行の幹部たちを送り出して、四番目の子ども、次男のジョヴァンニのために、金になる教会の地位を探させ始めた。ジョヴァンニはちょうど剃髪式を終え、司祭への叙階を得たところだ。年は八歳。ほぼ間髪を入れずに、銀行のリヨン支店が、少年を西フランスのフォンドゥース大修道院長にす

ハンス・メムリンク《最後の審判》（部分）。トンマーゾ・ポルティナーリの注文による。メディチ銀行に10万フィオリーニの損害をあたえたにもかかわらず、トンマーゾは偉大な画家に、総決算のときに、死の天使に天秤ばかりで量られる自分の姿を想像するよう指示した。

る交渉を開始した。その後、ジョヴァンニはシャルトル近くのサン・ジャンム小修道院を手に入れる。聖職からの収入は安定し、リスクがなかった。ポワティエ近くのル・パン大修道院の修道士たちは、コジモ・サッセッティが子どもの司教の名代として、占有命令を手に到着したとき、バリケードを築いて閉じこもった。銀行業であれほど多くを失ったあとで、ロレンツォはついに得意とする金稼ぎの道を見つけた。コネ、恩、贈物、約束が鍵だ。シエナ街道沿いのパッシニャーノ大修道院、プラート、アルノ渓谷、ムジェッロの諸教会、ナポリ近郊モンテ・カッシーノ大修道院、ミラノのそばのモリモンド、教会の聖職禄がひとつ、またひとつと息子のひざの上に落ちてきた。銀行が倒産するころには、一家に新たな経済基盤をあたえるべく、教会からの収入が用意されていた。

その政策は、手あたり次第にあらゆる手段を動員することをロレンツォに要求した。どのプロジェクトに対するときとも同じように、ロレンツォは野心を抱いていた。幼い娘マッダレーナを教皇の自堕落な息子と結婚させた直後、教皇庁に対して三万フィオリーニを銀行に貸付けさせた。これは信用貸付を限度まで引き伸ばすことだった。もはやメディチには明礬商品化の独占権はなく、その賄賂もごくわずかしかもっていなかったにもかかわらず、教皇からの遅れた返済について、現金のかわりに明礬を受け取ることを承諾した。フィレンツェからローマへと送られる外交特使はすべて、教皇インノケンティウスへの贈物を運んでいくようになった。どうやら教皇は野禽獣の肉がお好みのようだ。それでは野禽獣の肉責めにしろ。ワインがお好きだ。ほら、ヴェルナッチャの最高級ワインが十八本。それから美しい布地。最高の芸術家。聖下をハッピーにするものならなんでもござれ。「教皇はロレンツォ・イル・マニフィコの目とともに眠ります」とフェッラーラからきた使節は言った。ついに、誘惑が功を奏するまで。一四八九年、教皇は降参し、年齢制限を適用せずに、十三歳のジョヴァンニ・ディ・ロレンツォ・デ・メディチを枢機卿にした。いまやジョヴァンニはさらに多くの聖職録を積みあげられる。「わが家に授けられた最大の名誉」とロレンツォは告げた。枢機卿ジョヴァンニ・デ・メディチ、のちの教皇レオ十世は、メディチ家が一四九四年にフィレンツェを追放されたあと一五一二年に帰還するまで、一家の運命を存続させ続けた。

だが、教会は完全に腐っていたわけではない。メディチ家が、教会からの収入を手に入れることによって、俗界における一家の力を強めようとしていたとき、イル・マニフィコとほぼ同世代のジロラモ・サヴォナローラは、まったく異なる精神をもって教会のヒエラルキーを登っていた。幼いジョヴァンニ同様に、サヴォナローラにもまた、いつの日か枢機卿の帽子が差し出されるだろう。そして、ジョヴァンニの場合のように、枢機卿の地位は、いやむしろその地位の申し出は、まるで教会の地位が通貨の認められた一形態であるかのように、取引、交換の一部としてやってくる。ジョヴァンニの場合、この名誉はメディチがすでに教皇と教会に対して売った恩の代金を構成していた。サヴォナローラの場合、枢機卿の地位の申し出には、サヴォナローラが将来ローマに恩を売るという条件がついていた。扇動的な説教を抑えなければならない。列にもどらなくてはならない。自分が神と直接接触し、公式の教会よりも神聖であるかのように振舞うのをやめなくてはならない。サヴォナローラは拒否した。「わたしは帽子などほしくありません」と教皇に回答する。「あるいは大きかろうと小さかろうと、司教冠も。ただひとつ望むのは、あなたがあなたの聖人たちにあたえたもの、死です。赤い帽子、血の帽子、わたしが望むのはそれです」

サヴォナローラはロレンツォとメディチ家、そして銀行家一般のアンチテーゼだった。ようやく、ここに、取引しない男、交換の技法には用のない男、誘惑されえない男がいた。それでもロレンツォと同様に、サヴォナローラは芸術家であり、独自のやり方でショーマンだった。暗闇と滅亡について、精神の根本的改革の必要性についての恐ろしい説教は、ロレンツォとメディチ銀行最後の数年のフィレンツェを変え、イル・マニフィコのエトスと業績を黄昏の色濃い辛辣なレリーフに刻みこんだ。

中世の教会が用心深い革命、つまり人文主義を創り出すのには一千年がかかった。人文主義とはキリスト教信仰の拘束衣から逃れることを強く望みながら、しかしその原則は用心深く決して放棄せずにいた運動だった。折衷主義的な人文主義がその反動、つまりサヴォナローラを誘発するのにはわずか百年しかかからなかった。だが、世俗が聖なる空間にこっそりとはいりこみ始め、銀行家がその虚栄を祭壇や墓で満足させ始め、枢機卿たちが預金に対する「秘密の」見返りを集め始め、教皇たちが——聖戦と商業上の独占は言うまでもなく——神話と祈禱書を混ぜ始めた瞬間から、サヴォナローラと、そしてそのすぐあとに続くルターの人物像は製作されてきたのである。その男たち——原理主義者——は、腐敗したとみなされた教会の権威に対抗して形成された。初期のキリスト教徒とは違い、サヴォナローラらは追随者たちに、世界から出て、世界とは根本から分離した生活へはいれとは呼びかけなかった。その代わりに、公式の強力なキリスト教世界が真のキリスト者となることを要求した。このような変容がもし実現すれば、その政治的結果はとほうもなく大きい。

サヴォナローラは一四五二年にフェッラーラで生まれ、『創世記』の一節——「あなたは生まれ故郷の父の家を離れて、わたしが示す地にいきなさい」〔十二章1〕——に呼ばれて医学の道を去る。一四八二年から八七年のあいだに、フィレンツェで最初の説教をしている。「その男は、神の言葉、十二使徒の言葉を口にするのにほとんど新しい方法を導入した。説教を分割することなく、問いかけ

フラ・バルトロメーオ《サヴォナローラの肖像》。厳格な線と鋭いコントラストが、この男の不動の信仰心と妥協の否定を強調する。メディチ家はついに買収のできない相手と出会った。

と答えを持ち出すことなく、決して歌わず、飾りと雄弁を避けた。その目的はただ、旧約聖書からなにかを解説し、初期の教会の簡潔さを導入することだった……」

これが同時代人のコメントだ。つまり、中世キリスト教の説教への回帰ではなかった。この描写で使われているいくつもの否定形がそのことを語る。古いスタイルのスコラ哲学的な小やかましい理屈はない。だが、古典作家からの美しい引用も、神の世界の外の権威への言及もなかった。あまりにも多くの思想がぶつぶつと泡を立てている社会のなかで、金のかかった世俗的な飾りもので満艦飾に飾られた教会のなかで、サヴォナローラはそのキリスト教信仰を裸にし、むき出しの聖書、なんの飾りもない十字架の状態にした。「わたしは自分のなかに光を感じる」とサヴォナローラは言う。それはキリスト、世界の光だ。だが、フィチーノなら言ったように、プラトンの光、あるいはプロクロスの、あるいはなにかオルフェウス讃歌の光ではない。「ああ、司祭たちよ、ああ、キリストの教会の高位聖職者たちよ」とサヴォナローラは叫ぶ。「あなたがたが正当性をもたずに保持している聖職録を手放しなさい。あなたがたの虚飾を、あなたがたの祝祭と宴会を捨てなさい」。直接、ジョヴァンニ・デ・メディチに説教をしたかもしれない。ロレンツォもまた息子に警告した。「不正の巣窟」であるローマによって堕落させられてはいけない。だが、聖職録を手放すのは問題外だ。聖職録以外のなんのために、人は聖職につくのか？

両者間の対照は、メディチ型の国際銀行の発展にとって基本的なひとつの条件——宗教法の適用におけるある種の緩さ、さらに好ましいのは教会と国家の完全なる分離——にわれわれの注意を喚起する。ひとことで言えば、金と折衷主義のあいだには類似がある。「だれも二人の主人に仕えることはできない」〔マタイによる福音書六章24〕とキリストは言った。だが、金は無限の数の主人に仕えることができる。それはどれかの原理を依怙贔屓はしない。コンスタンティノープルにあろうと、ローマにあろうと、エルサレムにあろうと、価値は目立たない中立の単位に分割され、どんな盃《さかずき》にも流れこみ、金貨の雨はどの金庫にも降り注ぐ。明礬の商人はトルコ人と取引する。シルク業者は、フィレンツェの美女たちに挑発的な衣装をよろこんで売る。キリスト教徒だろうとイスラム教徒だろうと、共産主義者だろうと反グローバル主義者だろうと、理想家はつねに金と銀行業に疑いを抱く。だが、理想家《アイデアリスト》をアイデアマンと混同してはならない。まったく反対だ。文献を折衷主義的に読みとる人文主義の思想家はすばらしく融通がきき、なんだろうと自分たちの給料を支払う人間にもっとも都合がよい政府の形を正当化するための権威を見つけ出すことで悪評が高い。一四七一年、バルトロメーオは『君主論』をフェデリーコ・ゴンザーガに献呈した。七五年、同じ文書が『市民論』として再刊され、ロレンツォ・デ・メディチに献呈された。同じ時期に、フランチェスコ・パトリツィは、払ってくれるパトロンがだれかによって、『共和主義教育論』を、次いで『王国と国王の教育について』を書いた。どちらのシステムも最良である。金はいつも正しい。貧民による民衆の政府だけが許せない。

サヴォナローラは説く。魂の改革は貧困を通じてのみ、聖職者が富と権力と結託するのを終わらせることを通じてのみ実現しうる。サヴォナローラの教会は、銀行と手を携えて仕事をする教会ではないだろう。修道士はまったく無視されて、一四八七年にファレンツェをあとにする。一方で、生涯の大きな政治的動乱をすでに過去のものとして、ロレンツォはふたたび詩を書いていた。手のこんだ古典神話の引用で晦渋ではあるが、すばらしい風景描写で明るく軽やかにされた恋愛詩群。詩作で忙しく、イル・マニフィコは、メディチ銀行の古いホールディング構造を復活しようというリヨンの新経営責任者ロレンツォ・スピネッリの提案を無視する。いまやロレンツォ自身が銀行の主要な負債者のひとり、けっして返済しない政治指導者のひとりだった。一四八八年、フィレンツェで、十年前のパッツィの陰謀以来施行されていた公開の場での祝祭禁止令がようやく解除された。同じ年の夏に、ロレンツォの妻クラリーチェが結核に倒れたのは偶然だったのか？　妻が死んだとき、ロレンツォは温泉に出かけて不在だった。クラリーチェのために詩は一篇も書かなかった。だが、十年間の休止のあと初めて催されたカーニバルの祝祭のために、新しいカーニバルの歌をいくつかと、青春についての感動的な叙情詩を書いた。バッカスとアリアドネの愛が持ち出され、フィレンツェの若者たちに今日という日を逃さぬよう呼びかける。

いとうるわしき青春の
たちまちはるかに逃れ去る
朗らかを望む者よ、朗らかにあれ
あすの日は、たしかなものなかりせば

いまでは関節が固まってしまっていたにもかかわらず、ロレンツォは自ら説くところを実行し、バルトロメーア・デ・ナージが夫と離れて田舎の別荘にいるときは、夜、馬に乗ってそのもとを訪ねた。グイッチャルディーニは書く。「あれほどの名声を得た慎重な男が、四十にもなって、とても美しいとは言えない年増女に魂を奪われたあまり、どんな若者にも不名誉となるような行動をするとは、考えてみれば正気の沙汰とは思えない」

それでもなお、富裕階級が勘定のできない価値を切望するように、折衷主義と淫蕩はつねに、厳格な原則への郷愁に流されやすい。頭脳優秀なピコ・デッラ・ミランドーラ、いくつもの言語を操る男、神秘とカバラを愛する者は、サヴォナローラの説教に、サヴォナローラが聖書のテキストに厳密な注意を払っているのに感銘を受けた。ピコはロレンツォに言った。あの男をフィレンツェに連れもどしなさい。あの男はひとつの資産となるでしょう。痛風にひどく苦しみ、自分自身の死がはるか先ではないことを認識していたロレンツォは説得された。ジローラモがいまや断固として幻視者の気分になり、自分は長いあいだ研究してきた旧約聖書の預言者の生まれ変わりだと思いこんでいたとは、ロレンツォとピコには知るよしもなかっただろう。一四九〇年八月一日、コジモが再建したサン・マルコ修道院で、サヴォナローラは黙示録についての説教シリーズを開始した。基本的な主題は三つだった。教会改革の必要性。改革の前に、神がイタリア全土をなにか恐ろしい災厄で罰するだろうという信念。その災厄がまもなく起こるだろうという確信。

このような予言が意味するのは、メディチ家支配の終焉にほかならない。一四九一年の四旬節、サヴォナローラは自らが「恐ろしい」と形容した説教をした。シニョリーアと教会当局双方からそんなに深刻になるなと言われたにもかかわらず、お気に入りの主題を何度も繰り返す。災厄はまもなく起こるだろう。サヴォナローラはメディチのバランスシートを見たのだろうか？　ジョヴァンニ枢機卿はすでに自分の資力を超えた生活をし、銀行から七〇〇〇フィオリーニ程度を借りていた。サッセッティは死んだ。トルナブオーニとスピネッリは絶望していた。貿易の一般的な衰退と、イングランドによる未加工羊毛の輸出拒否のために、他のフィレンツェ系銀行はほとんどすべて倒産した。

四月、サヴォナローラは政庁舎のプリオーレたちに説教をし、ロレンツォの専政を断罪した。サヴォナローラは腐敗を断罪した。メディチ政権で負け組にいた者たちが、その話を聴きに群がってきた。

貧しい人びとは心を奪われた。喘息と関節炎に苦しみ、ロレンツォは聖職者に妥協を説得することも、本人と話すことさえもできなかった。折衷主義者は原理主義者を自分のコレクション、自分の取り巻き芸術家、哲学者、詩人のなかに取りこもうとした。銀行家は原理主義者に融資をし、自分の負債者のなかに数え入れようと試みた。だが、原理主義者はその手には乗らない。

一四九一年七月、サヴォナローラはサン・マルコ修道院の院長に選ばれた。修道院では、コジモの部屋の正反対に位置する部屋を使う。美しい絵画はない。「真の説教師は」とサヴォナローラは言った。「君侯の機嫌をとることはできない。ただ、その悪徳を攻撃するのみである」。明らかに、この男は、負債にあえいだインノケンティウスや殺人者のシクストゥスとはまったく異なる器量をもつ敵対者だった。コジモ時代の善良なアントニーノ大司教でさえ、つねに妥協の余地を残していた。だが、サヴォナローラは金の手の届かないところにある価値を説いた。貧困を望み、死までも望んだ。それは最終的な対決だった。

ロレンツォ自身も死の近くにあって、宗教的な讃歌を書き始める。いつもどおり、ロレンツォは形式と内容を自由に操り、先人たちと会話を交わし、親しげで魅力的だ。讃歌のいくつかは、猥褻なカーニバルの歌と同じ節で歌うように書かれていた。同時に、『わがソネット註解』を書き進める。この長い著作では、ルクレツィアに宛てた古い恋愛詩を散文で分析し、不幸な愛をプラトニックに超越したことにして、自伝をでっちあげる。不治の病の手に握られてもなお極度に自意識が強く、ロレンツォは相変わらず演技をしていた。

一四九二年四月五日、雷がドゥオーモのドームに落ちた。「見よ」とサヴォナローラは説く。「主の剣がすばやく、突然、われらの国に落ちた」。わずか三日後、宗教的な予言とルネサンスの演劇性とが、完璧な臨終シーンでひとつになる。いまわの際に、ロレンツォは宝石がはめこまれた銀の十字架に口づけし、サヴォナローラを呼んだ。

これは勝利なのか、敗北なのか？　ジョヴァンニ・ディ・ビッチによる教皇庁との初契約、コジモによるヨハネス二三世の墓のデザインの監督以降、メディチ銀行の歴史はつねに教会の歴史と絡みあってきた。次々と展開するドラマのそれぞれで、銀行と教会はたがいをはねつけ、たがいに引き合う二つの機関であり続け、一体化しては再度分離を繰り返してきた。追放されたコジモは金を教会に隠した。そのパトロン活動のほとんどは、宗教建造物、宗教画を優先していた。配下の偉大なる最高経営責任者、ジョヴァンニ・ベンチについても同じことが言える。「洗礼者ヨハネの日までに支払わなければならない」というのが、銀行の通信に現れる象徴的な言葉だ。貸付に対する利子は、ひとりの殉教者の祭日から次の殉教者の祭日へと累積された。「神と利益の名において」と会計簿は告げた。そして数十年が過ぎ、ヨーロッパのいたるところで、メディチの従業員は銀行の金を礼拝堂や教会に注ぎこんだ。ロレンツォは教会のなかで、ほとんど殺されかけた。二人の司祭によって傷つけられ、ひとりの教皇と戦い、もうひとりの機嫌をとり、最終的には息子のなかでメディチ家と教会とをひとつにした。その息子はすでに、残っている一家の資産を無駄に遣いつくす途中だった。いつの日にか、教皇庁の財政を破綻させるように。

死の戸口にいるロレンツォに、いまサヴォナローラが会う。ロレンツォはすでに終油の秘蹟——教会の最後の儀式——を受けていた。だから聖職者はロレンツォの永遠の魂に対して、なんの力ももたない。他方で、死にゆく男に話すようにという誘いを断ることはまずできない。サヴォナローラは言った。回復したら、生き方を変えなさい。回復がないことを知って、ロレンツォは同意する。サヴォナローラは祝福をあたえる。それは引分け、チェスなら手詰まり、解くことのできない対立。金と形而上学、折衷主義的な人文主義と厳格な原理主義。驚くべきは、これほどまでに象徴的な出会い、そのぶつかり合いがヨーロッパの未来を決定するであろう力と力の出会いを、歴史がわれわれに提供することだ。二十五年後、教皇職を利用してあからさまに享楽的生活を送ったジョヴァンニ・デ・メディチは、教皇庁に反旗を翻したマルティン・ルターから挑戦を受ける。銀行業は根底から動かされる。プロテスタントのイングランドは、最初に高利貸を合法化する。カトリックのイタリアは反宗教改革のもとで、古いごまかしを生んだ古い法律をふたたび課す。

ピエロ・ディ・ロレンツォ・デ・メディチにとっては、なんと難しいことだったか！「わたしには三人の息子がいる」とロレンツォは言ったという。「ひとりは愚か、ひとりは優秀、ひとりは優しい」。ピエロが愚かな息子、ジョヴァンニが優秀な息子だ。ロレンツォの権威が最初は富に、のちにはカリスマ性に依存していたとすれば、ピエロにはそのどちらもなかった。金はほとんど遣われてしまったし、最良の教育がただ時間の無駄という場合もある。ピエロはスポーツ、とくに初期の形式のサッカーに優れていた。だが、スポーツで名声を得る時代はまだ先の話だ。ロレンツォの疑い深い性格は受け継いだが、魅力は継がなかった。それでも、継承はすんなりいき、「民衆と諸侯の善意はとても大きかったから、ピエロに一オンスの機知と慎重さがあったら、倒れるはずはなかっただろう」とグイッチャルディーニは指摘する。ピエロに機知と慎重さはなく、ピエロは倒れる。

十五世紀を通じて、イタリア都市国家は、イタリア内の闘争における危機に瀕すると、ある時点で脅しのカードを切って、半島内のバランスを覆すために外国の同盟者を頼むのが習慣だった。

一四八〇年、ローマとナポリを相手にした絶望的難局において、フィレンツェは、ナポリの王座に対する要求を再考するようフランスに呼びかけた。八二年、ヴェネツィアがフェッラーラを攻撃したとき、フィレンツェとミラノは、ヴェネツィアの海上領地に対する攻撃を増加させるようトルコを促した。ヴェネツィアは、ロレーヌ公にはナポリへの要求を、オルレアン公にはミラノへの要求を考えるよう呼びかけることで回答した。八三年、ナポリに対する無意味な戦争で、教皇インノケンティウス八世はふたたび、ロレーヌ公がナポリ王国を手に入れたがっているかもしれないとほのめかした〔ロレーヌ公レナート二世は母がアンジュー家の出であり、アンジュー家を継承したために、ナポリ王位の相続権をもっていた〕。危険なゲーム。もし外国軍が実際にイタリアに押しいってきたら、現実になにが起こるかは、だれも考えていなかったようだ。それがなにかを見つけ出したのが、ピエロの不幸だった。

　銀行を無視し、フィレンツェの長老家族を急速に遠ざけ、ピエロは市のもうひとつの同盟国であるナポリのほうを好むように見せて、いまやミラノ公であるロドヴィコ・スフォルツァを烈火のごとく怒らせた。スフォルツァはすぐにフランス王に、ご自分をナポリ王だとお考えになってはいかがかと呼びかけた。パリでは、若きシャルル八世が、鬱陶しい摂政の手を振り払って独り立ちしたばかり。なにか大胆なことがしたい。そして大胆なことをする。三万人を集め、アルプスを越え、南を目指してロンバルディアを下ってきた。

　ナポリの同盟者であるフィレンツェは、この戦役の潜在的ターゲットだった。この数十年間でフィレンツェが相手にしなければならなかったどの軍隊よりも大きな軍が、突然、市に向かってきていた。買収できるかもしれない有給のイタリア人コンドッティエーレではなく、外国の王を頭にいただく軍。フランス軍は近づくは、市の政治階級はほとんどすべて敵にまわしているはで、ピエロはやけになり、十年以上前、父がフェッランテ王と差し向かいの交渉に出かけたときと同じ行動を繰り返そうとした。だが、青年はまだ二十二歳。下準備はしていない。それはマエストロの傑作を模写しようとする初心者の行動だった。ピエロは、まず町を出て、そのあとシニョリーアで読まれるべき書翰を送るという同じジェスチャー・ゲームまで繰り返す。

サラザーナ、サルザネッロ、ピエトラサンタ、そしてピサとリヴォルノの港も手渡せば、フィレンツェを略奪はしない。これがフランス王の条件だった。王は、多かれ少なかれフィレンツェがこの一世紀のあいだに獲得したものを要求していた。だれもが驚いたことに、ピエロは同意する。シニョリーアは激高し、同意の承認を拒否した。これは重要な分裂であり、憲法に基づく権力はメディチ家にあるのではないことを思い出させた。シニョリーアはシャルルとの交渉に、サヴォナローラを派遣する。皮肉にも、サヴォナローラはフランス軍の到着を歓迎していた。この外国軍は破滅の予言がすべて成就したことを意味した。

ピエロは十一月八日にフィレンツェにもどる。翌日、どうやら計画外の出来事だったようだが、ピエロが大勢の武装兵を連れてシニョリーアに到着したとき、扉を閉ざそうと決めた者がいた。数時間のうちに市は大騒動となり、「民衆《ポーポロ》」と「自由《リベルタ》」の叫びがあがり始める。ピエロはあわてふためき、馬に乗って市を脱出する。メディチ邸は略奪された。シルクのシーツ、貴重な彫刻、彩色された聖遺物箱がいきなり通りに引きずり出された。百年間にわたって注意深く蓄積してきたものが、数時間のうちに失われた。十一月十日、ピエロが出発したまさにその翌日、メディチによる共和国憲法改正はすべて撤去され、一四三四年以来追放されていたメディチの敵はすべて呼びもどされた。嫌われていた関税支払用の重い新硬貨は廃止され、もちろん、メディチ銀行とその資産はすべて差し押さえられた。これほどすばやく行動した裏には、家族の帰還を待ちきれずにいた人びとがいたにちがいない。一か月後、まるで救世主その人が銀行の両替カウンターの上に差し出されたかのように、サヴォナローラはイエス・キリストをフィレンツェの王と宣言した。

これは続かなかった。一四九八年、公式の教会から異端で告発され、信徒の多くから見捨てられ、サヴォナローラは火刑に処された。説教壇の上の原理主義と、政府のなかの原理主義は別物だった。十四年後、メディチ家はついに、自分たちの富の多くの源泉だった機関の最高レベルにはいりこみ、バチカン権力の背に乗ってフィレンツェにもどり、共和国を転覆する。一五六九年、メディチ家は正式にトスカーナ大公として承認され、より旧い世界の模造品を三百年以上にわたって息の詰まる場所に維持し続けたあの長い籠城戦のなかで、反宗教改革のためにつくす準備を整えた。その旧い世界には、地上の権力者である王侯の神受権と、神の代理人である教会の世俗的権力という、共謀関係にある二つの答えのない問題も欠けてはいなかった。

十六世紀と十七世紀の新しいメディチは、正当性のオーラを確立するために、豪奢な記念物を発注し、税金で支払わせた。老コジモの注文を特徴づけていた実りの多い曖昧性、金と形而上学のあいだの切迫した緊張はすべて失われた。トスカーナ大公とともに、われわれは、実物大以上の乗馬像、ご機嫌とりの公式肖像画、想像上の軍事的栄光、そして派手だが、つねに息を呑むようなマニエリスムの世界にはいる。このような状況では、銀行を復活させる必要はない。事実、メディチの連中がポルタ・ロッサ通りのテーブルのうしろにすわり、疑わしい為替取引の詳細を書き写していたことを、人びとが忘れてくれるのが早ければ早いほどよかった。

文献案内

フィレンツェ市民のだれにも憲法では認められていない権力を振るうにあたって、十五世紀のメディチ家は、自分たちが特別な存在で才能に恵まれ、裕福であることを示すために、一大プロパガンダを繰り広げざるをえなかった。おそらくはこれがひとつの理由となって、メディチ家については異常なほど膨大な量の文献が存在する。メディチの自画自賛に黙って従う歴史家がいるし、反発して拒否する歴史家がいる。そして木々から森を作りあげようとする歴史家がいる。進行中の議論ほど興味をかき立てられるものはない。

現代の読者の多くは、比較的一般向けの著作、たとえばクリストファー・ヒバート **Christopher Hibbert** の『メディチ家の盛衰』*The Rise and Fall of the House of Medici*（上下巻・遠藤利国訳・東洋書林）あるいは **J.R.Hale** の *Florence and the Medici: The Pattern of Control* によって、メディチ家と出会うだろう。ヒバートの著作はメディチ神話と熱心に取り組んでおり、観光客がウフィツィ美術館を訪れ、たいていはルネサンス期のフィレンツェと恋に落ちるときに読むような種類の本だ。事実、この本はフィレンツェのミュージアムショップの多くに平積みでおいてある。おもしろいけれども、必ずしもすべてが正確ではない。同じように読みやすい **Hale** の著作は生彩には欠けるが、ヒバートよりも信頼はできる。このまじめさが仇になり、広く手にはいるというわけにはいかない。

著作が学術的になればなるほど、それは神話に抵抗し、醜い真実を求めているように見える。**Lauro Martines** の *Power and Imagination: City-States in Renaissance Italy* はメディチの歴史に実にみごとな背景をあたえているが、**Martines** は特別抗告を認める種類の人間ではなく、銀行家一家をフィレンツェの共和主義を崩壊させた張本人として告発する。最近、ひじょうに読みやすい *April Blood: Florence and the Plot against the Medici* でこのメディチを張本人とする見方を普及させようと試み、結局のところ、一四七八年にパッツィ家がロレンツォ・イル・マニフィコをドゥオーモ内でうまく殺害していればよかったのだと主張する。**Martines** は非難攻撃を受けるのを好むモラリストだが、それにもかかわらず、だからこそ興味深い。

イル・マニフィコはひとりで一冊の主題となりがちだ。このテーマで現在出版されている一般的な著作には、**Cecilia Ady** の *Lorenzo de' Medici* と **Antonio Altomonte** の *Il Magnifico* がある。どちらもがロレンツォを美化しているが、話を割引いて読めば、読む価値はある。**Jack Lang** のより新しい伝記 *Il Magnifico* はそれほど魅力的でもないし、そのうえ信用もおけない。かつてフランスの教育大臣を務めた **Lang** は、アメリカの学界が第二次大戦以降、メディチ家についておこなってきた膨大な研究は、絶対に調べないと決めたようだ。その結果、ロレンツォ支配下のメディチ銀行の命運について、**Lang** が語ることの多くはつじつまがあっていない。

この点を考えれば、より重い資料に向かうことになる。フィレンツェ人は職業意識の高い官僚であり、市の古文書館は現在でも十五世紀の資産申告書、何千回にもおよぶ政府評議会の議事録、各街区・

各地区の階級ごとについて、膨大な数にのぼる公職の被選挙資格者名簿などなどの資料を保存収蔵している。フィレンツェ市議会は最近、これらの古文書を広く一般の研究に供するために、すべてインターネットで公開したが、残念ながら、画面上で見られるのは原典のファクシミリである。当時のイタリア語とラテン語に通じていても、手書きの文字は多かれ少なかれ判読不能だし、ただひとつの名前を入力したり、事件が起きた場所すべてを呼び出すことで、資料が検索できるようにはなっていない。古文書に挑戦するには、人生を何度も、しかもそれに全身全霊を捧げて過ごさねばならない。したがってわれわれは、研究者のもとへと向かわざるをえない。

ニコライ・ルービンスタイン **Nicolai Rubinstein** の著書『メディチ家支配下のフィレンツェ政府』*The Government of Florence under the Medici* は重要だが、重要なのと同じくらいに腹立たしい。ルービンスタインは数十年間にわたる詳細な研究をまとめ、メディチ家がフィレンツェの憲法を正確にどう操作したのかを、みごとに公明正大に分析している。残念なことに、憲法の仕組みのいくつかについて、重要な説明を著作の奥深くにおいてきてしまった。二百何頁目かの脚注にある決定的な情報の断片を発見したときに、ようやく全体が意味をなし始めることがしばしばある。この本は真剣に取り組もうという読者にしか向かない。

レイモンド・ド・ルーヴァー **Raymond de Roover** の『メディチ銀行の興隆と衰退』*The Rise and Decline of the Medici Bank, 1397-1494* についても同じことが言える。メディチ家に関して読むことのできるすべての著作のなかで、ルーヴァーのものにはもっとも驚くべき事実が示されているが、それはバランスシート、会計実務や取引パターンについての考察などなどのあいだに隠されている。奇妙なことに、この二つの記念碑的大著には重なるところがほとんどない。まるでメディチ家はその政治生活とビジネスライフをきわめてドラスティックに分割していたようだが、にわかには信じがたい話である。

より最近になって、歴史学者デイル・ケント **Dale Kent** が詳細な調査に基づく著作『コジモ・デ・メディチとフィレンツェのルネサンス』*Cosimo de' Medici and the Florentine Renaissance* で、このメディチ家の二重性に第三の次元をつけ加えた。この本は、コジモが発注した可能性のある美術作品と建造物すべて、コジモの関わり方の性格、そのすべてが起きた状況を網羅的に述べている。**Kent** の筆はコジモの意図の性格について、他の研究者相手の不毛の議論へと流れがちだが、たっぷり時間がありさえすれば、完全に引きこまれる本だ。

もう充分だろう。フィレンツェの服装について、一五〇〇年代に変化を続けた追放刑の性格について、奢侈禁止令について、輸送用ガレー船の旅について、有意義な著作、学術論文が文字通り何千何百もある。読み進めていくうちに、文献の多くが、ただの事実についてさえ、いかに矛盾しあっているか、「メディチ家かくあり」という決定的な見方がいかにとらえどころがないかを実感することになるだろう。この時点で、わたしのアドバイスは、「真実」をあまり気にかけずに、現在でも入手可能で、解読可能な資料にもどれということだ。マキャヴェッリの『フィレンツェ史』(米山喜晟・在里寛司訳・筑摩書房など) はひとつの歓びの種であり、フランチェスコ・グイッチャルディーニのさまざまな歴史書(末吉孝州訳・太陽出版)も同様である。どちらも十六世紀初頭に書かれた。ロレンツォ・イル・マニフィコの才気あふれる詩、サヴォナローラの荘重な説教、フィツィーノによるプラトン主義についての奇妙な考察がある。思考の網はすぐに充分緻密になるだろう。そこで目撃するのは、われわれの近代的思考態度が生まれるときの陣痛である。

結論として、これらの資料すべてに深い意味をあたえる才能と想像力をもつ人の意見を参照したいむきには、ヤーコプ・ブルクハルトの『イタリア・ルネサンスの文化』（上下巻・柴田治三郎訳・中公文庫）をご覧になるようお勧めする。ブルクハルトはこの著書を一八五〇年代に書いた。現代の歴史家たちはこれを時代遅れで過ったものと考えたがる。だが、視野の広さ、天才的輝き、そして、すべての意味を深く考察しようという姿勢において、ブルクハルトはそのあとに続くほとんどの者の顔を恥ずかしさで赤く染める。

※著者名とタイトルについては、邦訳があるか、本文で引用されているもののみ訳出した（訳者）。

訳者あとがき

イタリア中部トスカーナ地方の古都フィレンツェは美しい町並みと多数の芸術作品とで日本人旅行客にも人気が高い。そのフィレンツェの歴史に大きな足跡を残したのが、一介の商人・金融業者からフィレンツェ国家の支配者にまでのしあがったメディチ家である。Medici（医者）という名と紋章の赤い珠から、もともとは医師・薬種商だったとも言われるが、その出自は明らかではない。最初の公的記録は十二世紀前半に遡る。一三九七年にジョヴァンニ・ディ・ビッチ・デ・メディチが銀行を創設。メディチ銀行は、会計簿の複式記帳法、為替手形、預金勘定といった金融業の革新を受け、またローマ教皇庁の財務を担うことで急速に発展を遂げる。ジョヴァンニの息子コジモは豊富な資金力を武器に政治への関与を深め、フィレンツェの実質的な独裁者となった。メディチ家は、新プラトン主義の哲学者マルシリオ・フィチーノ、ピコ・デッラ・ミランドーラ、詩人・文学者のアンジェロ・ポリツィアーノ、建築家ミケロッツォ、彫刻家ドナテッロ、画家ゴッツォリ、ボッティチェッリなどを保護し、ルネサンス芸術の発展に大きな寄与をしたことでも知られる。「豪奢王」と呼ばれたロレンツォは、自身も優れた詩人だった。なにが銀行家メディチを政治の世界へ、そして芸術の保護へと向かわせたのか？　それが本書 *Medici Money*（2005, Atlas Books）のテーマである。この流れの背後には、五大勢力が並立して離合集散を繰り返していた十五世紀イタリアの複雑な政治状況と、金融業に対するキリスト教世界に独特の心性があった。メディチ家の成功の鍵は、政治、金融、芸術のいずれにおいても、中世的思考からいち早く抜け出し、近代への第一歩を踏み出したことにある。

しかし、ここで扱われているのは決して十五世紀のフィレンツェだけに限定された問題ではない。本書を読んでもっとも印象深く感じるのは、金融と政治、金融と（芸術の保護までを含めた広い意味での）慈善の関係は、メディチの時代も現代もあまり変わってはいないということだ。一四〇〇年代、ヨーロッパ最大の金融網を作りあげて、巨万の富を築いたメディチ家は、銀行の組織存続のために、個人投資家の利益を犠牲にして、フィレンツェ共和国の政治に金銭的に介入する。二〇〇六年、公的資金の導入によって不良債権処理を進め、業績を回復した日本の大手銀行は、与党自由民主党に対する政治献金再開の意志を表明した。国民の了解を得られないという判断から、自民党はその受け取りを当面は断念したものの、いずれ献金が再開されるのは間違いない。自民党は一九九三年の総選挙のさいに、都市銀行から一〇〇億円の融資を受けており、二〇〇五年度末の融資残高は八〇億円にのぼる。銀行からの献金は借入金一部の返済免除と等しく、一般国民の目には、経営再建のためにとられた優遇処置への謝礼と見えなくもない。返済免除は銀行に損害をあたえるわけだから、株主から見れば利害相反となる。銀行は組織生き残りのために政治を頼り、政治は資金を銀行に頼る。政治が銀行を管理しているのか、銀行が政治を動かしているのか？　いまもなお、銀行と政治の曖昧な関係は続く。

一四三六年、コジモ・デ・メディチはサン・マルコ修道院修復に巨額の資金を提供した。コジモはまた聖マルティーノ義人会を結成し、慈善に費やした金額を、「神の勘定」の項目で銀行の帳簿に載せた。それは高利貸の罪を贖うためであると同時に、自らの財力を誇示する手段でもあった。孫のロレンツォはさらにあからさまに、芸術を権力の拡大に利用する。そのおよそ五百五十年後、全世界の市場を相手にヘッジファンドで一一〇億ドルの個人資産を築いたジョージ・ソロス氏は、慈善財団を設立し、世界各国の民主化や第三世界の自立を援助している。民主化は市場を開放してファンドの参入を容易にし、第三世界の社会的安定と経済発展は、グローバルに資本を動かす投資家に新たな再投資先をもたらす。ソロス氏の活動は先進諸国の投資家の利益ともなる。

朝日新聞のインタヴューで、ソロス氏は「市場は道徳が支配しているところではない」（二〇〇六年十月十八日）と発言している。メディチ銀行の最盛期、ローマ教皇を頂点とする教会もまた、銀行の金の前に膝を屈し、道徳を律するはずの教会法にいくつもの抜け道を見つけ出した。コジモ・デ・メディチは「信用貸付」を「為替取引」と呼び、現代日本では「高利貸」を「消費者金融」と言う。村上ファンドの村上世彰氏は一度認めたインサイダー取引を法廷の場では否定した。大企業の粉飾決算、監査法人の不祥事、政治家の経費付け替え……合法と非合法のあいだの曖昧な領域で、金銭にまつわるスキャンダルが生まれない日はない。過去も現在も、金の力に対して道徳と宗教にはなすすべがないのか？　現代の国際金融機関は高学歴、高収入のエリートが集う華やかな世界だが、メディチの時代と同様に、金融業に全面的な信任があたえられることは決してない。

著者のティム・パークス Tim Parks は一九五四年、プロテスタント牧師の息子として、イギリスのマンチェスターに生まれた。幼少期をイングランド北部のブラックプールで過ごし、十歳のころよりロンドンで暮らす。ケンブリッジ、ハーヴァード両大学で英文学を修めたあと、一九八一年からは生活をイタリアに移し、現在は『ロミオとジュリエット』の舞台で名高いイタリアのヴェローナ在住。作家、エッセイストとして活躍するかたわら、大学で英文学を講じ、モラヴィア、カルヴィーノ、タブッキらイタリア現代作家の翻訳者としても名高い。デビュー作の *Tongues of Flame* で一九八五年度のサマセット・モーム賞とベティ・トラスク賞、*Loving Roger* で八六年度のルエリン・リース賞を受賞。*Europa* はブッカー賞の候補となった。これまでに十二冊の小説と七冊のノンフィクションを発表、そのうち『誘拐のヴァカンス』（早川書房・一九九一年）、『愛すべき北イタリアの隣人たち』（世界文化社・一九九四年）、『狂熱のシーズン』（白水社・二〇〇三年）の三作が邦訳されている。パークスはイタリアを熟知しながらも、あくまでもアウトサイダーとしての冷静な批評眼を失わず、たとえば地元ヴェローナのサッカークラブに一年間密着取材した『狂熱のシーズン』では、サッカーというスポーツを通して、イタリアの社会とその国民性をみごとに浮き彫りにした。本書でも、メディチを礼賛も断罪もせず、五代にわたる銀行の盛衰を、イギリス人らしい機知と皮肉に富む文章でコンパクトにまとめあげている。

翻訳にあたって、英語の解釈については、東京外国語大学教授の鶴田知佳子氏のご教示を得た。その長年の友情に感謝したい。本文にあるマキャヴェッリとグイッチャルディーニからの引用はパークスの英文をそのまま翻訳したが、そのさいにマキァヴェッリ全集3『フィレンツェ史』（在里寛司・米山喜晟訳・筑摩書房）とフランチェスコ・グイッチャルディーニ『フィレンツェ史』（末吉孝州訳・太陽出版）を参照させていただいた。中世の金融取引については、イリス・オリーゴ著『プラートの商人』（篠田綾子訳・徳橋曜監修・白水社）に為替の記述がある。同書収録の「トスカーナの貨幣、度量衡について」（齊藤寛海著）と合わせて、理解の一助とされたい。パークスの前作『狂熱のシーズン』同様、今回も白水社編集部の藤波健氏のお世話になった。ここに深くお礼を申しあげる。

蛇足ながら、十六世紀以降のメディチ家についてひとこと。一五一二年にロレンツォ・イル・マニフィコの次男ジョヴァンニと三男ジュリアーノがフィレンツェに帰還し、メディチ家による統治が再開される。ジョヴァンニは翌一三年にレオ十世として教皇に即位、二三年にはイル・マニフィコの弟ジュリアーノの息子が教皇クレメンス七世となる。三二年、クレメンスの庶子アレッサンドロがフィレンツェ公の称号を受け、メディチ家は名実ともにフィレンツェの君主となった。「祖国の父」コジモの系統はこのアレッサンドロ殺害で断たれるが、家督はコジモの弟ロレンツォの血を引くもうひとりのコジモに引き継がれた。コジモは一五六九年に教皇ピウス五世より大公の爵位をあたえられ、トスカーナ大公コジモ一世となる。ウフィツィ宮建設、ピッティ邸改装、ボーボリ庭園の整備など、花の都フィレンツェをいまの形に作りあげたのはこのコジモ一世である。これ以後、メディチ家は十八世紀半ばに断絶するまで、トスカーナ大公としてフィレンツェに君臨し続けた。

二〇〇七年一月

北代美和子

訳者略歴
一九五三生まれ
翻訳家
主要訳書
ビル・ビュフォード『フーリガン戦記』
ティム・パークス『狂熱のシーズン』
ウィリアム・ブラック『極上のイタリア食材を求めて』
（以上白水社）
ドミニク・メナール『小鳥はいつ歌をうたう』（河出書房新社）
ジャン＝ルイ・フランドラン、マッシモ・モンタナーリ監修『食の歴史』全3巻（監訳、藤原書店）他

メディチ・マネー
ルネサンス芸術を生んだ金融ビジネス

二〇〇七年三月五日　第一刷発行
二〇〇八年二月二五日　第二刷発行

訳者© 北《きた》代《だい》美《み》和《わ》子《こ》
発行者 川村雅之
印刷所 株式会社 三秀舎
発行所 株式会社 白水社
東京都千代田区神田小川町三の二四
電話 営業部〇三（三二九一）七八一一
編集部〇三（三二九一）七八二一
振替 〇〇一九〇-五-三三二二八
郵便番号 一〇一-〇〇五二
http://www.hakusuisha.co.jp
乱丁・落丁本は、送料小社負担にてお取り替えいたします。

松岳社（株）青木製本所

ISBN978-4-560-02623-6

Printed in Japan

■D・リッピ、C・ディ・ドメニコ　市口桂子 訳

メディチ家の墓をあばく

X線にかけられた君主たち

国際的に組織された科学者が棺を開き、腐敗した布の切れ端から、ミイラ化した皮膚から、病に冒された遺骨から、X線調査によって一族の栄光と聖性をさぐる、異色のドキュメンタリー。

■ロラン・ル・モレ　平川祐弘、平川恵子 訳

ジョルジョ・ヴァザーリ

メディチ家の演出者

ヴァザーリは『美術家列伝』の著者としてつとに有名である。ルネサンスの最も重要な人物の生涯を描くと同時に、メディチ家支配下のフィレンツェの政治、文化を俯瞰する格好の書。

■ジョルジョ・ヴァザーリ　平川祐弘、小谷年司、田中英道 訳

ルネサンス画人伝

イタリア・ルネサンスの画家・彫刻家・建築家の生涯を書き綴ったヴァザーリの「列伝」は、ルネサンス美術研究の重要な文献であるばかりか、十六世紀の文学作品としても著名である。

■ジョルジョ・ヴァザーリ　平川祐弘、小谷年司、仙北谷茅戸 訳

続　ルネサンス画人伝

ヴァザーリの『美術家列伝』の第三弾。初期ルネサンスを代表するロレンツェッティからヴェネツィア派の巨匠ヴェロネーゼまで魅力あふれる画家を41名収録。